섹스 앤 더 처치

SEX AND THE CHURCH

이 도서의 국립중앙도서관 출판시도서목록(CIP)은 e-CIP홈페이지(http://www.nl.go.kr/ecip)와 국가자료공동목록 시스템(http://www.nl.go.kr/kolisnet)에서 이용하실 수 있습니다.(CIP제어번호 : CIP2012001405)

섹스 앤 더 처치

젠더, 동성애, 그리고 기독교 윤리의 변혁

캐시 루디 지음 | 박광호 옮김

SEX
AND
THE CHURCH

Gender, Homosexuality and the
Transformation of Christian Ethics

한울
아카데미

옮긴이의 말

 가족, 종교, 젠더, 성적 지향, 섹스. 이것들만큼 우리와 밀접히 관련 있
으며 우리의 삶에 영향을 크게 미치는 것이 또 있을까? 하지만 역설적이
게도 우리는 좀처럼 이것들을 진지하게 성찰하거나 의문을 제기하지 않
는다. 특히 섹스에 관해서는 논의는커녕 입에 담는 것조차 곤란해한다.
캐시 루디Kathy Rudy의 『섹스 앤 더 처치Sex and the Church』는 가족, 젠더, 동성애,
섹스, 기독교, 페미니즘, 공동체 등과 연관한 주제들을 두루 검토하면서
동시에 이것들의 얽히고설킨 관계들을 풀어 나간다.
 이 책은 궁극적으로, 기독교에 충실하고 바람직한 성 윤리를 연구하지
만 그 탐구 과정에서 다양한 지식과 생각할 거리를 제공한다. 첫째, 미국
기독교의 정치 지형을 개괄적으로 살펴볼 수 있다. 미국 기독교가 한국
기독교의 선조 격이라는 점을 감안할 때, 미국 기독교의 정치 지형을 검토
하는 일은 한국 기독교의 정치 활동과 이념을 분석하는 데도 도움이 될 것
이다. 둘째, 현대 미국의 핵가족과 그 이미지가 어떤 사회경제적 맥락에

서 구성되었는지 확인할 수 있다. 한국에서도 가족에 대한 이미지가 넘쳐나는데, 과연 가족이 이상적이고 바람직한 사회단위인지 돌아보는 데 유익할 것이다. 셋째, 동성애를 비롯해 다양한 성 정체성을 진지하게 검토할 수 있다. 최근에 TV드라마 〈인생은 아름다워〉와 관련한 논란에서도 확인할 수 있듯이 동성애는 한국 사회에서 뜨거운 쟁점이다. 하지만 논쟁을 돌아볼 때 안타깝게도 기독교와 보수 진영에는 대개 주장과 선언만 있을 뿐 논리와 진지한 성찰은 찾기 어렵다. 이 부분과 관련해 이 책은 기독교의 관점에서 본 동성애에 대한 전반적인 지식과 핵심적인 쟁점들을 알려준다는 점에서 유익하다. 또한 성 정체성으로 갈등을 겪는 기독교인에게도 바람직하고 균형 잡힌 이정표가 될 것이다. 넷째, 바람직한 기독교 성 윤리, 즉 어떤 섹스가 좋은 것인지를 탐구한다. 한국 역시 이성애자 부부의 성관계만을 본보기로 삼는다는 점에서, 또한 이 때문에 섹스와 성 윤리에 관해 논의를 거의 하지 않는다는 점에서 이 부분은 흥미롭고 새로울 것이다. 물론 기독교 성 윤리이지만 보편적으로 적용할 수 있는 내용과 논리를 담고 있기에 기독교 신자가 아닌 독자들에게도 유용할 것이다. 이런 네 가지 주제 외에도 젠더 역할, 페미니즘, 퀴어 이론, 공동체 등과 관련해 배우고 고민할 거리를 담고 있다.

『섹스 앤 더 처치』는 기독교 전통 사상에 충실하면서도 상당히 급진적인 성 윤리를 이끌어낸다는 점에서 흥미롭다. 또한 다소 이질적으로 느껴지는 분야들, 즉 미국 현대사, 기독교 신학 및 윤리학, 페미니즘, 퀴어 이론, 동성애자 공동체의 관습 등을 결합하여 논의를 이끌어가는 것도 인상적이다. 우리와 떼려야 뗄 수 없고 우리의 삶에 영향을 크게 미치는 주제들, 하지만 너무도 무관심했던 이 사안들을 진지하게 논의하는 데 이 책이 계기가 되길 바란다.

 이 책이 나오기까지 많은 분들이 도와주셨다. 먼저 도서출판 한울에 감사한다. 저작권, 편집, 디자인, 제작 등 책이 나오기까지 힘써 주신 모든 분들에게 진심으로 감사한다. 특히 편집부에서는 어색하거나 매끄럽지 못한 문장들을 말끔히 고쳐주었다. 한국성적소수자문화인권센터의 한채윤 님은 출판사를 소개해주었고 향린교회 임보라 목사님과 함께 번역 원고를 꼼꼼히 검토해주었다. 영어 강독 모임에서 번역을 가르쳐주시는 정병선 선생님과 미국에서 유학 중인 친구 현웅이는 내가 정확히 이해하지 못한 부분들을 설명하고 확인해주었다. 전도사이자 친구인 국진이도 어색한 문장을 꼬집어주었다. 이제 갓 번역을 시작한 사람으로서 번역에 나은 부분이 있다면 이분들 덕택이다. 물론 부족한 부분이나 실수는 다 옮긴이의 부족함 탓이다. 늘 믿고 도와주시는 부모님께 감사한다. 부족한 남편을 믿고 사랑해주는 아내에게 미안하고, 고맙다. 마지막으로 민우 형은 이 책을 소개해주었고 번역 원고를 성실히 검토해주었다. 친한 형이자 좋은 벗인 민우 형이 즐겁고 행복하게 살아가는 데 이 책이 도움이 되길 바란다.

2012년 3월

박광호

감사의 말

이 책을 쓰면서, 지적 후원자가 되어주신 분들과 기관에 빚을 졌다. 나는 프린스턴 대학교의 미국 종교 연구 센터에서 박사 후 과정 연구원으로 있을 때 이 책을 기획했다. 당시 세미나에 참가한 많은 이들, 특히 밥 우스나우Bob Wuthnow, 존 윌슨John Wilson, 낸시 애머먼Nancy Ammerman이 지도하고 도와준 것이 정말로 중요했다. 듀크 대학교 여성학 과정의 동료들, 곧 진 오바Jean O'Barr, 낸시 로즈보Nancy Rosebaugh, 세라 힐Sarah Hill, 신시아 뱅크스-글로버Cynthia Banks-Glover, 비비언 로빈슨Vivian Robinson은, 가르치면서 동시에 글도 쓰는 나에게 지적으로 또 물질적으로 도움을 주었다. 마지막으로, 1995년 열린 독자적인 연구 포럼에서 만난 딘 블랙번Dean Blackburn, 리즈 워터스Liz Waters, 샌디 멀래스키Sandy Malasky, 다이애나 스완컷Diana Swancutt, 세스 퍼슬리Seth Persily 같은 대학원생과 신학생들은 이 책 후반부의 내 주장을 명료하게 하도록 도와주었다. 통찰과 분명한 의견을 주신 이분들께 감사한다.

하지만 이 책을 쓰면서 지적인 도움만을 받은 것은 아니다. 대학원 시절 내내 그리고 그 이전부터 받은 정서적 지지에 힘입어 기독교 교회―물론 나도 교회의 일원이다―가 동성애를 혐오하고 성을 차별하는 데 사용하는 수사修辭들을 비판할 수 있었다. 내 레즈비언 정체성을 형성하고 수용하도록 도와준 많은 이들에게 감사한다. 또한 그런 범주들을 초월해 움직이는 가치들을 보도록 고무해준 사람들도 고맙다. 캐시 러니어Kathy Lanier, 주디 클라크Judi Clark, 메리 매클린톡-펄커슨Mary McClintock-Fulkerson, 리즈 클라크Liz Clark, 스탠리 하우어워스Stanley Hauerwas, 클라우디아 쿤츠Claudia Koonz, 아이린 실버블랫Irene Silverblatt, 이 밖에 많은 이들이 내가 "커밍아웃"하는 여러 단계마다 지지해주었다. 특히 이브 세즈윅Eve Sedgwick은 "커밍아웃"이 과연 어떤 의미인지를 이해하도록 도와주었다. 비콘Beacon 출판사에서 내 책을 담당한 수전 워스트Susan Worst는 이 책의 모든 문구를 읽고 다듬어주었다. 수전을 계속 만나면서 그녀가 탁월한 편집자이자 좋은 친구임을 알게 된 것이 더없이 기쁘다.

수년 동안 나는 주로 여성들과 관계를 맺어왔다. 아마도 이 책을 쓰면서 얻은 가장 놀라운 선물은 내가 몇몇 남성의 삶과 일에 대해 새롭게 생각하게 된 점일 것이다. 이들과의 새로운 우정과 교류로 나는 분리주의적 정치 활동이 정치적 분열을 초래할 뿐만 아니라 사람들을 지독히도 고립시킨다는 것을 깨달았다. 랜디 스타이어스Randy Styres, 스콧 터커Scott Tucker, 밥 고스Bob Goss, 마이클 문Michael Moon, 조너선 골드버그Jonathan Goldberg가 준 지지, 통찰, 자료가 없었다면 이 책은 아주 다른 책이 되었을 터이다. 이들에게 감사한다. 이들과의 관계로 나는 계속 성장하고 있다.

마지막으로 내가 이 책을 쓰도록 누구보다도 격려해준 한 사람이 있다. 내 파트너 재니스 래드웨이Janice Radway이다. 거의 10년 동안 함께해온 우리의 삶은 지금 풍요롭고 즐겁다. 어떤 교회나 그 어떤 곳의 권위도 우리의 삶을 바꿀 수 없다. 그녀는 나를 온전히 사랑하면서, 나 자신을 믿도록 가르쳤고, 나와 하느님과의 관계를 항상 튼튼하게 해주었다. 그리고 교회라 부르는 이 단체의 어딘가에서 우리가 하느님을 찾을 수 있다는 희망을 품도록 늘 도와주고 있다.

차례

머리말

 동성애 문제는 150년 전 노예제도가 그랬던 것처럼 오늘날 기독교 교회를 갈라놓을 기세이다. "성관계를 실제로 맺는" 동성애자, 양성애자, 성전환자 기독교인에게 성직을 허락해야 할까? 하느님은 게이 커플과 레즈비언 커플의 결혼을 정당하게 여기실까? 이러한 질문들은 신자, 교파, 때때로 가족까지도 갈라놓는다. 한쪽에서는 사람들을 성적 지향과는 상관없이 교회, 성직, 가족 제도에 기꺼이 받아들여야 한다고 강력히 주장한다. 다른 한쪽에서는 이성애를 제외한 다른 모든 성적 지향은 죄이고 신실한 기독교인이라면 이를 모두 금지해야 한다고 주장한다. 이런 충돌을 해결할 명쾌한 해법이 금방 나타날 것 같지는 않다.

 이 책은 이러한 교착상태를 새로운 관점과 방법으로 풀어보고자 한다. 우리 기독교인은 동성애와 젠더와 성 윤리 모두를 다시 활발히 논의할 필요가 있다. 그런데 이에 앞서 동성애, 성 윤리, 교회에서 여성의 역할을 동시대의 기독교인이 어떻게 생각해왔는지를 더 잘, 더 깊이 이해할 필요가 있다. 어떤 질문이 제기되고, 어떤 질문은 그렇지 못한 채 남겨지는가? 기독교인을 대상으로 젠더 및 성 논의의 틀은 어떻게 형성되며 그 틀은 교회의 전통에 부합하는가? 우리 선조는 이런 주제에 어떤 견해를 품었을까? 그리고 그 이유는 무엇일까? 이 책은 이런 질문들에 답하고자 한다.

먼저 우파 기독교인의 공적 발언과 저작물—특히 가족 가치 운동에 관한—을 검토해야 한다. 그래야만 현대 기독교 정치운동의 의제와 경향이 어떻게 변해왔는지 알 수 있다. 가족 가치 운동은 미국의 다양한 기독교인에게 반향을 불러일으켰으며, 상이한 인종과 계급으로 구성된 기독교인 사이에서 중요한 연결점이 되었다. 하지만 그렇다 해도 가족 가치 운동은 기독교 안에서 이미 심각했던 남성과 여성의 그리고 동성애자와 이성애자의 분열을 악화시켰다. 나는 가족 가치 운동이 어떻게 동성애 혐오와 성차별주의로 가득 차게 되었는지 보여줄 것이다. 그리고 이 두 억압이 본질적으로 또한 필연적으로 연결된다는 점을 입증하겠다. 분명히 말해두자면, 전통적인 기독교가 19세기의 성 역할을 아주 충실히 따른다는 점을 밝히지 못하는 한 기독교 우파의 동성애 혐오를 이해할 수 없다.

주류 기독교인과 진보적 기독교인은 우파의 의제인 성차별주의 및 동성애 혐오와 싸워야 한다. 이를 위해서는 우리가 가족에 쏟는 열정을 검토하고 넘어서야 하며, 또한 젠더 및 성 정체성의 정치가 지닌 한계도 극복해야 한다. 그리고 기독교 공동체에 기반을 둔 교회의 정치 활동을 복원하고 재구성해야 한다. 나는 현대 퀴어 이론을 기독교 신학에 적용하여, 교회가 핵가족과 이성애자 가족에 이의를 제기하기에 가장 알맞은 장소임을 주장하고자 한다. 우리는 교회라는 공동체에 기반을 둔 사람들이다. 우리는 그리스도의 몸을 이루는 공동체에서 자신을 이해한다. 나는 우리가 공동체에 헌신하는 일이 하느님께 대한 헌신을 무엇보다 분명히 드러낸다고 확신한다. 더 충실하고 더 급진적인 성 윤리는 우리의 사상이 다른 무엇도 아닌 바로 이 공동체에 뿌리박고 있을 때 나올 수 있다. 우리가 공동체에 헌신하면서 편협한 가족관에서 벗어난다면, 모든 성 소수자에게 친절할 뿐만 아니라 기독교 공동체 전통에도 더 충실한 윤리를 개발할 수 있다.

섹슈얼리티는 영성과 공동체의 가능성을 모색할 수 있는 장소이며, 복음을 선포하고 그리스도의 부르심을 기억하는 수단이다. 나는 이 점을 책 곳곳에서 이야기할 것이다. 기독교인이 성(이성애이든 동성애이든)을 논의하면서 어려움을 겪어온 이유 중 일부는, 성관계 중에 중요한 무엇—말로 표현하기 정말로 힘든 무엇—이 일어난다는 것을 직관하기 때문이다. 더 깊은 차원에서 볼 때 우리는 섹스가 우리 삶의 많은 부분을 구성하는 강력한 요소임을 알고 있다. 그리고 섹스가 기독교인에게 하느님과 관련한 궁극적인 삶의 의미와 연관될 수 있다는 것도 안다. 하지만 이런 관련성을 논의하기 위한 언어가 부족하기에 우리는 정당한 섹스를 협소한 기준으로 규정하는 상투적이고 법률적인 표현에 사로잡힌다. 이 점은 제2장과 제3장에서 제시할 것이다.

제2장에서, 나는 이런 표현이 성과 하느님과 기독교 교회 사이의 관계를 사고하는 수단으로서 잘못된 것이며, 젠더와 성적 선호가 우리와 하느님의 관계, 그리고 우리 서로의 관계에 연관된다는 점을 이해하는 데도 부적절한 것임을 말하고자 한다. 21세기에 실현 가능한 공동체를 건설하려는 기독교인들을 위해 우리는 섹스를 도덕적 섹스와 비도덕적 섹스로 구분하는 이해방식 이면에 있는 철학적, 문화적 가정을 논의해야 한다. 성

윤리를 이렇게 논의하면 (여성과 동성애자가 받는) 억압을 완화하라는 요청에 응답하게 되고 기독교에서 말하는 소명의 규정하기 힘든 영적인 부분, 즉 몸의 영적인 성격을 깨닫고 그렇게 몸을 다루는 법, 예수의 말씀을 체현體現하는 방법도 논의할 수 있다. 우리가 기독교인으로서 성 문제를 논의하는 데 무능했던 탓에 성관계의 영적 차원이 거의 사라져버렸다. 우리는 섹스를 기독교 공동체와 하느님의 일과 관련한 것으로 생각하지 않는다. 도리어 섹스가 너무나 사적인 부분이어서 논의하기 곤란한 것처럼 행동한다. 섹슈얼리티와 영성의 관련성을 논의하려 하지 않기 때문에 우리는 성행위에 수반되는 기독교인의 가능성을 이해할 수 없게 되었다. 우리는 성행위를 통해 타인과 하나가 되려는 욕구를, 하느님과 하나가 되려는 욕구로도 이해해야 한다. 19세기에 물려받은 규율에 기초한 윤리에서 떠나, 성 담론이 하느님을 포함하고 사실상 하느님에 대한 것이 되는 시대로 나아가야 한다.

성과 하느님과 교회는 기독교 정치 활동의 타당성을 판단하는 척도로서 복잡하게 뒤얽혀 있다. 나는 오늘날의 교회에서 엄청난 성장의 가능성을 보고 있다. 이 가능성은 기독교 우파에서도, 동성애자들이 이성애자처럼 행동할 때에만 그들을 우호적으로 대하는 교회에서도 찾을 수 있다. 우리에게 필요한 것은 레즈비언, 게이, 양성애자 같은 기존의 구조와 범주에 적응하는 것이 아니라 하느님의 말씀과 성령에 전적으로 귀를 기울여 기독교 공동체의 비전을 다시 생각해보는 것이다. (제4장과 제5장에서) 나는 동성애자들의 이론과 실천 모두에 기초한 통찰들을 이용하여, 동성애자의 결혼과 성직 임명을 요구하는 교회 기반 운동들을 비판한다. 왜냐하면 이런 두 가지 요구가 모두 고루하고 억압적인 범주에 의존하기 때문이다. 만약 그리스도의 새로운 창조세계가 우리의 삶을 그리스도를 중심으로 꾸려나가도록 요구한다면, 이런 분파적인 조항들을 해방의 정치를 펼치기 위한 토대로 사용하는 것은 본래의 목표에서 벗어나게 하고 복음의 근본적 요구를 또다시 회피하게 한다. 나는 동성애자가, 섹슈얼리티를 이해하고 사회성적^{sociosexual} 삶을 조직하는 새롭고 흥미로운 방법들을, 그리고 더 신실한 삶의 길을 추구하는 교회에 유용한 본보기가 될 수 있는 방식들을 제공한다고 주장할 것이다. 제4장에서는 동성애자에게 핵가족을 받아들이라고 요구하는 지배적 담론에 도전하고 기독교 공동체를 위한 대안적 생활방식의 가치를 이야기할 것이다.

제5장에서는 교회에서 사용하는 "성관계를 맺지 않는 동성애자"라는 새로운 범주가 논리적으로 일관한지 살펴본다. 즉, 성관계 외에 다른 무엇이 동성애자를 이성애자와 구별하는 기준이 될 수 있는지 묻는다. 동성애자와 이성애자 사이에 근본적인 차이가 있음을 이론화하는 사람들은 필연적으로 그리스도의 몸인 교회를 쪼개놓는다. 1950년대에 교회의 민권 운동가들은 교회의 흑인과 백인을 통합하는 일이 중요하다는 것을 알았다. 전미기독교교회협의회^{National Council of Churches} 회장 윌 D. 캠벨^{Will D. Campbell}은 1956년에 한 설교에서 이렇게 말했다. "하느님의 은혜로 우리는 더 이상 흑인도 백인도 아닙니다. …… 우리는 피부색이 아니라 오직 구속과 관계된 것을 질문하는 공동체의 일원입니다."[1] 이제 우리는 "동성애자"와 "이성애자"라는 범주가 필연적으로 교회를 갈라놓으며 이를 뛰어넘어야 한다는 것을 인정해야 한다. 젠더와 섹슈얼리티를 이해하는 낡은 방식들은 더 이상 적합하지 않다. 우리는 새로운 방법들을 구축하는 도정에 있다. 민권운동가들이 우리보다 앞서 주장한 것처럼, 우리의 중심 문제는

선호가 아닌 구속과 관련한 것이어야 한다. 우리는 동성애자를 받아들여야 할지 여부가 아니라, 역사적으로 동성애자들이 경험하고 실천한 것이 오늘날의 교회를 새롭게 하고 치유할 수 있는가를 물어야 한다.

우리는 섹스 바로 그 자체가 거대한 갈등인 세계를 물려받았다. 섹스는 더 이상 (설사 예전에는 그랬다 하더라도) 종의 재생산만을 목적으로 하는 활동이 아니다.[2] 그렇지만 섹스를 그저 즐거움을 얻는 수단으로만 생각하는 사람은 거의 없다. 어떤 면에서 섹스는 우리 개개인을 진정으로 이해하고 규정할 수 있는 **유일한** 수단이며 우리가 누군가와 성적인 관계를 맺고 있지 않다면 그 사람과 정말로 "결합한" 것은 아니라고도 이야기된다. 어떤 담론들—특히 성 혁명과 관련한—에서는 사람을 가리지 않는 무차별적 성관계가 우리의 해방을 나타내는 통로이다. 기독교인으로서 우리는 어려운 과제에 직면해 있다. 그리스도가 우리를 위해 구상한 새로운 창조세계에 부합하는 성 행위는 어떤 것인지, 반드시 거부해야 할 관념은 어떤 것인지 분별하는 문제 말이다. 이 책은 바로 이 질문에 답하고자 한다. 즉, 기독교에 기초를 둔 일관된 성 윤리 체계를 구성하기 위해 섹슈얼리티에 관한 다양한 태도와 이해를 검토할 것이다.

미국 문화에서 여성과 동성애자의 해방에 최근 쏠리고 있는 관심은 성 윤리를 바라보는 몇 가지 새로운 관점을 제공해준다. 여러 면에서 이 "성 윤리" 개념은 여성운동 같은 일련의 사회적 사건으로 형성되었다. 이보다 앞서 섹슈얼리티를 체계적으로 다룬 종교 사상가들은 모두가 로마가톨릭 신자였다. 그래서 생식이 목적이 아닌 성행위는 비난받았다. 오늘날의 여성운동이 시작되기 전에는, 가톨릭 윤리신학자 다수—그리고 견해를 표명하지 않은 개신교 윤리학자들—는 여성을 의미 있는 성적 주체로 보지 않았다.

성관계를 맺는 올바른 순서는 남성의 욕망에 여성이 부응하는 것이었다. 모든 사람이 한 사람(남성)의 욕망이 우선하고 그가 책임을 진다는 것에 동의하는 한 "윤리"란 필요하지 않았다. 하느님이 남자들만큼이나 여자의 권리와 섹슈얼리티에도 관심을 많이 기울이신다는 것을 받아들였을 때에만 "성 윤리"라는 논의의 조건이 형성될 수 있었다.

최근에는 교회와 사회 전반에서 게이, 레즈비언, 양성애자가 점점 더 많이 보이는데, 이것은 이러한 성 윤리 담론을 더 옹골차게 해주고 있다. 섹스가 아이를 갖고자 "그 일을 하는" 이성애자 부부 사이에서만 일어난다고 가정하는 일은 더 이상 불가능하다. 이런 변화로 우리는 사람들이 왜 "그 일을 하는"지에 대한 몇 가지 의견을 내지 않을 수 없게 되었다. 우리가 모든 동성애자의 섹스는 나쁘고 이성애자―대부분은 결혼한 이성애자―의 섹스는 괜찮다는 기독교 우파의 단언을 거부한다면, 어떤 섹스는 받아들일 만하고 어떤 섹스는 비윤리적인지를 가름하는 기준을 밝히는 일이 중요해진다. 만약 도덕적으로 옳은 섹스와 그렇지 않은 섹스 사이의 경계가 젠더에 기초하지 않는다면, 우리는 무엇을 근거로 옳고 그름을 판단해야 할까? 마지막 장에서는 섹스와 영성이 복잡하게 얽혀 있다는 생각에 다시 한 번 기대어, 기독교인을 위한 일관된 성 윤리를 제시한다. 환대에 관한 성경의 이야기들에 기초하여, 섹스가 타인에게 하느님의 세상을 열어줄 때 윤리적이라는 것을 말하고자 한다.

이 책은 다음과 같은 이들을 위해 썼다. 살아 계신 하느님의 외침에 충실히 귀 기울이고 응답하기를 바라는 사람들, 제도권 교회를 아직도 포기하지 않은 사람들, 그리스도의 이야기―죽음과 고립을 물리치는―가 가장 급진적인 서사라고 믿는 사람들, 하느님의 영이 우리 공동체에 여전히 머무르신다고 믿는 사람들……. 이 책에서 나는 주류 개신교에 초점을 맞추었지만 이 논의가 가톨릭과 흑인 교회같이 배경이 다른 곳에도 확장되고 옮아가기를 기대한다. 물론 나는 더 진보적인 단체와 교파, 예컨대 메트로폴리탄 공동체 교회^{Metropolitan Community Church}(국제적인 개신교 교파로, 성 소수자에게 열려 있으며 그들을 지원하는 활동을 펼친다─옮긴이)와 퀘이커 교회^{Quakers}(개신교 교파로, 전쟁에 반대하고 병역을 거부하는 평화주의 교파이다─옮긴이)가 자신들의 공동체에서 섹슈얼리티를 선도적으로 다루며 훌륭한 일을 해낸 점을 분명히 알고 있다. 내가 하려는 것은 이 주제의 중요성을 모든 기독교인이 납득하게끔 하나의 논의를 제공하는 것이다.

그렇지만 나는 성 평등, 동성애, 성 윤리라는 주제에 대해서 교회가 세상 사람들에게 명쾌한 의견을 제시할 수 있다고 말하는 것은 아니다. 사실은 그 반대이다. 교회는 이 쟁점들과 관련해 분열해 있고 견해가 분명하지 못하며 극도로 억압적인 태도를 취하곤 한다. 만약 우리의 많은 조상들이 역사적으로 그러했던 것처럼 공동체에 진심으로 헌신한다면, 우리는 완전히 새롭고 충실한 지식으로 섹스와 젠더를 이해할 수 있고 또한 그에 맞춰 행동할 수 있을 것이다.

이 주제에 관해 생각하고 글을 쓰면서, 나 자신과 이 사안들과의 관계에 곤란한 점이 있음을 깨닫게 되었다. 나는 보수적인 기독교인의 신학 세계를 상세히 기술하고 그들의 주장을 진지하게 받아들이고자 노력하면서, 우파의 정치적 확신에 줄곧 당황하고 경악했다. 하지만 때때로 그들이 사용하는 수사, 예컨대 하느님의 사랑, 용서, 성령의 활동 등에 일말의 진실이 있음을 발견했다. 그 진실은 우리의 삶은 완전히, 전적으로 하느님 때문에 가능하다는 것이었다. 내 삶이, 어린 시절에 함께한 사회적 의식을 갖춘 가톨릭교회와 현재 나도 그 일원인 주류 개신교의 압도적인 영향을 받아왔기에 어떤 면에서 우파의 종교적 표현과 헌신은 내게 아주 매력적이었다. 때때로 하느님에 대한 그들의 정당하고 독실한 주장과 여성이나 동성애자에 대한 몰상식하고 증오에 찬 의견을 분리해내기가 여간 어려운 일이 아니었다.

마찬가지로 나는 오늘날 주류 기독교의 정치세력도 자주 불편했다. 그곳에서 나는 신학자와 윤리학자와 대중사상가들이 동성애자를 기꺼이 받아들이는 것을 보았다. 단, 동성애자들이 이성애자처럼 보이고, 행동하고, 또한 이성애자로 통할 때에만 말이다. 나는 대부분의 주류 교인이 자기 교회의 구성에 상당히 만족하고 기독교인의 의무를 관용과 다름없는 것으로 이해하고 있다는 데 놀랐다. 흑인과 동성애자 같은 낯선 이들의 교회 출입—비록 자기 집은 아닐지라도—을 허용하는 것이 복음의 핵심 메시지라고 그들은 믿었다. "무난하게 지내기"를 배움으로써 그들은 구원을 얻으려는 듯했다. 나는 오늘날 주류 교파의 저작과 예배에서 근본적인 영적 갱신이 이루어지리라는 희망을 좀처럼 볼 수 없었다. 세상의 좌파가 대개 삶의 의미에 대해 생각하고 논의하는 것을 꺼리는 것은 대체로 아주 오랫동안 그런 영역을 종교적 보수주의자들이 담당했기 때문이다. 주류 기독교인 대부분은 종교적 보수주의자보다는 세속의 자유주의자로 오인되기를 바라고 있고, 그래서 하느님에 대한 열심과 논의를 피하려는 것으로 보인다.

이런 이유로 이 책 후반부에서는 주류 교회 내부의 정치 투쟁, 특히 섹슈얼리티 사안을 둘러싼 투쟁을 되짚어보려 한다. 나는 사회적으로 진보적인 기독교와 깊이 관련을 맺은 부모님과 선생님들에게서 배우며 자랐고, 신앙에는 단순히 차이를 받아들이는 것 이상의 의미가 있다고 배웠다. 또한 나에게 가난한 자, 억압받는 자, 고통받는 자에 대한 책임이 있음을, 그리고 우리-기독교인으로서-는 모두 서로가 서로를 구성하는 일부임을 알게 되었다. 대학 시절이 끝날 무렵, 나는 나 자신의 성적 지향을 발견했다. 그리고 그리스도가 우리에게 요구하신 정의를 위한 투쟁이 나의 성적 지향에까지 확장될 수 있고, 그렇게 되어야만 한다는 것을 깨달았다. 내 여성성도 포함해서 말이다(왠지는 모르겠지만 그전까지는 내 여성성을 깨닫지 못했다). 따라서 나에게는 여성 해방과 동성애자 해방이 기독교인의 사회적 행동이라는 더 큰 기획의 일부가 되었다. 비록 기독교인들은 "여성 해방"과 "동성애자의 권리"를 위한 투쟁을 본격적인 사회 의제로 받아들인 적이 없지만, 이 책은 복음의 비전을 위해 싸우는 모든 사람이 이전보다 진지하게 이 주제들을 받아들이도록 이끄는 하나의 초청장이 될 것이다.

내가 제시하려는 공동체에 기초한 성 윤리를, 해방을 지향하는 기독교인뿐만 아니라 보수적인 복음주의자들도 귀 기울여 들어주기를, 그리하여 분열한 양쪽 사람들이 결합하기를 간절히 희망한다. 또한 단절된 종교와 정치 사이에도 그것이 다리가 되어주기를 바란다. 나는 종교적 경험들을 통해 하느님을 사랑하는 것이 정의를 위한 투쟁을 의미함을 배웠고, 이둘은 분리할 수 없으며 분리해서도 안 된다는 것을 알게 되었다. 하지만 이 깨어진 세상 현실에서 너무 자주 헌신의 두 양상을 서로 분리하고 있는 나 자신을 발견하게 된다. 여기서는 정치 활동을 하고 저기서는 종교 활동을 하는 나 말이다. 나는 섹슈얼리티의 도덕적이고 정치적인 속성과 우리에게 생명을 주시는 하느님 둘 다를 함께 이야기할 수 있는 공동체를 간절히 바란다. 이 책은 여러 면에서 오늘날 하느님이 우리에게 하시는 말씀을 분별하고 깨닫는다는 공통의 기획으로 모든 기독교인들을 연합하려는 시도이다.

　제1장에서는 기독교 우파와 주류 기독교의 기본적인 차이를 역사와 배경을 검토하여 개관하는데, 이 두 집단의 사회적, 신학적 사고방식은 책 전반에 걸쳐 더 깊게 파고들고자 한다. 제1장은 두 집단의 조직화 전략, 캠페인 발기, 정치적 성공 사이의 차이들을 알려주고, 책의 나머지 부분에서는 이렇게 관찰된 차이들이 섹스와 젠더와 동성애를 바라보는 태도 그리고 하느님과 지속적으로 어떤 관계를 맺는지와 깊이 관련되어 있음을 보여준다. 따라서 제2장과 제3장에서는 가족의 가치라는 이데올로기를 검토하고 기독교 우파의 수사에서 성차별주의와 동성애 혐오가 불가분하게 얽혀 있음을 주장한다. 마지막 세 장에서는 우리가 하느님과 섹스 모두를, 그리고 그 둘 사이의 관계를 진지하게 다룸으로써 21세기를 위한 신학적 성 윤리를 어떻게 재구성할 수 있을지 생각해보고자 한다.

제1장
분리된 교회
현대 기독교의 정치 지형

자유주의자이자 이성애자인 한 교역자가 내게 솔직하게 이야기했다. 낙태, 성 교육, 동성애자의 권리를 "지나치게 강조"하면 기독교인 사이의 "공통적인 연결 고리들"이 많이 없어질 수 있다는 것이었다. 이것이 합리적이거나 관용일까? 그 "연결 고리들"은 우리의 고통 위에 서 있다. 그 고리들을 없애버리자.

스콧 터커 Scott Tucker, 『파이팅 워즈 Fighting Words』

1970년 미국 북동부에 위치한 작은 마을. 주말 피정避靜(성당이나 수도원 같은 곳에서 묵상이나 기도를 하며 자신을 살피는 일—옮긴이)에 참가하려고 버스를 타고 온 가톨릭계 고등학교 학생들을 일단의 가톨릭 수녀들이 한적한 곳으로 인도했다. 만약 이 피정이 15년 전인 1955년에 있었다면 학생들은 차 두 대를 넣을 수 있는 차고와 자동 식기세척기가 있는 집을 달라고 기도했을 것이다. 15년 후인 1985년에 열렸다면 학생들은, 어떤 행동이나 태도라도 그 사회적 가치를 수량화하여 이해할 수 있다는 새로운 윤리관, 즉 '가치명료화'라 불리던 것을 논의했을 것이다. (이런 이유로, 흔히 잘 알려진 구명보트 딜레마에서 살아남아야 할 사람을 정하는 일은 단순한 수학 문제가 되었다.) 하지만 1970년에는 그렇지 않았다. 1960년대의 사회 분위기가 정점에 달한 1970년에 십대들은 수련회에 참여해 잘못된 전쟁, 미국 농업 노동자의 곤경, 부당한 형법체계, 빈민을 위한 주택 부족, 자본주의의 부당성, 미국의 인종주의적인 제도, 전 세계의 기아, 교회와 사회에서의 여성의 역할을 논의했다. 피정에서 학생들은 사랑의 하느님을 믿는다면 사회적 활동에 진지하게 참여해야 한다고 배웠다. 기도를 많이 하는 생활, 세속적인 성공, 심지어 개인적인 윤리 수칙을 지키는 것으로도 기독교인의 의무를 다할 수 없었다. 그들은 세상을 바꾸라는 소명을 받았기 때문이다.

그런 광경은 미국 전역의 많은 고등학교, 대학교, 교회, 종교 단체에서 흔히 볼 수 있었다. 기독교인들은 민권 운동과 여권 운동 같은 세속의 해방 운동이 혼란한 시대에 신실함을 깨닫는 방법 가운데 하나라고 여겼다. 교황 요한 바오로 13세는 기독교인 모두가 교회의 창을 열고 갱신의 영을 기꺼이 받아들이기를 격려했다. 미국에서 교회의 창을 연다는 것은 가난한 사람과 권리를 박탈당한 사람에게까지 기독교 공동체를 확장하는 것을 의미했다. 또한 여성과 흑인을 교회 지도자직에 기꺼이 받아들이는 것을 뜻했으며 인종과 계급으로 나뉜 신도들을 통합하는 것을 의미했다. 1970년대 중산층 백인 교회에는 대부분 어떤 믿음이 있었다. 이전에 이런 저런 이유로 교회에 맞지 않다고 여긴 사람들에게 문을 열어야만 갱신이 이루어질 것이라는 믿음이었다.

21세기로 전환하는 시점에 있는 오늘날, 미국 교회는 다시 활발하게 정치적 활동을 벌이기 시작했다. 이는 편을 가르고 다투기를 좋아하는, 특히 섹슈얼리티와 젠더를 이해하는 문제에 관해서는 더욱 그러한 교회의 속성을 살펴보기에 좋은 시기이다. 1970년을 전후해 미국 전역의 기독교인은 한편으로는 교외 생활을 갈망하는 사회적 분위기와 다른 한편으로는 "상황 윤리" 운동이 제도화 및 구체화되는 국면에 끼어 있었다. 그들은 복음의 메시지란 포용, 공동체, 사회적 행동에 대한 혁명적 요구라고 들었다. 가족과 교회, 기독교 사상과 저술을 중산층 백인 남성이 좌지우지했던 낡은 가치관과 생활양식은 더 이상 적합하지 않았다. 미 전역의 기독교인은 직업, 계층, 정치관과 상관없이 모두 인종과 계급에 기초한 특권과 성차별주의에 도전했다. 게다가 기독교인들은 억압과 불평등을 용인하는 교회에 반대하여 목소리를 높였다. 요컨대 새로운 목소리와 의견들은 새로운 권위로 인정받았다.

그러나 당시의 상황이 비교적 만족스러웠던 기독교인에게는 새로운 해방신학과 운동이 지나치고 근거도 없으며 불필요한 것으로 보였다. 1960년대 이전에 교회는 성장하고 있었다. 가족은 안정되고 부유했으며 교회 생활은 중요하다는 국민적인 합의가 있었다. 흑인과 여성과 동성애자는 교회 지도자직에서 철저히 배제되었지만, 한 논평가의 표현에 따르면 이 시절은 "사람들이 교외로 이사하고, 시보레Chevrolet를 타며, 일찍 잠자리에 들고, 교회가 다시금 북적거리는 평화롭고 번영하는 시기"였다.[1] 비록 모든 이들이 공개적으로 이를 표명하지는 않았지만, 교회를 대변하는 사람들은 적어도 미국 기독교가 의미하는 바에 동의할 수 있었다. 따라서 일부 기독교인이 이성애자, 백인, 남성의 주도권에 대한 긴급한 도전과 영적 갱신이라 여긴 것을 다른 일부 기독교인은 안정과 종교적 합의를 불필요하게 분열하는 행위로 보았다. 1970년대 말에 기독교인들은 어떤 이념이 복음의 메시지를 진정으로 구현하는지를 두고 심하게 분열했다.

제임스 데이비슨 헌터^{James Davison Hunter}는 『문화 전쟁^{Culture Wars}』에서 대립하는 양자의 차이를 기술했다. 그에 따르면, "정통 신앙"은 "가치, 목적, 선^善, 정체성을 판단하는 한결같은 척도를 규정하는 권위에 대한 헌신이다. 그 권위는 외재적이고 정의할 수 있으며 초월적이다". 정통 신앙을 지지하는 사람들은 하느님의 초월성을 굳게 믿으며, 전통적인 삶의 방식이 변함없이 타당하다고 생각한다.

반면 "진보주의"는 "오늘날의 시대정신"을 구현하고 필연적으로 동시대 삶과의 관련성을 함의한다. 진보주의자들은 "종교적 권위를 끊임없이 재해석"하는데, "전통 신앙은 새로운 환경과 조건에 맞춰 달라져야 한다고" 생각하기 때문이다.[2] 헌터는 정통파와 진보파의 차이가 변화를 바라보는 대조적인 태도에 뿌리박고 있다고 주장한다. 변화에 대한 이런 상이한 견해 때문에 미국이 장차 어떤 방향으로 나아가야 하는가를 두고 투쟁이 벌어졌다. 헌터는 문화 전쟁에서 핵심 쟁점은 미국이 새롭고도 다른 종교적 표현을 받아들일지 아니면 확실하고 믿음직한 선조들의 전통을 유지할지의 여부라고 주장한다.

로버트 우스나우^{Robert Wuthnow}는 진보적인 기독교인과 보수적인 기독교인 사이의 갈등을 연구한 『미국 종교의 재편^{The Restructuring of American Religion}』에서, 양 진영이 더 이상 특정한 교파에 따라 조직되지 않는다고 지적한다. 1960년대 중반까지는 기독교인은 진보적 교파[예컨대 그리스도연합교회^{United}

Church of Christ(1957년 복음 개혁파 교회와 회중파 교회가 합쳐 만든 미국 개신교 교단
－옮긴이)나 성공회I나 보수적 교파[(남침례교단Southern Baptist Convention이나 하느님
의 성회Assemblies of God(미국의 대표적인 오순절 교단－옮긴이)]의 구성원이었다.
하지만 1960년대 중반 이후에 기독교인들은 신학적 견해나 소속 교파 모
두를 뛰어넘어 정치적·사회적 활동을 지향하는 소규모 집단에서 자신의
신앙을 표현했다. 우스나우는 이 변동을 이렇게 설명한다. 1950년대와
1960년대의 이념에서는 개인주의와 개인의 선호를 매우 중요하게 여겼
고, 결국 주류 개신교인은 정치적 쟁점들에 관한 교파의 강령에서 멀어져
서 개인의 선호에 기초한 지역 교회와 교회 단체로 더 자유롭게 옮겨가게
되었다는 것이다. 이리하여 개인들은 낙태를 비롯하여 전쟁과 민권 관련
쟁점까지 다양한 영역의 정치 및 사회 문제에 참여했다. 그 결과 우파와
좌파 모두에서 이익 집단이 늘어났다고 우스나우는 말한다. 이 시기에 미
국인이 더 세속화된 것은 아니지만, 미국인의 종교 생활은 교파가 아닌 다
른 중심축들 위에서 형성되었다. 사람들은 낡은 강령을 따르지 않고 자신
의 정치적 신념을 반영하는 지역 회중을 찾아 나섰으며, 회중생활을 대체
하는 것이 아니라 증진하고자 하는 이익 집단과 기독교 단체에 가입했다.
베트남 전쟁 참전 여부를 둘러싼 전전戰前 논란이 교파들이 사회적·정치적
쟁점에서 서로 의견이 다름을 확인한 계기였다면, 오늘날 교파들은 어떤
주제든 양 진영의 입장을 지지하는 개별 구성원으로 가득 차 있다. 오늘
날의 정치 지형에서 갈등과 의견 불일치는 미국의 주류 교파들 사이에 있
다기보다는 각각의 교파 안에 있다. "자유주의자와 보수주의자 사이의 거
대한 경계선이 많은 기성 교파들 한가운데를 일직선으로 가르고 있다"라
고 우스나우는 말한다.[3] 따라서 자유주의 기독교인과 보수주의 기독교인

사이의 차이는 소속 교파만을 근거로 규정할 수 없으며 사회적, 정치적, 신학적 요인들로 판단해야 한다.

일반적으로, 사람들이 교파에 확고한 근거를 두지 않고, 다만 "변화에 대한 태도"라는 모호한 개념을 내세우고 있기 때문에 현대 기독교 정치에서 대립하는 양 진영을 명확히 정의 내리기란 어려운 일이다. 현재의 균열—균열의 이유들은 더 자세히 논의할 것이다—은 근본주의자 대 근대주의자라는 대척선으로 말끔히 나뉘지 않는다. 왜냐하면 오늘날의 보수주의자는 선조인 근본주의자들과 아주 다르고(훨씬 더 지적이고 정교하다), 마찬가지로 현재의 진보적인 기독교인도 선조인 근대주의자들과는 뚜렷이 구별되기 때문이다. 오늘날 교회의 정치 지형은 더 지역적이고 세분화되었다. 이하에서 나는 그들의 차이에 대한 분석을, 특히 섹슈얼리티와 젠더와 관련하여 제시할 것이다.

기독교인이 전국 수준의 정치적 의제를 설정하는 데 "새로운" 기독교 우파가 끼친 영향력은 아무리 높게 평가해도 지나치지 않다. 이런 움직임은 1970년대 말, 네 개의 보수단체의 발흥과 더불어 시작되었다. 1978년 12월과 1979년 12월 사이에 〈전미기독교행동연맹National Christian Action Coalition(이하 NCAC)〉, 〈종교인회의Religious Roundtable〉, 〈기독교인의 소리Christian Voice〉, 〈도덕적 다수Moral Majority〉 모두 워싱턴 D.C.에 사무실을 열었고 1980년의 중요한 선거에서 유리한 입지를 선점하고자 했다. 1976년에 지미 카터Jimmy Carter가 중생한 기독교인을 자처한 첫 대통령으로 당선했지만, 보수주의자들이 보기에 그는 너무나 자유주의적이었고 변화를 쉽게 받아들이는 인물이었다. 특히 지미 카터가 임신중절 합법화를 찬성하자, 성 혁명을 악마적인 것으로 여기고 있던 기독교 연합세력은 카터를 믿을 수 없었다.

이러한 신新보수단체들—이들은 당시 성장일로에 있었다—은 로널드 레이건 Ronald Wilson Reagan을 당선시키고자 워싱턴에 사무실을 열었다. 이들은 레이건이 나라의 정신을 바로잡고, 더 "전통적인" 미국이 되길 바라는 자신들의 요구를 들어줄 수 있을 것이라고 믿었다. 예컨대 〈NCAC〉는 인종차별적인 학교들의 면세혜택을 국세청이 폐지하려 하자 이를 막기 위해 1978년에 설립된 단체이다. 〈NCAC〉 회장 밥 빌링스Bob Billings는 레이건이 당선되어 국세청의 권한을 제한함으로써 인종 차별을 폐지하려는 추세와 자유주의적인 경향을 꺾기를 바랐다. 〈NCAC〉는 근본주의 교회들에 보낼 소식지를 만들었는데, 그 회보는 기독교인의 관점에서 레이건이 당선되어야 하는 이유를 싣고 있었다. 마찬가지로 〈종교인회의〉도 기본적으로 근본주의적인 목사들을 정치 영역에 보낼 요량으로 설립되었고, 그럼으로써 그러한 목사들의 교인도 정치에 참여하게 되기를 기대했다. 1980년에 열린 "국가 문제 설명회National Affairs Briefing"에는 이런 목사들이 많이 참석했는데, 레이건은 여기서 기조연설을 했다. 〈기독교인의 소리〉는 주로 동성애자의 권리에 반대하는 로비 집단으로 (특히 캘리포니아에서) 활동했는데, 1980년에는 동성애 쟁점을 위주로 정당 후보들의 "성적표"를 작성해 처음으로 발표하기도 했다. 〈도덕적 다수〉는 1980년 이전에 1,100만 달러를 모았고, 이 대부분을 레이건을 위해 로비하고 주요한 사회적 쟁점들을 의회 안건으로 올리는 활동에 사용했다. 이 단체들은 기독교 정치활동에 새로운 유형의 활력을 불어넣었고, 보수적인 기독교인과 공화당이 결합하는 새로운 통로가 되었다. 레이건이 당선되자마자, 공화당 지도자들은 제리 폴웰Jerry Falwell 같은 정치목사들에게 차례차례 정치 무대로 들어오도록 권했다. 이 목사들은 당시 숱하게 생겨나기 시작한 정치단체들과 같은 자원과 함께 표와 자금도 끌어왔다. 이런 지지의 대가로 공화당 지도자들은 이 목사들을 정기적으로 만났고, 미국 전역에 만연한 비도덕적 사고방식에 대한 그들의 염려를 진지하게 받아들였다.

레이건의 첫 임기가 끝날 무렵에, 이 새로운 기독교 활동가들은 돌이켜볼 때 많은 것을 성취했을 뿐만 아니라 몇 가지 중대한 실패가 있었음을 알 수 있었다. 이들은 엄청나게 많은 유권자를 등록시켰다. (제리 폴웰 목사는 자신의 힘만으로 1984년 선거에서 200만 명이 넘는 유권자를 선거인 명부에 등록시켰다고 주장했다.4) 그리고 공립학교의 기도 시간, 낙태, 니카라과 반정부세력 지원 같은 보수의 사회적 의제를 의회 안건으로 만들었다. 또한 유권자는 물론 지역 후보자도 제공할 수 있는 풀뿌리 단체를 셀 수 없이 많이 설립했다. 그러나 이런 성과를 거두었음에도 우파는 전국 수준에서 확고한 주도권을 잡지 못했다. 게다가 워싱턴에서 벌이는 활동을 위한 활력이 시들해지고 돈줄도 말라가고 있었다. 초창기에 설립된 네 단체 모두 1984년에 워싱턴에서 철수했고 1986년 말에는 사무실을 영구히 닫아버렸다. 이 운동이 정치 영역에서 살아남으려면 지역 유권자들이라는 자원을 활용하고 그와 동시에 그것을 보충할 수 있는 새로운 방식으로 조직화를 해야 했다.

새로이 나타난 보수 지도자 집단은 전략을 수정해야 한다는 것을 깨달았다. 이들 가운데 폴 웨릭Paul Weyrich이 가장 두드러진 인물이었다. 그는 재빠르게 "문화적 보수주의자"라는 말을 만들어, 보수주의가 근본주의뿐만 아니라 기독교도 초월하여 유대인과 세속주의자도 포함할 수 있음을 시사했다. 이러한 변화로 새로운 기독교 우파의 의제는 다른 많은 보수주의자의 입맛에 맞게 되었다. 새로운 보수 지도자들은 다른 점도 자각했는

데, 첫 번째 종교적 보수화의 물결 속에서 채택된 정치적 의제가 대체로 많은 미국인에게 너무나 동떨어진 주제라는 것이었다. 예컨대 낙태와 니카라과 반군 지원은 보수적 유권자 대부분의 삶에 거의 영향을 주지 못했다. 반면 지역 공립학교에서 가르치는 내용과 동성애자의 교사 임용, 결혼, 공직 취임과 같은 주제가 훨씬 더 많은 보수적 미국인의 관심사였다. 새로운 보수 지도자들은 전국 차원의 캠페인과 의회 로비 대신에 교육위원회 선거와 동성애자 권리에 대한 주민투표 같은 지역 및 주^州 의제 논의에 집중했다. 그러던 중에 대중매체에서 설교하는 텔레비전 설교자들의 스캔들이 여럿 터지자, 보수주의 지도자들은 한두 명의 저명한 지도자에서 지역 지도자들에게로 관심과 노력을 돌리게 되었다. 〈미국을 걱정하는 여성^{Concerned Women for America}(이하 CWA)〉 설립자 베벌리 라헤이^{Beverly LaHaye}는 말한다. "제리 폴웰은 사실상 〈도덕적 다수〉의 거의 전부였습니다. 그가 설교하면 그걸로 끝이었습니다. 〈CWA〉는 그와는 아주 다릅니다. 우리에게는 주 지도자들이 있고, 주 지부와 운영위원회가 있으며, 거의 천 개의 기도활동 모임이 있습니다. 이들은 지역과 주의 안건들을 두고 밖에서 싸우는 용사들입니다. 〈CWA〉는 언론의 관심을 많이 못 받고 있는지도 모릅니다. 하지만 신경 쓰지 않을 겁니다. 우리를 방해하지 말아주십시오. 우리가 그 일을 완수합시다."[5] 요컨대 이러한 두 번째 보수화의 물결 속에서 보수 기독교의 지도력은 많은 사람에게 영향을 미쳤다.

1988년에 팻 로버트슨^{Pat Robertson}이 공화당 대선후보로 지명받고자 벌인 캠페인은 기독교 우파가 대선 정치활동에 개입하려 한 마지막 시도였다. 비록 그가 지명받지는 못했지만, 그 캠페인은 복음주의 진영이 보수정당의 정치활동을 계속 떠받치게끔 했다.[6] 로버트슨의 선거운동에서 중심적인 메시지는 마치 로버트슨 자신이 뽑혀야 한다는 것이 아니라 기독교인 이라면 누구나 미국 정치에 개입해야 한다는 것 같았다. 개인적으로 그는 지명에 실패했지만, 이후 로버트슨의 메시지는 오랫동안 보수 기독교인에게 영향을 미쳤다. 로버트슨은 1988년 캠페인이 실패한 후에 바로 〈기독교 연합Christian Coalition〉을 설립했다. 로버트슨은 이렇게 말했다. 〈기독교 연합〉은 "한 번에 한 선거구, 한 번에 한 지역사회씩 기독교인을 동원하기를 희망합니다. 다시 한 번 우리가 꼬리가 아닌 머리가 되고 정치에서 바닥이 아닌 최고가 될 때까지 말입니다".[7] 로버트슨은 〈기독교 연합〉을 세우면서 사려 깊은 결정을 내렸는데, 전국 정치에서 지역의 풀뿌리 선거로 옮겨가면서 다른 보수 단체의 활동가들과 함께한다는 것이었다. 〈기독교 연합〉 사무총장 랠프 리드Ralph Reed는 말했다. "우리는 1988년에 워싱턴을 바꿀 것이 아니라 각 주에 집중해야 했습니다. …… 기독교인의 진정한 싸움은 지역, 교육위원회, 시 의회, 주 의회에서 벌어집니다."[8]

이런 요충지들을 얻고자 보수 기독교인은 먼저 눈에 보이지 않는 전쟁에 뛰어들었다.[9] 리드가 말했듯이 기독교 우파는 "야음을 틈탄 잠행 침투"를 시도했는데, "자신의 위치를 계속 숨겨야 했다. 머리를 들자마자 총탄에 맞을 수 있었기 때문이다".[10] 캘리포니아 주의 공화당 조정위원회 회장 제이 그림스테드Jay Grimstead는 이 전략을 이렇게 설명했다. "국가와 자유주의자와 언론은 알지 못할 겁니다. [새로 선출된 공무원들이] 직무를 시작하고, 자신이 기독교 우파라 불리는 존재임을 스스로 입증할 때까지 말입니다."[11] 잠행 전술은 분명 성공했다. 좌파가 1992년에 조지 부시를 낙선시킨 사실을 축하하는 동안 기독교 우파는 다른 곳에서 많은 승리를 챙겼다. 로버트슨의 〈기독교 연합〉과 보수적인 기독교 방송이 직접 후원한 1,000

명이 넘는 기독교인이 1992년에 미국 전역에서 출마했고 거의 절반이 당선된 것으로 추산된다. 보수 지도자인 팀 라헤이^{Tim LaHaye}는 이렇게 주장했다. "주님이 우리에게 이 나라를 다시 돌려주실 것입니다. 한 번에 한 선거구, 한 번에 한 지역, 한 번에 한 주씩 말입니다. 우리는 모든 것을 한 번에 얻지는 않을 것입니다. 천년왕국이 갑자기 도래하듯 백악관을 접수하지는 않을 것입니다."¹²

오늘날의 기독교 우파가 20세기 초의 근본주의자와 구별되는 주요한 특징 하나는 선교뿐만 아니라 정치적 목적을 위해서도 텔레비전을 새로운 세대에 맞게 공격적으로 활용한다는 점이다. 근본주의는 대개 편협하고 부정적이며 분리주의적이지만, 새로운 보수 기독교, 특히 1980년과 1988년 사이의 보수 기독교는 텔레비전을 이용해 폭넓은 구성원을 끌어들이고자 했다. 대중매체 학자들은 텔레비전 설교방송의 영향력과 그것을 시청하는 사람들의 구성 및 규모에 대해 격렬한 논쟁을 벌였지만, 텔레비전을 공격적으로 사용하는 점이 새로운 기독교 우파와 그 선조인 근본주의자를 구별하는 특징이라는 데는 대부분 동의했다. 일찍이 1981년에 작가 제프리 헤이든^{Jeffrey Haden}과 찰스 스완^{Charles Swann}은 텔레비전 전도가 미국 문화를 형성하는 주요한 힘이 될 가능성이 있다고 주장했다. 헤이든과 스완은 현대의 모든 사회운동이 대중매체를 활용해온 점을 지적하면서, 미국 기독교가 현대적인 커뮤니케이션 매체들을 채택하면서 중요한 변화를 겪어왔다고 말했다.¹³ 비록 이 변화의 특징과 가치는 모호했지만, 새로운 기독교 우파가 거둔 성공의 원인 중 많은 부분은 대중매체를 획기적이고 강력하게 이용한 덕택으로 볼 수 있다.

심지어 텔레비전 설교자와 연관한 몇몇 추문조차 보수 기독교의 정체성을 뒷받침하는 데 도움이 되었다. 1986년과 1988년 사이에 오럴 로버츠 Oral Roberts는 미국인이 자신에게 800만 달러를 보내지 않는다면 하느님이 자신을 죽이실 것이라고 주장했다. 또한 지미 스웨거트Jimmy Swaggart는 상대적으로 가벼운 성 추문에 관련되어 있었으며 배커 부부Jim and Tammy Bakker는 심각한 성 추문과 횡령 사건에 연루되어 있었다. 그때 많은 평론가들은 이러한 전개를 보수 기독교가 몰락하는 현상으로 간주했다. 하지만 사실 그 사건들은 보수 기독교 구성원의 경계를 분명히 하고 단속하는 데 도움이 되었다. 그 추문들은 텔레비전 설교자를 추종하는 이들에게 죄는 깨끗하게 살아가는 기독교인의 삶에도 언제든 침투할 수 있음을 상기시키는 사건이었다. 이리하여 기독교 우파는 "기독교인"이 무엇인지, "기독교인"은 어떻게 살아가야 하는지를 더 명확히 규정해야 했고, 이 덕분에 이 규정을 충족하지 못하는 사람들을 몰아낼 수 있었다. 보수 기독교 사회는 스웨거트같이 회개한 사람들은 받아들일 수 있었다. 하지만 기독교 우파가 보기에 부정한 삶을 살아가는 사람들은 그럴 수 없었다. 기독교 우파는 전에 죄인이었거나 간통을 했거나 동성애자였거나 극성 페미니스트였던 사람은 구성원으로 받아들일 수 있었지만, 이렇게 달갑지 않은 부류 중 여전히 죄를 짓고 살아가는 사람은 어느 누구도 받아들이지 않았다. 기독교 우파는 도덕적 우위를 유지하는 특정한 요건들에 기초해 자신을 규정한 것이다. 요컨대 당대의 보수 기독교는 텔레비전을 활용해 폭넓은 사람을 구성원으로 초대했지만, 또한 기독교인의 삶을 지속적으로 그리고 협량하게 규정하고 재정립하는 수단으로도 텔레비전을 활용했다.

　보수 기독교인의 정치적 조직화 전략에 텔레비전만 활용된 것은 아니었다. 사실 2세대 지도자들은 지역의 사안과 현지 캠페인을 강조하면서,

유권자의 투표율과 참여를 늘리고자 교회에 기초한 보다 관습적인 방법들로 전환했다. 지역 텔레비전뿐만 아니라 라디오, 대량 우편 발송, 집회, 책과 테이프 판매, 전화, 광고 전단, 개인적인 접촉도 보수 기독교 후보를 당선시키는 데 도움이 되었다. 미 전역에서 지역의 자원 봉사자들이 우편물 및 전화 홍보를 위해 교회들의 교적부를 뒤졌고, 각 교회에서 유권자 등록 운동을 펼쳤으며, 일요일에는 교회 주차장에서 전단 수천 장을 돌리기도 했다. 한 기자는 이렇게 썼다. "보수 기독교인은 텔레비전을 가장 중요한 도구로 활용하던 것에 탈피하여 주류 매체를 피하고 그럼으로써 검증을 비껴가는 방식으로 지역 공동체를 조직하기 시작했다. [전국 방송은] 대중을 변화시키는 장치로 이해하기보다는 잠행 훈련을 받은 점점 더 많아지는 지상군을 돕는 증원 병력으로 간주해야 한다."14

이 "잠행 부대"는 20세기 초의 근본주의자들과는 전혀 달랐다. 이들은 대중매체를 더 능숙하게 이용했을 뿐만 아니라 베트남 전쟁, 민권 운동, 여성운동이라는 격동의 시기에 태어나거나 살아왔기 때문이다. 사실 이 새로운 기독교 활동가 집단은 바로 1960년대 해방 운동—특히 성 해방 운동—에 강하게 반발하여 조직을 구성하고 정치에 개입했다. 기독교 우파가 20세기 말에 지배적이고 영향력 있는 세력으로 등장한 이유는 그들이 동시대 미국인의 삶에 종교를 가져왔기 때문이 아니다. 오히려 섹슈얼리티의 다양한 영역에서 일어나고 있던 변화에 반대하는 목소리를 냈고, 그 반대를 전통적인 종교 관습, 보수적인 사고방식, 반동적인 정치 활동과 통합했기 때문이다.

여성 및 동성애자의 권리와 자유로운 성을 위한 폭넓은 정치 투쟁이 벌어지자 기독교 우파는 "가족"—앞으로 설명하겠지만, 이 기독교인들에게는 특정한 유형의 가족을 의미한다—을 최우선 과제로 삼으면서 진화론 수업, 공립학교의 기도 문제, 낙태, 전통적인 여성의 역할, 섹스, 마약, 포르노, 동성애 같은 주제도 이 틀 안에 집어넣었다. 그랜트 웨커$^{Grant\ Wacker}$는 이렇게 평가한다.

> 복음주의 우파의 관점에서 기독교 문명을 가장 위협하는 현대 문화의 독재자들은 미디어 종사자도, 교육자도 아니라 전통적이고 가부장적인 핵가족의 적일 뿐이다. 역사학자가 문화적 변화와 밀접하게 관련한 것들로 간주하는 것을 복음주의 우파는 국제적인 수준에서 어떤 거대한 기획에 의해 조종되는, 정교하게 꾸며진 음모처럼 느낀다. 복음주의 우파 구성원에게 제임스 로비슨 $^{James\ Robison}$이 이야기한 가족에 대한 공격이나 팀 라헤이가 말한 가족을 둘러싼 전쟁은 아주 완벽하게 조직되어 있어 적그리스도의 소행으로밖에 보이지 않는다. 그 운동의 지도자들은 성 규제가 전반적으로 완화되는 현상을, 가족을 파괴하려는 적그리스도의 의도를 확인할 수 있는 가장 뚜렷한 징후로 보았다.[15]

제2장과 제3장에서 설명하겠지만, 기독교 우파는 여성이 공적 영역 바깥, 즉 가정에 속한다는 것을 신학적으로 보여주고자 애쓴다. 이들은 이 질서에 도전하는 이념들, 예컨대 현대 페미니즘 운동을 몹시 꺼린다. 동성애를 공적인 쟁점으로 만든 지난 이십 년간의 사회운동을 위협적으로 보는 것도 비슷한 이유에서이다. 이것은 동성애가 1960년대 이전보다 더 빈번하게 눈에 띌 뿐만 아니라 우파의 "전통적인" 가족에 대한 신념을 위태롭게 하기 때문이다. 요컨대 여성운동과 동성애자 해방운동 모두 기존

의 낡은 젠더 구별과 구조에 도전하고 있다. 기독교 우파는 가족생활의 새로운 모델에 대한 보수의 저항을 신의 이름으로 승인함으로써 대중적인 지지를 얻고 있다.

일부 평론가들은 기독교 우파의 수가 1980년대 중반에 정점에 이르렀고 이후로 힘이 약해졌다고 말한다. 반면 대부분의 평론가는 사실상 그 반대가 옳다고 보고 있다.[16] 미국 전역에서 기독교 우파는 주 의회, 시 의회, 지역위원회, 교육위원회의 의석을 장악해왔다. 이들의 활동은 대부분 가족의 가치라는 폭넓은 요청에 기반을 두고 있었다. 이런 보수주의자들이 제안하고 가결한 법안은 일관되게 동성애를 적대시했다. 사실 많은 법안이 게이와 레즈비언의 권리보다는 소수 민족 및 인종의 시민권에 초점을 맞추었다. 이런 식으로 보수주의자들은 진보적인 법안을 제출할 때조차 게이, 레즈비언, 양성애자를 희생양으로 삼았다. 예를 들면, 뉴욕 시의 한 학교 교육위원회 모임에서 보수 기독교인들은 소수 민족 및 인종 관련 안건들을 통과시켰는데, 그것은 레즈비언과 게이의 권리를 묵살하는 방식으로 이루어졌다. 기독교 우파의 오랜 구성원이자 교육위원회 위원인 메리 커밍스^{Mary Cummins}는 말했다. "나는 흑인, 라틴아메리카 및 아시아계 같이 적법한 소수자들을 학교교육에서 동성애자와 한 묶음으로 취급함으로써 그들의 품위를 훼손하는 일은 하지 않을 것입니다."[17]

전국적인 수준에서도 마찬가지였다. 동성애자의 시민권에 이의를 제기하는 안건이 많이 제출되었다. 콜로라도에서는 1992년에 당선해 기독교 우파에 협력하던 고위 공무원들이, 헌법이 보장하는 동성애자의 기초적인 권리를 축소하는 주 헌법 제2수정조항을 통과시켰다. 이 기독교인들은 "동성애자는 노동자의 희생을 대가로 평등한 권리가 아닌 '특권'을 얻어내려 하는 돈 많은 플레이보이들이다"라고 주장했다. 2년 후 법정에서 판사는 그 법안을 기각했다. 하지만 이 판결이 있고 딱 한 달 뒤인 1994년 11월에 콜로라도의 많은 지역에서 기독교 우파가 압도적으로 승리를 거두었다. 일곱 명의 기독교인 후보 중 다섯 명이 주 의회에 진출하여, 사회적으로 보수적인 새 법안을 셀 수 없이 많이 제정할 수 있는 무대를 마련했다. 게다가 콜로라도 주 교육위원회의 세 공석도 보수 기독교인이 차지했다. 오리건 주에서도 상황은 마찬가지였다. 1992년 주 제9법안─동성애는 비정상이고, 잘못된 것이며, 자연 원리에 어긋나고, 도착적이라고 명시하는─이 주민투표에서 57% 대 43%로 부결되었다. 그런데 내용을 더 조심스럽게 표현한 법안이 1994년에 다시 제출되었다. 이 제13법안도 부결되었지만 찬성과 반대의 차이는 1%도 채 되지 않았다. 1994년 아이다호 주의 보수주의자들은 동성애자의 권리 보호 조례를 폐지한다는 목표를 명시한 주민발의안 1호를 제출했다. 이들은 교사가 학생과 동성애를 주제로 논의하는 것을 막았으며, 도서관의 관련 도서를 성인만 볼 수 있게 제한했다. 이 법안도 1% 미만의 표 차이로 통과하지 못했다.[18] 이런 특정한 주들에서 동성애자의 법적 권리를 폐지하려는 투표는 모두 실패하거나 좌절되었지만, 이 사건들을 계기로 기독교 우파는 미국인이 성차별주의와 동성애 혐오를, 수용가능한 정치적 선택지로 더 잘 느끼게끔 하는 사회적 분위기를 조성했다.

지역에서 출마한 기독교 우파 후보들은 제안된 법안들보다 더 잘 풀렸다. 1994년 미 전역에서 보수 기독교 후보 600명 가운데 60퍼센트가 당선한 것으로 추산되었는데, 이는 단 이 년 만에 40퍼센트가 증가한 수치였다.[19] 공화당이 하원과 상원 모두에서 분명한 승리를 거둔 데는 보수 기독교인의 개입이 중요한 역할을 했다. 예컨대 사우스캐롤라이나 주지사 선거에서 당선한 기독교인 데이비드 비즐리^{David Beasley}는 〈기독교 연합〉으로부터 선거운동에 많은 자금을 지원받았다. 버지니아 주 상원의원 선거에서 패배한 올리버 노스^{Oliver North}도 "기도하고 투표합시다"라는 캠페인—선거구호 중 하나는 "동성애 혐오는 아무도 죽이지 않았습니다"였다—으로 기독교 유권자들을 엄청나게 많이 조직했다. 1994년에 공화당 후보들은 「미국과의 약속」(공화당이 1994년 의회 선거운동에서 발표한 문서—옮긴이)에서 정책 목표와 우선사항을 명료히 담은 성명을 발표했다. 그 내용은 전통적인 핵가족을 강화하고, 싱글맘에 대한 복지 혜택은 줄이고, 대신 세금은 늘리려는 재정 프로그램에 관한 것이었다. 〈기독교 연합〉이 지역 수준에서 이 캠페인을 활성화하고자 단독으로 기부한 돈이 백만 달러에 달했다. 한 보수 평론가가 지적했듯이, "종교적 보수주의자들은 「미국과의 약속」에 대한 지지를 대가로, 예컨대 낙태를 제한하고, 공립학교 기도시간에 관한 헌법을 개정하며, 동성애자의 권리를 위한 운동을 제한하는 등 보수주의의 입장을 담은 보다 친가족적인 법안 발의를 기대했다".[20] 이런 변화를 고려해볼 때, 비록 제리 폴웰 같은 지도자들이 더 이상 전 국민의 관심을 끌지는 못하게 되었지만, 기독교 우파가 몰락했다는 주장은 사실과 멀다는 것이 분명했다. 사실 기독교 우파는 미국 기독교의 정치 지형에서 힘이 어마어마하다. 비록 기독교 우파가 거둔 대성공의 이유가 최신 테크놀로지의 혁신적인 사용에서 비롯된 것이기는 하지만, 그들은 미국 기독교인이라면 모름지기 갖춰야 할 규범과 특성은 "익숙한 옛 체계"에서 가장 잘 구현될 수 있다는 이데올로기를 가정에 주입하고 있다.

이제 양 진영 중 다른 편에 서 있는 자유주의적 기독교를 보자. 이들은 보수주의보다 더 분열하는 양상을 보여서 논의하기가 더 까다롭다. 오늘날 미국의 자유주의 기독교인은 전적으로 1960년대 해방운동의 산물이다. 현재 주류 교회의 많은 사람들은 베트남 전쟁의 참상을 목격했고, 전쟁을 반대하거나 민권 운동을 지지하고자 가두행진을 벌였으며, 세상이 아마도 더 나아질 것이라는 희망을 공유한 사람들이었다. 이들은 사도행전 2장 17절에서 선포된 복음, 곧 "하느님께서 말씀하신다. 마지막 날에 나는 내 영을 모든 사람에게 부어주겠다. 너희의 아들들과 너희의 딸들은 예언을 하고, 너희의 젊은이들은 환상을 보고, 너희의 늙은이들은 꿈을 꿀 것이다"라는 말씀에 귀를 기울이고, 또한 하느님께서 세상을 더 낫게 만들고자 자신을 부르셨음을 깨달은 사람들이었다. 오늘날 이들은 주류 교회의 긴 의자에 앉아서 가끔 자신이 한때 세상을 바꿀 수 있다고 생각했던 것을 상기한다. 비록 어떤 세상이 더 나은 세상인지에 대한 확신은 전과 같지 않지만 말이다.

헌터와 우스나우에 따르면 자유주의 기독교의 특징은 관용이다. 헌터는 이렇게 기술했다. "[자유주의자가] 공유하는 가장 핵심적인 신념은 다양성을 찬양하고 타인의 믿음을 존중하는 것이다."[21] 마찬가지로 우스나우의 관점에서 볼 때 자유주의는 교회 내에서 수많은 이익집단을 성장시킬 수 있는 이념이다. 다양성을 찬미하는 사회 환경에서는 나이, 젠더, 인종과 같은 차이를 수용하고 존중한다. 자유주의 기독교인은 흑인 가족이 자신의 교회 구성원이라는 점에 자부심을 느끼고, 여성 목사를 기꺼이 초빙하고 받아들이며, 동성애자 커플이 헌신의 서약을 자신의 교회에서 하는 것까지 허락할지도 모른다. 이들은 기본적으로 인종, 민족, 신조, 젠더, 성적 선호를 근거로 남을 판단하는 것은 잘못이라고 믿는다. 그런데 1960년대에 중요했던, 더 나은 미래에 대한 구체적인 비전들은 대개 희미해졌다. 다시 말해 더 좋은 세상을 건설하는 과업이 개인의 차이들을 관용한다는 의미로 그쳐버렸다. 그리하여 자유주의 기독교인은 다원주의라는 기준에 따라 정치적 활동을 구성했고, 자신과는 다른 이들을 받아들임으로써 변화는 자연스럽게 따라올 것이라고 믿었다. 이들은 "다른 이"에게 자신의 교회와 사업과 사교 모임을 개방함으로써 복음의 중심 메시지를 충실히 따르고 있다고 믿었다.

이렇게 기독교 우파가 배제의 복음을 설교하는 동안 자유주의 주류 기독교인은 관용을 이야기한다. 관용은, 교묘하게 조직된 언론 공세를 통해서가 아니라 자유주의 주류 기독교와 표준적인 미국 중산층 생활이 밀접하게 관련되면서 퍼져나갔다. 자유주의 기독교인의 관점에서 관용은 기독교인이자 미국인이 되기 위해 갖춰야 할 본질적 요건이다. 기독교인 중 상당수가 자신을 이러한 미국적 이념의 줄기에서 떨어져 나간 것으로 보는 반면, 대부분의 자유주의 기독교인은 관용과 다원주의를 본질적인 것으로 본다.

일부 자유주의 기독교인은 다원주의와 관련한 협의의 자유주의에서 벗어나, 사회 변화를 위한 적극적인 목표들과 기독교 정신을 연결하는 더 급진적인 자유주의를 지지해왔다. 이들은 흑인과 백인, 부자와 빈자, 자산가와 노숙자 사이에서 외견상 고유한 차이들로 보이는 것에 도전하는 일을 복음으로 이해했다. 도로시 데이Dorothy Day, 마틴 루터 킹, 시저 차베스Cesar Chavez, 오스카 로메로Oscar Romero, 대니얼 베리건Daniel Berrigan의 삶과 활동은 기독교가 불평등, 억압, 빈곤, 차별을 용인하지 않음을 보여주는 역사적 사례들이다. 많은 경우에 지역 교회, 교파, 자원봉사 단체들은 세상을 바꾸고자 선지자적 입장을 견지한다.[22] 사실 오늘날 미국에서 수많은 기독교인이 그리스도의 메시지에 꽤 급진적인 형태로 응답하고 있다. 짐 월리스[Jim Wallis]는 이런 공동체들 이면의 비전과 신앙을 날카롭게 포착한다.

과거 수십 년 동안 영성에 기반을 둔 행동주의는 핵전쟁의 위협을 끝내려는 종교단체의 활동에서, 중앙아메리카에서 온 망명자들에게 은신처를 제공하거나 노숙자에게 새 집을 지어주는 활동에서, 지역 사회를 조직하기 위한 역동적인 교회 기반 단체들의 창설에서, 그리고 온 세상을 새롭게 하려는 종교인들의 노력에서 나타났다. 전국적으로 도시와 지방 모두에서 지역 공동체들을 치유하고 재건하려는 영적 사업체와 단체는 셀 수 없이 많다. 도시의 선교 센터, 노숙자 쉼터, 무료 급식소에서 새로운 신앙 공동체들이 모습을 드러냈다. 또한 가두시위나 교도소, 인종 및 환경 문제의 현장, 공동체와 영적 갱신을 위한 다양한 실험에서도 모습을 보였다. 이 새로운 선지자적인 영성은 …… 복음주의자들에게 동정심과 사회적 양심을 불어넣는다. 또한 주류 개신교인이 영적 부흥과 정의를 갈망하게 하며, 가톨릭 신자가 사회를 변화시키는 영성을 추구하게끔 한다. 이 선지자적 영성은, 기성 종교를 오랫동안 멀리했지만 삶을 더 정의롭게 살기 위한 그들의 노력을 뒷받침하는 인격적이고 공동체적인 영성을 갈구하던 사람들에게 매력적이다.[23]

그러나 좌파 기독교인은 동성애 혐오와 젠더 억압을 좀처럼 그러한 종류의 과제로 다루지 않는다. 그리고 좌파 기독교의 주류 단체들도 이 주제에 관심과 지지ㅡ섹슈얼리티와 관련 없는 쟁점들에 보이는 것과 같은ㅡ를 거의 보내지 않는다.[24] 실제로 인종주의, 계급 차별, 전쟁과 싸우는 기독교인들조차 동성애가 비도덕적이고 기독교의 패러다임과는 어울리지 않는다는 주장에 동의하곤 한다. 어떤 점에서는 이런 사회운동을 뒷받침하는 영성의 구조는 젠더와 섹슈얼리티의 특정한 형태에 직접적으로 기대고 있다. 예컨대 하느님과의 관계를 위해 남성과 여성이 하나가 되고 결혼하는 특정한 방식 말이다. 흔히, 좌파 기독교인이 인종과 계급을 해방하고자 싸울 수 있는 것은 그들에게 감정적으로, 육체적으로, 영적으로 자연스럽게 버팀목이 되어주는 "견고하고 안전한 가족"이 있기 때문이다. 이 가족—어머니는 집에서 아이들을 기르고 아버지는 아침에 냉혹한 세상에 나갔다가 밤이면 "삭막한 세상의 안식처"로 돌아오는—이라는 선^善은 좌파 기독교인에게도 의문의 여지가 없는 전제이자 토대이다.

자유주의 기독교 진영이 여성 및 섹슈얼리티와 관련한 입장에 일관성이 없었기 때문에 우파의 수사가 그 빈자리를 채우게 되었다. 실제로, 우파는 언론매체에서 생산하는 교회의 대중적 이미지를 통제하기 시작했고, 이제는 일반적인 미국인 다수가 기독교를 보수 정치와 왕왕 동일시하는 지경에 이르렀다. 젠더와 동성애를 기독교 윤리라는 틀로 더 명료하게 생각해보려면 먼저 기독교 우파의 신학을 면밀히 검토해야 한다. 보수 기독교의 신학적 논리를 연구해야만 그것이 왜 그렇게 강력하고, 뿌리 깊으며, 사람들에게 설득력 있게 다가가는지를 이해할 수 있다. 또한 보수 기독교의 그러한 호소력을 이해한 후에야 더 진보적이고 충실한 윤리를 구성할 수가 있다.

제2장
"삭막한 세상의 안식처"
젠더화된 신학의 역사적 뿌리

적대적인 환경에서 고되고 긴 하루를 보내고 내 집에 돌아가는 건 참 기쁜 일입니다. 현관에 가까워지고, 집 안에 날 사랑하는 아내가 있다는 사실을 떠올리는 건 정말 좋은 일이지요. 가정은 이 괴로운 세상에서 벗어나 달려가는 안식처입니다.

제리 폴웰Jerry Falwell, 〈올드 타임 가스펠 아워The Old Time Gospel Hour〉 1

잠시 상상해보라. 때는 1820년. 당신은 젊은 미국 여성이고 농부인 남편과 함께 정부가 중서부에 무상으로 불하한 땅에서 살고 있다. 당신은 농부 아내의 역할을 잘 알고 있다. 당신 어머니와 당신이 아는 거의 모든 여성은 농사를 지으며 살다가 죽었다. 당신은 남편과 함께 밭에서 오랜 시간 힘들게 일하고 옥수수나 밀이 잘 자라고 있는지 확인한다. 그리고 식사 준비를 하고, 옷을 수선하거나 세탁하며, 집을 청소하고, 아마 자녀들에게 읽고 쓰는 법을 가르치기도 할 것이다. 남편도 이런 일을 비롯하여 여러 가지 일들을 맡고, 당신도 자신과 아이들을 위해 생계를 꾸려나간다. 그리고 삶이 이렇게 영원히 계속될 것이라고 믿는다.

그런데 어느 날 남편이 1페니짜리 신문을 시내에서 가져온다. 그 신문에는 인근에 공장이 곧 건설되어 사람을 구한다는 광고가 실려 있다. 남편이 한 달 동안 목재를 운반하거나 직물을 재단하거나 용광로에서 일한다면 일 년 내내 농사짓는 것보다 돈을 더 많이 벌 수 있다. 남편도 해보고 싶어 한다. 그는 당신과 자녀들을 위해 더 나은 생활을 꾸리고 싶다고 말한다. 남편은 이듬해 가을에 집을 떠나 시내로 간다. 당신은 자녀들을 먹일 만큼만 텃밭을 가꾼다. 그리고 주말마다 돌아오는 남편을 기다리고 준비한다. 남편은 자기 일을 마음에 들어한다. 당신은 조금씩 농지를 팔고 시내와 가까운 곳으로 이사도 한다. 그리하여 남편은 금요일 밤마다 아주 먼 길을 오가지도 않게 된다. 아이들은 집에서 공부하는 대신에 겨우 1마일 거리에 위치한 작은 학교에 다닌다. 삶이 더 수월해졌다. 이제 시류에 맞게 요리와 세탁과 집안일만 하면 된다.

그러나 이상하게도 갈수록 더 지친다. 알아차리기 힘들 정도로 조금씩이지만 당신의 가족은 당신의 변화를 점점 더 많이 요구한다. 가족들은 두세 끼 연속해서 밥상에 오르는 같은 스튜에 더 이상 만족하지 않는다. 그들은 매일 밤 다른 메뉴를 원하고 한 번의 식사에도 다양한 음식이 있어야 한다. 이제 옷이 두 벌뿐인 사람은 없으며 당신네 가족도 예외가 아니다. 아이들은 늘 새로운 바지, 셔츠, 드레스, 신발이 필요하고 일요일에 교회 갈 때를 위한 다른 옷들도 있어야 한다. 남편이 시내 상점에서 아이들 옷 살 돈 정도는 충분히 벌지만, 그 옷 모두를 깨끗하게 해놓는 것은 만만치 않다. 농가에 살았을 때는 아이들이 일주일에 한 번만 목욕했다. 그런데 이제는 매일 씻어야 한다. 그렇지 않으면 학교에서 놀림감이 될 것이다. 아이들은 집에 먼지가 조금만 있어도 친구를 데려오기가 곤란하다고 말한다. 아이들은 궁금해한다. '엄마는 왜 방을 깨끗하게 안 해놓지? 집에만 있는데?' 하지만 배관 설비, 전기, 가스레인지 같은 편의설비ㅡ당시에는 존재하지도 않았던ㅡ가 없는 상태에서 이런 요구들은 지나친 것 같다. 그런데 아마도 가장 혼란스러운 변화는 바로 당신 자신의 몸에 관해 남편이 요구해오는 것이리라. 농장에서 손수 만들어 입던 당신의 낡은 옷은 이제는 안 된다고 남편은 말한다. 당신이 더 좋은 옷을 입어야 할 만큼 남편은 돈을 많이 번다. 남편은 자신이 얼마나 성공했는지를 마을 사람들에게 보여주는 방법 중 하나로 당신을 돋보이게 하려 한다. 남편은 당신에게 교회 모임 때 입을 새 옷을 가져오고 화장품과 향수까지 사다 준다. 난 데 없이, 옷을 입는 일이 늘어나는 집안일 중 하나가 되어버린다. 1페니짜리 신문은 당신 같은 여성을 "가정주부"라 부르고 당신은 자신이 바로 주부가 되었음을 깨닫는다.

당신은 늘 즐겁게 교회에 출석하고 성경을 읽어왔다. 그리고 이 두 가지 일은 변화의 시기에 당신에게 훨씬 더 중요해진다. 교회의 여성들은 이 변화에 적응하는 일이 얼마나 힘든지 잘 알고 있다. 그들은 당신의 새로운 생활이, 자녀와 남편이 하느님과 더욱 밀접한 관계를 유지하게 하기 위한 하느님의 계획이라고 말한다. 당신과 교회의 여성들은 하느님의 말씀이 가정에서 살아 있게 하기 위해서 농장 일에서 해방된 것이라고 생각한다. 당신은 성경에 나오는 여성들의 이야기를 이러한 새로운 관점에서 읽으면서 현재의 생활방식이 사실 하느님이 처음부터 계획하신 것이라고 생각하게 된다. 당신은 딸과 곧 있을 결혼을 의논하면서 당신 어머니의 농장 생활이나 밭에서 남편과 함께 일하던 이야기는 꺼내지 않는다. 도리어 젊은 기독교인 아내의 역할에 관해 이야기한다.

젠더 역할과 가정생활에서 나타난 이런 변화에 대한 역사적 서술은 현재 젠더와 기독교를 둘러싸고 벌어지는 정치적 싸움을 이해할 실마리를 던져준다. 산업화 전에는 가족이나 공동체를 벗어나 사는 것이 사실상 불가능했다. 일상에서 반복되는 많은 일들을 혼자 감당하기에는 벅찼기 때문이다. 16~17세기에는 비누부터 잼까지, 장작에서 고기까지 거의 모든 것을 각 가정에서 생산했다. 당시 가족은 아이를 낳고 기르는 장소일 뿐만 아니라 생존에 필수적인 식량과 물건을 생산하는 단위였다. 경제 영역은 가정 안이었지 바깥이 아니었다.

산업혁명은 바로 이것을 뒤바꿔버렸다. 갑자기, 남자건 여자건 상관없이 아무나 도시로 이사해 공장에서 일하며 사실상 혼자 사는 일이 가능해졌다. 린다 니콜슨^{Linda Nicholson}은 말한다. "공장에서 일해 급여를 받고 재화를 구입하는 방식에 기초한 시장경제로 인해 생존수단이란 측면에서 가족은 그 필요성이 감소했다. 적어도 일정한 소득을 얻는 성인들에게는 그랬다."[2] 경제의 기초가 가정에서 "공적 영역", 즉 사업과 상업의 세계로 옮겨갔고 가족은 사적 영역으로 제한되었다. 그리고 가족이라는 사적 영역은 경제적으로 보자면 이제 필수 요소가 아니었다.[3]

만약 사회생활이 경제로만 구성된다면 가족의 개념 자체가 급격한 산업화를 거치면서 희미해졌을지도 모른다. 하지만 그렇지 않았다. 미국인의 삶에 들어온 강력한 새 논리 때문에 사람들은 계속 가족에 머물렀다. 경제적으로는 그럴 필요가 없었더라도 말이다. 이 새로운 이데올로기는 젠더에 따른 역할과 태도를 재구성하여 사람들을 친족 단위로 조직했다. 19세기 미국에서는 남녀의 사회적 특징과 일상 업무가 극적으로 바뀌었다. 새로운 젠더 논리에서 남자는 경쟁, 정치, 사업, 임금노동과 연관되었고 여자는 종교, 집, 가족과 결부되었다. 당대의 역사학자들은 이 현상을 "영역 분리"라 명명했으며, 이런 은유로 공적 영역과 사적 영역 가운데 한 영역만으로는 균형 잡힌 삶을 살 수 없고 여자와 남자가 완벽하고 성공적인 생활을 영위하려면 서로가 필요하다는 관념을 포착하려 했다.

영역 분리 이데올로기는 19세기 중반에 중상류층 백인 여성 가운데 광범위하게 퍼졌다. 반면, 많은 여성 역사학자들이 지적했듯이 흑인 여성, 소수민족 여성, 하층 계급에 속한 여성들은 산업화 과정에서 사적 영역에 전념할 수 없었다. 사실 이들은 가사노동은 그것대로 수행하면서 동시에 노동환경이 열악한 공장에서 일해야 했다. 나는 집안에 있는 특권을 누린 여성들에 집중하여 논의를 전개하겠지만, 그렇다고 이들이 19세기 모든 여성의 경험을 대표한다는 것은 아니다. 정확히 말하면 영역 분리 이데올로기에 집중하려 한다. 그 이유는 현대 기독교 우파의 수사와 이데올로기가, 영역 분리와 관련한 가정 예찬 이데올로기와 밀접하고 유사하기 때문이다.[4]

이러한 영역 분리의 논리 속에서, 가정이라는 여성의 영역은 갈수록 바깥 생활의 유일한 피난처, 곧 "삭막한 세상의 안식처"가 되었다. 여성의 책임과 일은 이전보다 적어진 듯이 보였지만, 이 시기에 가정의 기능과 역할에 대한 기대와 요구는 극적으로 늘었다. 가정은 여성의 공간으로 규정되었고, 동시에 가정생활 그 자체와 관련한 이데올로기가 바뀌었다.[5] 과학기술 덕택에 집과 아이들은 더 말쑥해지고 화려해지고 자랑할 수 있는,

가족의 성공을 나타내는 상징물이 되었다. 따지자면, 성인 남녀 모두 자신의 급여로 독립하여 살 수 있었지만, 당시의 논리는 모든 남자에게 집에는 체면, 질서, 도덕을 보장해줄 여성이 있어야 한다고 말하고 있었다. 게다가 윌리엄 체이프^{William Chafe}가 말했듯이 "집 밖에서 일하지 않는 아내는 남자가 중산층에 올랐다는 증표였다".[6] 물론 여성이 가정에 머무르면서 공적 영역의 노동력도 줄어들었고 이 때문에 남성은 취업하여 성공할 기회를 더 누렸다. 이와 함께 남녀의 젠더 역할은 가족, 즉 남자가 회사에서 성공하도록 돕고 동시에 그 성공을 드러내주는 가족을 만들어냈다.

이렇게 가족생활을 재편한 이데올로기적 변화는 당시 대중 문학에서 퍼뜨린 여성의 본성에 관한 관념들로 더욱 거세졌다.[7] 싸구려 통속 소설부터 연재 잡지, 대중 심리학, 설교 등 곳곳에서 여자는 남자보다 감정적이고 상냥하며 순수하고 독실하다고 묘사했다. 역사학자 바버라 웰터^{Barbara Welter}는 1966년에 발표한 획기적인 시론 「진정한 여성성에 대한 예찬^{The Cult of True Womanhood}」에서 산업화한 새로운 세계에서는 여성을 도덕적인 지도자, 즉 경건, 순수, 유순 같은 미덕을 지닌 존재로 여겼다고 주장했다.[8] 여성이 남성보다 도덕과 영성에서 우월하다고 여겨졌기 때문에 여성은 아이들을 선량한 시민으로 양육하고 집을 청소하는 일에 걸맞다고 보았다. 당시의 사람들은 집이 더 깨끗해지고 아이들이 더 순수해지면 결국 국가도 더 강해질 것이라고 믿었다.

웰터는 진정한 여성성이나 가정에 대한 예찬—그가 사용하는 단어 예찬^{cult}에는 경멸적인 의미가 있었다—이 여성을 제한한다고 보았다. 반면 다른 역사학자들은 영역 분리가 여성들이 서로 연합하고, 여성 중심 의제를 제기하며, 가정을 장악할 수 있는 기회라고 생각했다. 그들이 보기에 가정을 장악하는 것은 재생산을 통제하는 것, 즉 결국 여성 해방으로 이어지는 것을 뜻했다. 가족들이 농촌을 떠나 도시로 가면서 부모는 아이들이 덜 필요해졌고, 또한 이전만큼 아이를 원하지도 않았다. 여성이 출산에 대한 통제권을 얻으면서 투표권과 훗날의 산아 제한 운동과도 연관되는 정치적 행동주의에 한걸음 더 가까이 다가가게 되었다.[9] 다른 역사학자들은 19세기 여성들이 스스로를 여성으로서 생각하는 계기가 가정 예찬 풍조였다고 주장했다. 여성들이 교회 모임에 참석해 가정을 주제로 대화를 나누면서 페미니즘의 필수적인 전제조건, 즉 낸시 코트[Nancy Cott]가 말한 "여성성의 자각"도 늘어갔다.[10] 가정생활은 여성들이 자신을 이해관계, 욕구, 권리가 다른 독립된 집단으로 보는 배경이 되었으며, 이로써 페미니즘으로 나아가는 토대가 마련되었다. 사실 영역 분리 덕분에 여성은 캐럴 스미스-로젠버그[Carroll Smith-Rosenberg]가 표현했듯이 "남성의 존재는 그저 희미할 뿐인, 사랑과 의식儀式으로 가득한 여성의 세계"를 창조할 수 있었다.[11] 영역 분리의 이러한 기여를 두고는 오늘날에도 여전히 많은 역사학자와 페미니즘 이론가들이 논쟁하고 있다.[12]

여성을 순수하고 욕정이 없는 존재로 묘사한 이데올로기가 중산층 백인 여성에게만 해당되었다는 것은 아무리 강조해도 지나치지 않다. 대체로 흑인 여성은 성적으로 만족할 줄 모르는 존재로 간주되었다. 상당수의 백인 여성만이 가정 예찬 이데올로기에 해당될 수 있었지만, 이런 관념들 덕택에 그들은 흑인 여성이 빈번히 당하는 강간과 성 학대를 피할 수 있었다.[13] 이렇게 19세기의 백인 여성에 초점을 맞추는 일이 중요한 것은 동시대 기독교 우파의 지지를 받은 젠더 논리가 어떠했고 어떻게 변했는지를 알 수 있기 때문이다. 오늘날 보수 기독교인의 문화적, 가정적, 종교적 내

력을 연구해야만 현재 정치 지형에서 그들이 점하고 있는 위치를 이해할 수 있다.[14]

기독교는 여성의 영역이라는 이데올로기가 지속하고 발전하는 과정에서 이중적인 역할을 했다. 첫째, 코트와 스미스 로젠버그가 보여주었듯이 교회와 교파 단체는 여성들이 정당하게 모일 수 있는 최초의 장소였고, 거기에서 그들은 처음으로 서로 관계 맺는 것을 배우게 되었다. 기독교는 개혁적이고 박애주의적인 운동, 여성 문화, 페미니즘이 발전하는 데 강력하고 조직적인 힘이 되었다. 가장 중요한 것은 교회가 기독교 여성들이 조직적인 기량을 연마하고 권위 있는 지위에 오를 수 있도록 방패가 되어주었다는 점이다. 19세기에 여성 중심의 교회 조직과 자원 봉사 단체들은 많은 사회적 투쟁과 관련을 맺었다. 이 투쟁들은 금주운동과 노예제 폐지에서 비롯되어 도시 개발, 사회복지 프로그램, 사회사업, 인보관隣保館 운동(복지가 부족한 지역에 대학생이나 지식인 등이 들어가서 주민과 접촉하여 조직화를 이루고 지역의 복지향상을 도모하는 운동—옮긴이), 이민자 교육, 노동환경 개선에 개입하며 성장했고, 결국에는 참정권 투쟁으로도 이어졌다. 19세기의 많은 개혁 운동은 교회에서 자신들의 지도자와 함께 조직적이고도 도덕적인 근거지를 제공받았다.

둘째, 기독교는 가정 예찬 문화가 유지·발전되는 과정에 이데올로기적 역할을 했다. 이 시기에는 여성을 남성보다 나은 인간일 뿐만 아니라 더 충실한 기독교인으로도 간주했다. 여기서 도덕과 영성은 밀접하게 관련해 있다. 당시에는 여성이 양육에 더 적합하다고 여겼고, 그 이유는 그들이 기독교 신앙대로 살고 가르치는 일을 더 잘한다고 믿었기 때문이다. 여성이 기독교의 가르침을 받아들여 그대로 살아가는 것은 거의 천성으로까지 이해되었다. 19세기의 관점에서 여성은 온순함, 상상력, 세심함, 감수성 때문에 보다 그리스도를 닮은 존재로 간주되었다.[15] 그리스도가 고난을 겪고 인내하여 세상을 구원했듯이 여성도 이 같은 미덕들을 실천함으로써 가족을 구원할 수 있었다. 반세기 후에 복음주의자 빌리 선데이 Billy Sunday는 이를 이렇게 표현하려 했다. "예수님과 여성은 이 낡은 세상을 구할 수 있습니다. 오늘날 여성성이야말로 우리의 사회적 삶을 더 높은 수준으로 끌어올릴 수 있습니다."[16] 도덕적 천성과 종교적 성향을 지닌 아내와 어머니 덕택에 가족은 그리스도의 구속에 직접 참여할 수 있었다.[17]

19세기의 가족은 여성의 특별한 자질이라고 하는, 하느님과 통하는 확실한 통로가 있었고, 이 때문에 가족 구조는 그대로 보존되었다. 다시 말해 여성은 하느님과 가족 구성원 전체를 연결하는 접점이었다. 이러한 신학적 질서에서 한 자리를 보장받기 위해서는 누구나 전통 가족—집에 도덕과 영성을 가르치고 단속하고 유지하는 어머니가 있는—의 구성원이 되어야 했다. 19세기의 영역 분리 패러다임은 모든 사람을 가족 안에 둠으로써, 그리고 그중 한 성원—가장 많이 집에 머물고 늘 만날 수 있는—이 다른 모든 성원의 영적 생활을 책임지게 함으로써 하느님과의 관계를 보장했다.[18] 이런 이유로, 가족은 더 이상 경제의 필수적인 구성단위가 아니었던 반면 신학에서는 필수적 구성요소가 되었다.

기독교의 이러한 두 역할은 서로 영향을 주고받으며 떠받쳤다. 19세기의 여성은 교회의 구성원이었고 교회에서 아내와 여성의 영적 의미를 배웠다. 이 영성을 기반으로 여성은 사회 전반에서 도덕적 우위를 점할 수 있었다. 곧 여성은 자신이 가정에서 옹호하는 가치들이 집 밖에서 자선단체를 조직할 자격을 준다고 생각했다. 몇몇 역사학자가 언급했듯이 "그런 행동주의의 함의는, 여성들의 그러한 경험이 산업 자본주의로 생긴 물질만능주의와 경쟁적인 개인주의의 문화적 대안이라는 확신이었다".19 이와 같이 가정 예찬 문화는 가정에 국한되는 것이 아니라 광범위하고 다양한 사회 양상에 관련되고 영향을 끼쳤다.20

영역이 분리되기 전에 미국의 기독교 여성이 하느님께 나아가는 방법은 남편에게 복종하는 것밖에 없었다. 여성은 욕정이 가득하고, 영혼이 없으며, 죄에 빠지기 쉬운 존재로 간주되었다. 여성 기독교인은 국가나 지역 교회와의 관계에서 남편에게 의존했다. 아버지 혹은 남편은 자녀를 영적으로 양육하는 일을 혼자서 감당했다. 그런데 산업화와 함께 나타난 이데올로기의 변화로 남자는 세상에서 성공하고자 불사신처럼 단련해야 했고, 그래서 여성은 영성이 남달라야 한다는, 특히 양육과 살림 같은 중요한 일들과 관련해서 더 그래야 한다는 믿음이 퍼졌다.21 영역 분리 패러다임에서 남성은 더 공격적이고 야멸차고 이기적인 존재로 간주되었고, 이 모든 특성은 공적 영역에서 활동하는 데 필요했다. 이것이 바로 여성에게는 이런 특성이 부족하고 그래서 여성이 영적으로 더 우월하다고 여겨진 이유이다. 순종과 복종같이 전통적으로 여성과 관련한 덕목은 여전히 가정 이데올로기에 남아 있었지만 가정 예찬 문화 속에서 그것들은 여성에게 더 높은 도덕적, 영적 지위를 부여하는 것으로 활용되었다. 제인 톰킨스Jane Tompkins는 이렇게 설명한다. 여성의 종속은 "종교적인 것만큼이나 정치적인 사상을 만들어냈다. 이 사상에서는 힘없는 순결한 사람들이 힘 있는 타락한 자들을 구하고자 순교하고, 이로써 자신이 구원한 사람보다 더 강하다는 것을 입증한다".22 이처럼 젠더화된 신학(특정한 젠더에 특정한 의미, 속성을 부여하여 성경을 해석하는 신학을 말한다―옮긴이)의 위계가 역전되었다. 즉, 영역 분리 이전에는 여성이 구원과 관련해 남성에 종속되었다. 반면, 영역 분리 후에 남성은 아내를 통해서, 그리고 아내가 만들어주는 안식처를 통해서만 하느님과 건강하게 관계를 맺을 수 있었다.

가정 예찬 문화는 미국 기독교인에게 강력한 신학적 유산을 남겨놓았다. 이 유산에 따르면 기독교는 전업주부 어머니가 있는 가정에서 더 기독교다울 수 있었다. 지난 150년 동안 많은 사회운동 및 해방운동이 영역 분리에 저항해왔다. 하지만 이 논리는 오늘날 기독교인의 삶에 광범위하게 스며들었고, 많은 보수 기독교 교파에서 전혀 변하지 않은 채로 남았다.[23] 가정 예찬 풍조가 지속된 결과 중 하나로 우리는 인간으로, 즉 젠더와 상관없이 하느님을 경험하는 대신 남성 혹은 여성으로서 하느님과 만난다. 젠더는 우리가 하느님을 경험하는 유형들을 좌지우지하고, 가족의 신앙생활에서 각각이 맡는 역할을 좌우한다. 사실 젠더는 우리가 교회에서 맡는 자리와 의무에도 영향을 크게 미친다. 요컨대 가정 예찬 이데올로기는 신학적, 영적 실천을 남녀라는 두 젠더가 함께 재현되는 사회적 단위, 즉 "전통적인" 가족에 국한함으로써 미국 기독교를 재편했다.

19세기에 여성이 교회에서 펼친 활동과 가정 예찬 풍조가 신학에 미친 영향은 칸트와 슐라이어마허를 비롯한 19세기 신학자 및 철학자들이 끼친 영향에 견줄 만한 것이었다. 그로 말미암아 사람들이 하느님과 관계를 맺는 방식이 젠더에 좌우되었기 때문이다. 게다가 기독교 우파는 이런 체계를 기독교 가정의 이상적인 본보기로 삼았다.

그런데 이 신학 체계에서는 공적이고 경제적인 생활을 잘 꾸려나가는 데 필요한 권위와 특성을 남성에게 돌림으로써만 여성의 중요성이 입증되었다. 남성이 하느님과 만나기 위해 가족에 기반을 두고 여성에 의존했던 것에 비해 여성은 생계를 유지하기 위해 남성에게 의존했다. 가정 예찬 풍조로, 여성은 가족의 영적 생활을 유지하는 중요한 역할을 맡았지만 그 역할 때문에 사실상 공적 생활에 참여하지 못하게 되었다. 가족을 하느님께 인도하는 능력을 갖춘 여성들은 가혹하고 무정한 경제 세계에서 협상하고 일하는 능력을 얻으려 하지 않았다.

가정 예찬은 오늘날에도 미국 기독교인이 하느님과 관계 맺는 방식에 깊은 영향을 미치고 있다. 현대 도덕의 쟁점들을 슬쩍만 봐도 19세기에 형성된 젠더 구조가 오늘날에도 존속하고, 여전히 논쟁이 되고 있다는 것을 알 수 있다. 오늘날 기독교인들은, 19세기 이전에 만연하던 관념처럼, 여성을 하느님이 보시기에 하찮거나 남자보다 영적으로 부족한 존재로 간주하지는 않는다. 또한 사람들은 하느님과의 관계에서 젠더를 부수적인 것으로 생각하지도 않는다. 오히려 공적 생활, 임금 노동, 재생산, 낙태, 자녀 양육에서 여성의 역할을 둘러싼 이러한 논쟁들은 미국 문화에서 가족은 어떤 역할을 하고 있는가에 대한 논쟁만큼이나 가정 예찬이 길러낸 젠더화된 신념들을 반영한다. 보수 기독교인은 여성은 집에 있어야 하고, 가족을 돌봐야 하며, 오늘날과 같은 삭막한 세상에서 안식처를 만들어야 한다고 주장한다. 그 이유는 바로 여성이 순수하고 경건하며 본성적으로 하느님과 결부되어 있기 때문이라는 것이다. 기독교 우파에게 여성의 역할을 둘러싼 이러한 사회적 논쟁들은 신학적으로 핵심적인 중요성을 지닌다. 개인이 하느님과 맺는 관계에서 관건은 젠더가 어떻게 다루어지느냐 하는 것이기 때문이다.[24] 지난 세기의 가정 예찬 이데올로기를 추적해보면 현대 보수주의자들이 여성과 가족을 바라보는 태도가 19세기 신학의 연장선상에 있다는 것이 분명해진다.

19세기의 진정한 여성성에 대한 예찬의 문제점들은 여러 문화비평가가 날카롭게 지적하고 있는 바와 같다. 예컨대 메리 라이언[Mary Ryan]은 많은 여성들이 진보적인 정치 투쟁에 관련되었지만 교회 혹은 봉사 단체의 구성원이라는 이유만으로 그런 정치 활동이 보장되지는 않았다고 지적한다. 그리고 여성들이 참여한 많은 도덕적 개혁 운동이 궁극적으로 여성의 사회적 역할을 한정하는 쪽으로만 기여했다고 주장한다.[25] 앤 더글러스[Ann Douglas]는 19세기의 많은 여성들이 가정과 가족에 대한 감정 섞인 푸념을 늘어놓느라 개혁 활동의 정치적 중요성과 결과에 좀처럼 관심을 보이지 않았다고 주장한다.[26] 이와 유사한 비판들이 필리스 슐러플리[Phyllis Schlafly], 매러벨 모건[Marabel Morgan], 애니타 브라이언트[Anita Bryant], 베벌리 라헤이 같은 현대 기독교 우파 여성에게 쏟아졌다.

19세기의 많은 페미니스트들도 가정에 긍정적 의미를 부여하려는 노력의 한계들을 보았고, 가정 예찬으로 얻은 혜택이 그것을 위해 치른 대가에 비하면 너무나 값싼 것들이었다고 결론지었다. 이러한 값싼 레토릭으로 여성의 가정적이고 도덕적인 본성을 추켜세우는 동안, 공적 영역에서 여성은 어떤 권력도 얻지 못했다. 초기 여성 참정권론자는 개인주의 담론에 반대하며 진정한 여성성이라는 이데올로기를 지지했고 가정 예찬은 필요하다고 보았다. 이들은 미국이 모든 개인을 위해 자유와 정의라는 이상 위에 설립되었다고 주장했고 이런 시민권에서 흑인과 여성을 배제하는 것은 아메리칸 드림에 어긋나는 것이라고 보았다. 참정권 확대를 주장하는 많은 활동가들은 노예제 폐지 운동에 정치적으로 개입하기 시작했다.[27] 어떤 면에서 노예제 폐지에 대한 이들의 참여는 교회, 봉사 단체, 도덕 개혁 운동에 참여하는 활동의 연장선상에서 그저 논의를 거듭하는 수준이었다. 다른 한편으로 노예제 반대 운동은 모든 시민은 개인으로서 합법적이고 정치적인 권리가 있다는 교훈을 여성들에게 남겼다. 노예제 폐지를 뒷받침하는 이념은 진정한 여성성의 문화와 모순되었다. 즉, 여성이 남성과 동등한 존재라고 주장하면서 동시에 그들과 태어날 때부터 다르다고 주장할 수는 없었다. 이 모순에 직면하여 많은 여성이 진정한 여성성의 이데올로기를 버렸다. 그리고 개인의 자유와 권리를 흑인에게 확장했던 것처럼 여성에게도 그렇게 되게 하려는 기획을 지지했다.

동시에 19세기 페미니스트들은 가정 예찬이 가정에서 여성이 당하는 학대 및 억압과 관련이 있다고 보기 시작했다. 19세기에는 가족을 냉혹한 바깥 세계에서의 피난처로 여겼지만 공적 영역에서 통용되는 정당한 원리와 규칙들이 가정에서는 좀처럼 적용되지 않았다. 많은 경우에 여성성의 긍정적 가치는 수많은 아내와 어머니가 당하는 심각한 박해와 공존했다. 여성에게 도덕과 영성은, 순종과 복종이라는 덕목을 지킬 때에만 인정받을 수 있는 것이었다. 만약 복종하기를 거부하면 학대받고 버림받으며 보호시설로 보내지는 경우가 빈번했다. 그래서 가정은 대체로 남성에게만 피난처였으며, 여성에게 가정이란 단지 일하고 억압받는 곳에 지나지 않았다.[28]

19세기 말에는 여성 참정권론자들 외에 다른 여성들도 가정 예찬에 불만을 나타냈다. 20세기 초에 "신여성"은 비록 참정권 획득 운동에 적극적으로 참여하지는 않았지만 가정의 굴레에서 벗어나고자 했다. 대개 신여성은 늦게 결혼했고 대학에 다녔다. 캐럴 스미스-로젠버그가 말했듯이 신여성은 "어머니가 결코 할 수 없던 방식들로 진정한 여성성을 예찬하는 이데올로기를 거부했다".[29] 1910년대에는 여성을 평등하고 완전한 시민으로 생각하기 시작했다고 스미스-로젠버그는 주장한다. 게다가 캐시 피스 Kathy Peiss가 확실하게 입증한 것처럼, 평등한 여성이라는 새로운 이념은 더 이상 중상류층 여성만의 전유물이 아니라 노동계급과 이주 여성들에게도 스며들었다. 이들 사이에서 주로 새로운 유형의 사회적 연대들을 매개로 한 변화가 나타났다. 가정 예찬이 만연하던 시대에 우정이 여성들 **사이**에서 이루어지는 것이었다면, 20세기 초에 모든 계층에서 신여성은 남성과 성적으로, 정서적으로 결합하는 방향으로 돌아선 이들을 의미한다고 피스는 말한다.[30] "여성의 우월한 본성"이라는 전제들은 종종 오래 유지된 반면, 여성의 차별성이라는 신조는 조직적으로 도전을 받았다. 가장 중요한 점은 신여성 사상의 영향으로 여성들이 자신의 본성을 성취하기 위해 반드시 아이를 낳아야 하거나 심지어 꼭 결혼해야만 하는 것은 아니라고 생각하게 되었다는 것이다. 그래서 많은 여성이 10년 전만 해도 주로 남성의 세계였던 영역으로 꿈을 좇아 들어가기 시작했다.

1920년대에 미국 여성의 주요한 역할과 특성들은 극적으로 변했다. 참정권 운동과 신여성 이념은 대중의 지지를 얻었고 많은 여성에게 새로운 활로를 열어주었다. 여성은 대학에 진학하고, 전문적인 교육을 받으며, 산업의 다양한 분야와 위치에서 직업을 얻기 시작했다. 동시에 성적 자유의 바람이 전국을 휩쓸었고 더 많은 여성이 혼전 성관계를 했다. 사실 일부 "왈가닥들flappers(신여성이 주로 입던 주름 잡힌 짧은 치마가 펄럭이는 모습을 빗대 붙은 이름-옮긴이)"은 결혼이 전제되지 않는 성관계를 옹호하기까지 했다. 이혼율은 극적으로 증가했다. 가정 예찬이라는 젠더화된 신학의 핵심이 의심받고 있었다. 여성은 무더기로 가정을 떠났고 신학적인 책무, 즉 가족 전체를 위해 도덕과 영성의 안식처를 만들어야 한다는 책무도 버렸다.

젠더와 관련한 이러한 변화로 경제 영역도 바뀌었다. 신여성 사상이 퍼지면서 여성은 집에서 나와 일터로 갔고 맞벌이로 소득이 늘어난 가족은 물건을 더 구입할 여유가 생겼다. 이 물건들—세탁기부터 자동차까지—은 가족의 성공을 의미했다. 동시에 집에 있는 아내는 더 이상 경제적 성공을 의미하지 않았다. 어머니나 아내가 집에서 무급 가사노동을 하는 가정은 추가 수입이 없어서 성공을 상징하는 이러한 물건들을 구비하기가 더 어려웠기 때문이다. 또 다른 측면에서, 일터에 많아진 여성은 풍부해진 노동력을 의미했고, 이는 일자리 유지 경쟁이 심해지고 남성이 보장받던 일자리가 줄어듦을 뜻했다. 종종 여성들은 가족을 부양하기 위해 일해야 했으며 가끔은 실직한 남편까지 부양해야 했다. 경제적 영역의 이러한 변화들은 다시금 가정생활에, 그리고 가정 예찬과 결부된 신학에도 영향을 미쳤다.

베티 디버그Betty Deberg는 『불경한 여자들Ungodly Women』에서 미국 근본주의의 첫 번째 물결이 이런 사회경제적 변화에 반대하는 주요한 조류 중 하나였다고 주장했다. 그는 유명한 근본주의자들의 저작을 광범위하게 조사하여 가정 예찬으로 돌아가자는 공통의 주제를 발견했다. 예컨대 신여성 사상을 유감스럽게 생각하고 여성이 빅토리아 시대의 전통적인 역할로 돌아가기를 간절히 바라는 내용이 담긴 포스터들이 나붙었다. "사람을 찾습니다! 어머니를 찾습니다. 우리에게는 가정이 필요합니다. 진정한 가정 말입니다. 우리에게는 어머니가 필요합니다. 진정한 어머니 말입니다. ······ 하느님은 여성을 주부로 만드셨습니다. 그런데 왠지는 모르겠지만 여성들은 곁길로 샌 것 같습니다."[31] 이 첫 근본주의자들이 19세기 빅토리아 시대의 젠더에 따른 표준 행동양식으로 돌아가자고 요구함으로써

세를 늘리고 대중의 동의를 얻었다고 디버그는 주장한다. 그러면서 근본주의자들은 자유로워진 여성을 공통의 적으로 상정하고, 여성을 가정으로 되돌리는 데 유효한 수단을 얻으려고 기독교와 손을 잡았다.

근본주의자들이 반대하는 것이 여성의 본성에 대한 여성 참정권론자들의 생각만은 아니었다.[32] 그들은 미국 전역에서 평범한 여성의 일상 활동 가운데 행동으로 표현되고 있는 것에도 반대했다. 디버그는 1926년 한 기독교 단체의 회보에서 다음과 같은 간곡한 권고가 여러 페이지에 걸쳐 실린 것을 지적한다. "성경은 남성에게 적극적인 덕목을 강조합니다. …… 여성에게는 수동적인 덕목을 강조합니다. …… 이런 차이가 사라지고 남자가 여성스러워지고 여자가 남성 같아지면 올바른 균형이 깨지고 조화는 불화로 바뀝니다."[33] 가정 예찬 문화로의 회귀를 돕기 위해, 성경과 신학에 관한 이런 단언들이 기독교의 메시지 전체를 재조직하고 재편했다.[34]

초기 근본주의자들은 이 거대한 성전聖戰에 뛰어들었다. 아내와 어머니를 집에 머물게 하는 것이 하느님과의 관계를 무엇보다 중요한 것으로 유지하는 최선의 방법이라 생각했기 때문이다. 근본주의자들의 이러한 반발은 19세기 말~20세기 초에 사회적·경제적 젠더 관념이 변화하면서 신학적인 이해도 바뀌어가는 데 대한 반발이었다. 여성이 사회에서 직업을 갖고, 무도장에서 때로는 속옷 같은 옷만 입고 춤을 추기라도 한다면 여성의 고유한 본성인 순수함과 독실함을 잃을 수도 있었다. 그리고 여성이 순수하지도 독실하지도 않다면 여성—그리고 그 가족—이 하느님께 다가가는 능력을 상실하게 될 위험이 있었다.

초기 근본주의자들처럼 현대 기독교 우파도 가정 예찬의 이면에 있는 신학을 정당화하고 이 틀에서 벗어나려는 여성들을 공격하려고 성경과 기독교 전통의 다양한 면들에 의지하고 있다. 사실 오늘날 기독교 우파와 결부된 정치활동들은, 가정 예찬 문화 속에서 잉태되고 많은 근본주의자와 복음주의 교회에서 자라난 젠더화된 신학을 위협한다는 사실에서 추동된 것이다. 미국 기독교의 보수 교파들은 영성을 주로 여성의 속성으로 이해한다. 따라서 여성이 영적인 본성과 역할을 감당하지 않으려 할 때 현대 보수 기독교인들은 선조들처럼 대응한다. 즉, 여성을 가정에 돌려보내고자 고안된 정치적 의제들을 세우는 것이다. 이들에게 이 반발 전략은 여성을 억압하려는 것이 아니라 하느님이 주신 역할을 여성이 완수하게끔 하고 하느님과 가족 모두의 관계를 보장하려는 것이다.

기독교 우파는 여성을 사적 공간과 19세기의 젠더화된 신학 체계로 되돌리고자 다양한 방법으로 애쓰고 있다. 보수주의자들은 기독교 여성이 아이를 많이 낳게 하고자 피임과 낙태를 반대하고, 집에서 아이를 양육하는 일을 어엿한 직업으로 인정받게 하고자 탁아소도 반대한다. 또한 자택교육Home Schooling을 장려한다. 그래야 여성이 확실하게 집에 머물며 19세기의 신학적 배경을 다시금 조성할 수 있기 때문이다. 기독교 우파는 이런 자연스러운 균형에 도전하는 주장들을 비윤리적이고 자연 원리에 어긋나며 사악한 것이라고 여긴다.

1920년대 기독교 근본주의의 초창기에서 현대 기독교 우파에 이르는 동안 근본주의와 미국 사회 모두가 극적으로 변했다. 20세기의 첫 20년 동안 근본주의는 19세기 복음주의적 선조들의 정치적 정서를 뒤바꿔놓았다. 19세기의 많은 복음주의자들이 금주제 실시와 노예제 폐지 같은 진보적인 사회 개혁 운동에 참여했지만 20세기 초 근본주의자들은 그런 사회 운동과의 관계를 끊었다.[35] 그런데 1920년대 말에는 또 다른 변화가 있었다. 근본주의자들이 주류 교파들을 지배하려는 싸움을 중단하고 동시에 다양한 정치활동도 그만두었던 것이다. 1927년 스코프스 재판The Scopes trial 은 근본주의자들에게 심각한 패배였다. 이 재판에서, 진화론을 공립학교 에서 가르치지 못하도록 한 법이 폐지되었다. 분명히 근본주의의 인기는 내리막에 접어든 상태였다. 조지 마스던George Marsden이 말했듯이 "근본주 의자의 타협하지 않는 태도는 분리주의로 향했다".36 새로운 분리주의 근 본주의자들은 다윈주의나 성서 무오설과 관련한 쟁점에만 초점을 맞추었 고 사회의 다양한 영역에서 늘어나고 있던 여성의 역할에는 사실상 관심 을 두지 않았다.

한편 공적 생활과 노동시장에서 여성의 역할은 극적으로 변했는데, 특 히 제2차 세계대전이 주요 원인이었다. 1942년과 1945년 사이에, 이전에 는 임금노동을 하지 않던 470만 명의 여성이 노동인구에 포함되었다. 이 들은 주로 백인 중산층 여성으로, 전쟁터로 떠나 공석이 된 남편과 형제들 의 빈자리를 채웠다.37 1942년에 미 정부는 이러한 변화에 대응하고자, 일하는 어머니가 어린 자녀를 맡길 수 있는 공공 보육 시설에 400만 달러 를 투입했다. 근본주의자들이 이런 변화들을 알았다 하더라도 정부의 전 쟁 수행을 돕고자 크게 문제 삼지 않았을 것으로 보인다.

그런데 1945년에 남자들이 고국으로 돌아왔다. 중산층 백인 여자들은 가정으로 돌아가고 보육 시설은 문을 닫았다. 가족의 삶은 그 이전 백여 년간을 지배했던 영역 분리의 균형으로 돌아간 듯 보였다. 돌아온 참전 용사들—특히 백인 중산층 용사들—은 노고를 인정받아 구직활동에서 보상 을 받았고 가장의 자리에 섰다. 아내들은 남편이 가정으로 돌아온 것을 기뻐하며 집안 살림을 꾸리고 아이를 돌보는 일로 되돌아갔다. 실제로 미국인의 사회경제적 삶은 이러한 국내의 변화를 뒷받침하고자 재구조화되었다. 더욱더 많은 가족이 북적대는 도심을 벗어나 교외로 옮겨갔다. 남편들은 자가용을 타고 새롭게 뚫린 길로 일터에 나갈 수 있었던 반면 아내들은 직장에 다니기가 힘들어졌다. 부부가 차 두 대를 유지하면서 아이를 키우고 집안 살림을 꾸릴 만큼 돈을 벌기는 어려웠기 때문이다. 고립된 장소인 교외에서 아내와 어머니들은 가정을 더 즐거운 공간으로 만들고자 더욱 많은 일들을 하게 되었다. 1950년대의 미국은 노먼 록웰^{Norman} Rockwell(20세기에 변화하는 미국 사회와 미국인의 일상을 그림으로 표현한 삽화가 -옮긴이)의 그림에 잘 표현되어 있다. 화풍이나 기법이 변화했는데도, 그의 그림은 마치 당대가 아닌 증조부모의 시대를 묘사했던 그림들과 아주 비슷하다. 다만 한 가지, 증조부모의 시대를 그린 그림들에서는 찾아볼 수 없는 불만족의 느낌이 역력했다는 것만 빼면 말이다.

제2차 세계대전은 인종 및 젠더의 취약했던 균형을 무너뜨렸다. 백인 및 흑인 남성은 전쟁에서 협력하여 싸웠고 여성은 공장의 부족한 자리들을 채웠다. 전후 미국에서는 여성과 아프리카계 미국인들의 역할을 규제함으로써 이러한 변화 추세를 뒤집으려는 경향이 있었다. 역사학자 위니 브레인스^{Wini Breines}는 이렇게 썼다.

[1950년대의] 전후 문화에는 여성과 흑인을 견제하려는 경향이 있었다. …… 백인과 전통 가정의 여성성을 찬양하면서, 영역 분리가 희미해지고 인종과 성이 통합하는 현상에 대한 불안감을 노골적으로 표출했다. 여성과 흑인을 분리 혹은 차별하며 견제하는 일에는 그동안 배제되어온 이들의 요구를 외면하는 방법으로서 모색된 어떤 이데올로기적인 합의가 있었다.[38]

1950년대의 이 이데올로기는 법률을 통해서가 아니라 "전통적인" 가족 구성을 공고히 하는 관념을 통해 백인 남성 중심의 노동인력에 여성과 흑인이 들어오지 못하게 하려고 했다. 노래, 영화, 잡지, TV쇼, 특히 상품 광고에서는 교외에 위치한 집에서 남편과 자녀를 위해 안식처를 만들어줄 때 가장 행복한 존재로 여성을 묘사했다. 이제는 한결같이 멋진 사무직 노동자로 묘사되는 남자들은 깨끗하고 예쁘게 꾸민 교외의 단층집에 돌아와 맛있는 음식을 먹고, 공적 영역인 일터가 아니라 가정이라는 사적 영역에 맞게끔 자신의 재능과 힘을 변화시킨 아내의 보살핌을 받았다. 이 방식은 19세기의 영역 분리를 정확하게 따르고 있었다.

오늘날 기독교 우파의 수사에 따르면, 1950년대는 기독교적 삶의 황금기였다. 보수의 싱크탱크 중 하나인 〈가족연구협의회^{Family Research Council}〉의 대표 개리 바우어^{Gary Bauer}는 이 시기를 이렇게 설명한다.

1950년대는 우리의 심금을 울리는 시대였다. …… 그때에 미국인은 무엇이 옳고 그른지를 분명히 판단하는 분별력이 있었다. 믿을 만한 규준들이 사회 곳곳에 퍼져 있었고 아이들은 가정과 교회와 학교에서 그것을 배웠다. 유년기부터 아이들은 맥거피 읽기 교재^{McGuffy's reader}(미국 교육가 맥거피^{W. H. McGuffy}가 만든 교재로, 교과서로 널리 사용되었다—옮긴이) 같은 교과서들을 읽고 '조지 워싱턴과 벚나무'처럼 소박한 이야기를 들으며 정직, 참됨, 진실 같은 단순한 가치들을 배웠다. 오늘날 우리는 윤리 그 자체를 가르치지 않고 윤리에 관해 가르친다. 또한 아이들이 선택하기를 바라는 결정들을 제시하지 않고 의사 결정을 가르친다.

1950년대는 급진적 페미니즘 이전의 시기였다. 또한 베이비붐의 시기이자 교외 생활인구가 폭증하던 시기이기도 했다. 대중문화에서 가장 논쟁적인 사안은 엘비스가 엉덩이를 흔들며 추는 춤이었다. (이는 확실히 오늘날에는 맞지 않는 문제인 것 같다.) 부부가 맞벌이를 하여 방과 후에 집에 혼자 있는 아이는 거의 없었다. 학교 일과는 일상적으로 기도와 함께 시작했다. 아이가 사생아로 태어나는 비율은 오늘날 창피하기 짝이 없는 27퍼센트에 비하면 아주 적었다. 낙태는 강간과 근친상간에만 허용되었다. 과실 책임을 따지지 않는 이혼은 아직 일부 개혁주의자들의 막연한 생각일 뿐이었다. "게이"라는 단어는 원래의 뜻 그대로인 행복을 의미했고, 동성애는 "수치"였으며, 백악관에는 차분한 "아이크^{Ike}(미국 제34대 대통령 아이젠하워의 애칭-옮긴이)"가 있었다. 1950년대는 "오지와 해리엇 부부^{Ozzie and Harriet}(미국 TV 홈 코미디 드라마에 나오는 주인공들로, 모범적인 중산층 가정 부부를 상징한다-옮긴이)"와 〈아버지가 가장 잘 아셔^{Father Knows Best}(미국 중서부 중산층 가족을 묘사하는 라디오 및 TV 코미디 연속물-옮긴이)〉의 시기였다.[39]

보수 기독교인이 미국 역사를 되돌아볼 때 근본주의의 전성시대인 1920년대를 황금기로 생각하지 않는다는 점은 흥미롭다. 오히려 1950년대는 근본주의가 세간의 관심에서 멀어져 있던 시기였다. 오늘날의 보수 기독교인이 보기에 1950년대가 미국 문명의 절정기인 이유는 바로 근본주의가 불필요하기 때문이다. 즉, 1950년대에 미국인은 가정 예찬의 가치들을 사실상 그리고 충분히 체현했다. 예컨대 근본주의자나 보수 기독교인이 여성은 집에 있어야 한다고 가르칠 필요가 없었다. 늘어나던 중산층 여성들은 이미 그렇게 하고 있었다. 1950년대에 남녀는 자신들의 사회적 위치를 알고 있었다. 또한 "영원한 불구덩이"로 위협하거나 성경책을 들이밀지 않아도 "하늘에서 부여받은" 역할들을 지켰다. 요컨대 1950년대의 사회경제적 생활구조는 하느님이 남녀가 살아가도록 정해놓으신 방식에 가장 가까웠다.

그러나 이 관점이 놓치는 부분이 있다. 1950년대의 이데올로기가 강력했던 주요한 원인은, 전쟁으로 경제 영역과 젠더화된 사회양식이 흔들렸고 이에 따른 불안정을 그 이데올로기가 보완하려 했다는 것이다. 1950년대에 남녀들은 오지와 해리엇의 이미지를 강요당하다시피 했고, 그런 이미지들이 사회구조를 안정적으로 재조직해주리라는 기대가 있었다. 오늘날 보수주의자들은 1950년대를 뒤돌아보면서 당시에 사회적 혼란을 통제하고자 가정을 화목하게 묘사했다는 것을 보지 못한다. 10년 전인 1940년대만 해도 여성은 집 밖에서 일했고, 탁아소에 아이를 맡겼으며, 남편 없이도 아이들을 키웠다. 그리고 1950년대에 〈오지와 해리엇 부부〉가 방영될 때조차 사람들은 고립된 오랜 교외생활에 만족하지 못했다. 여성과 그 가족은 텔레비전에서 완벽하고 행복한 가족에 대한 묘사를 보기는 하지만 그것으로 자신이 실제로 행복하다고 느끼지는 못했다.

섹슈얼리티와 이에 대한 통제는 현대의 보수 이데올로기에서 중요한 부분이다. 1940년대에 독신생활이나 혼외 성관계는 미국 사람들에게 흔한 일이 되었다. 그러나 이런 규준은 전쟁이 끝날 무렵에는 바뀌어 있었다. 당시 여성들―적어도 백인 중산층 여성 대부분―의 섹슈얼리티에 관한 모토는 **통제**와 **평판**이었다. 만약 여성이 이 중 하나라도 잃어버린다면 아메리칸 드림을 이룰 기회는 날아가버릴 것이었다. 브레인스에 따르면, "당시 문화에서는 합법적인 성행위, 즉 부부의 성관계만을 인정했으며, 반면 다른 유형의 섹슈얼리티는 부끄러운 일이었고 무시와 위협과 처벌을 받았다".[40] 이전에 광범위한 성적, 경제적 선택권이 있던 여성들에게 1950년대의 제약들은 결국 너무나 구속적인 것으로 드러날 수밖에 없었다.

베티 프리던[Betty Friedan]은 1963년 출간한 『여성의 신비[The Feminine Mystique]』에서 처음으로 "행복한 날들"이라는 이데올로기를 강력히 비판했다. 프리던은 이 책을 이렇게 시작한다. "점차 …… 나는 오늘날 미국 여성이 삶을 꾸려나가려는 방식이 아주 잘못되었다는 것을 깨닫게 되었다." 프리던은 이것을 "이름을 붙일 수 없는 문제"로 명명했고 "교외에 거주하는 여성 각각이 이 문제와 홀로 싸웠다"라고 주장했다.[41] 그는 많은 (중산층 백인) 여성이 더 어린 나이에 결혼하고 있고, 아이도 더 자주 또 더 많이 가진다는 점에, 반대로 대학을 졸업하고 직장생활을 계속하는 여성은 줄어들고 있다는 점에 주목했다.[42] 소녀들은 이른 나이부터 성적 대상이 되고 결혼 시장에 편입되고 있었으며, 반면 여성들은 결혼을 위해 적극적으로 시장에 자신을 내놓았다. 이런 행동양식이 '신비', 곧 여성은 정말 행복하다는 믿음 때문에 퍼졌다고 프리던은 말했다. 프리던의 이야기를 들어보자.

교외생활을 하는 주부는 미국의 젊은 여성이 꿈꾸는 모습이자 전 세계 여성이 선망하는 대상이었다. 주부는 노동력을 절감해주는 기기를 이용해 힘들고 단조로운 가사에서 벗어나게 되었고, 과학 및 의료 기술의 혜택으로 출산에 따르는 위험을 피하고 자신의 할머니를 괴롭히던 질병들도 앓지 않게 되었다. 그녀는 건강하고 아름다웠고 교양이 있었으며, 오로지 남편과 자녀에게만 신경을 썼다. 그녀는 진정한 여성성을 완성했다. 전업주부이자 어머니로서 그녀는 남자의 세계에서 완전하고 동등한 파트너로 존중받았다. 그녀는 자동차,

옷, 가정기기, 슈퍼마켓을 자유롭게 선택할 수 있었다. 곧 그녀는 여성들이 늘 꿈꿔 왔던 모든 것을 소유한 존재였다.

제2차 세계대전 후 15년 동안 여성의 충만감이라는 이러한 신비는 당시 미국 문화의 소중하고도 영속적인 핵심이 되었다. 수많은 여성이, 예쁘게 묘사되는 미국 교외 가정주부 이미지 속에서 살았다. 예컨대 출근하는 남편을 보내며 문 앞에서 하는 키스, 스테이션왜건(접거나 뗄 수 있는 좌석이 있고 뒷문으로 짐을 실을 수 있는 자동차—옮긴이)에 아이들을 가득 태워 학교에 보내기, 티끌 하나 없는 주방 바닥에 새로운 전기 광택기를 돌리며 미소 짓기 등등……. 여성들은 직접 빵을 구웠고 자신과 아이의 옷을 재봉해 만들었으며 하루 종일 신형 세탁기와 건조기를 돌릴 수 있었다. 이들은 침대 시트를 일주일에 한 번이 아니라 두 번씩 바꿨고 성인 강좌에서 양탄자 짜는 수업을 들었으며, 사회생활을 하려는 꿈이 있었지만 좌절한 어머니 세대를 측은히 여겼다. 이들의 유일한 꿈은 완벽한 아내와 어머니였다. 가장 큰 바람이 아이를 다섯 낳고 멋진 집을 소유하는 것이었고, 남편을 얻고 지키는 것이 삶에서 유일한 투쟁이었다. 그들은 집 밖의 세상에서 일어나는 비여성적인 문제에는 전혀 관심을 두지 않았다. 중요한 결정들은 남편이 해주기를 원했다. 이들은 여성으로서 자신이 하는 역할을 대단히 자랑스러워했고 인구조사 직업란에도 당당하게 기입했다. "직업: 가정주부."43

프리던은 『여성의 신비』에서 이런 기만의 대가를 서술했다. 그는 교외에 사는 백인 중산층 여성을 조사하면서 미국 여성 대부분이 아내와 어머니로 제한되는 역할에 몹시 불만족스러워한다는 것을 알아냈다. 그들은

"[자신이 해온 일에서] 정말로 필요하고 중요한 것이 거의 없다는 것을" 깨달았을 때 고통스러워했다. 이런 문제들을 해결하려면 여성이 자신의 고유한 가치를 인식해야 한다고 프리던은 제시했다. "일단 여성의 신비라는 망상을 간파한다. 또한 남편도, 자녀도, 집안 물건들도, 섹스도, 다른 모든 여성들처럼 사는 것도 자기 자신에게 자아를 줄 수 없다는 것을 깨닫는다. 대개의 경우 그들은 자신이 예상했던 것보다 훨씬 더 쉽게 해결책을 찾는다."[44] 이와 같은 해결은 대개 교육을 통해 가능하다고 프리던은 생각했다.

물론 1950년대 여성의 역할에 불만을 드러낸 페미니스트가 프리던만은 아니었다.[45] 사실 오늘날 많은 사람에게 『여성의 신비』 같은 분석은 진부하고, 급진적인 것과는 확실히 멀어 보인다. 하지만 프리던이 『여성의 신비』에서 말한 문제들은 현실적이었고, 이에 대한 분명한 표현과 설명은 혁명적이었다. 그 책이 나왔을 때 나는 일곱 살이었고 1950년대 체제가 지키려고 한 무수한 베이비붐 세대 아이들 중 한 명이었다. 나의 아버지는 매일 아침 일찍 일하러 나갔고 어머니는 자식들과 집에 있었다. 낮에 나는 아기였던 남동생과 집과 마당에 머물며, 어머니가 쿠키를 굽고, 바느질을 하고, 집안에 필요한 물건을 만들고, 저녁을 준비하는 일을 도왔다. 어머니가 『여성의 신비』를 읽어보셨는지는 모르겠다. 하지만 나는 낮잠을 자다가 일찍 깼을 때 울고 있던 어머니의 모습을 자주 보았다. 프리던은 당시의 여성이 억압과 차별을 자각하는 과정을 이렇게 서술한다.

1959년 4월 어느 날 아침이었다. 나는 뉴욕에서 24킬로미터 떨어진, 교외의 새로운 개발지에 거주하는 다른 네 명의 어머니와 커피를 마시고 있었다. 그때 한 어머니가 절망하면서 "그 문제"에 대해 조용히 말하기 시작했다. 나머지 어머니들은 입을 다문 채 그녀가 이야기하는 것이 남편, 자녀, 가정과 관련한 문제가 아님을 파악했다. 불현듯 이들은 모두가 같은 문제를 겪고 있다는 것을 깨달았다. 이 문제는 이름을 붙일 수 없는 문제였다. 이 여성들은 머뭇거리며 그 문제에 대해 이야기하기 시작했다. 나중에, 아이들을 보육원에서 데려와 낮잠을 자게 한 뒤에, 두 여성은 자신이 혼자가 아님을 안 것만으로 안도감에 푹 잠겨 울었다.[46]

내가 8학년(우리나라의 중학교 2학년에 해당한다—옮긴이)이 되었을 때 마침내 어머니는 직장에 들어갔다. 어머니는 학력도 낮았고 맡은 비서일도 아마 짜증스러웠을 테지만 이전보다 훨씬 행복해 보였다. 어머니가 자랑스럽게 말씀하셨듯이 어머니 월급 덕택에 나는 대학에 등록할 수 있었다. 그리고 여러 가지 면에서 나의 성취는 어머니가 자유롭게 해주시고 배려해주신 덕분이었다.

내게는 나이가 우리 어머니보다 겨우 몇 살 어린 친구가 있다. 그 친구는『여성의 신비』를 읽다가 남편에게 얻어맞은 적이 있다. 그 남편은 그 책의 사상과 그것이 전국 방방곡곡에서 조장하는 생활의 변화들이 자신과 가족이 살아온 방식에 도전한다는 것을 제대로 간파하고 있었다. 1950년대가 복음주의적인 선조들의 가족 예찬이 지녔던 것과 같은 종류의 가족적 안정을 구가하고 있다고 본 많은 기독교인들도 마찬가지였는데, 이들은 보수 기독교인을 화나게 하는, 프리던이나 다른 저자들의 특정한 저작만이 아니라 이런 텍스트들에서 묘사되고 있는 당대의 젠더적 변화들에 한층 더 위협을 느꼈다.[47] 1970년대 전후에는 다양한 페미니스트들이 남자가 집안의 명백한 가장이라는 논리와 이러한 젠더 규정에 기초한 신학에 도전하고 있었다.

기독교 우파의 저작들은 이런 변화에 불만을 표했다. 예컨대 1973년에 전국 베스트셀러였던 『전인적 여성^{The Total Woman}』에서는 그러한 문화적 변화에 동참하지 않는 여성상, 즉 가정에 머물기로 선택한 여성상을 제안한다. 저자 매러벨 모건은 많은 미국인에게 실행 자체가 불가능해지기 시작한 전업주부로서의 역할에서 여성이 다시 행복을 느끼도록 도와줄 전략을 제시한다. 모건은 자신의 남편이 가장의 권위를 남용한 이야기로 책 서두를 시작한다. 모건은 남편의 권위와 끊임없이 갈등하기보다는 자신의 유익을 위해 여성성을 활용함으로써 자기 삶에서 원하는 것을 얻는 법을 배웠다고 말한다. 모건은 아내와 어머니의 도덕적 중요성을 탐구했다. 그는 여성이 혼자서도 가족의 생활을 행복하게 할 수 있는 힘이 있다고 설명한다. 예컨대 맛있는 저녁 식사를 준비하거나 남편이 성적 매력을 느끼도록 자신을 가꾸는 일을 통해서 말이다.

여러분은 가족의 활기를 돋우거나 꺾을 수 있는 힘이 있습니다. 가정의 분위기는 당신에게 달려 있지요. 여러분이 오늘밤 쾌활하게 보낸다면 남편과 자녀들도 기분이 좋아질 수 있습니다. 하지만 불평하면서 분위기를 망쳐버린다면 남편과 자녀들도 아마 심술을 부릴 거예요. 그들은 당신에게 일상생활을 위한 활력을 의존하고 있거든요.

여러분은 매일의 할 일을 어떻게 대하고 있나요? 남편이 당신의 수고를 알아주지 않을 때조차 기쁘게 생활하나요? 여러분 개인의 행복이 당신의 태도에 달려 있음을 알고 있나요?⁴⁸

모건의 저작은 (그리고 그의 책의 전략을 재현한 "전인적 여성 강좌"는) 가정주부가 자신의 불행을 기독교인의 의무로서 받아들이고 감내하도록 가르쳤다. 모건이 정확히 파악했듯이 가부장적 전통 가족이 제대로 기능하려면 여성은 하느님뿐만 아니라 남편에게도 복종해야 했다. "오늘밤부터 당장 당신이 남편을 존경한다는 것을 보여줄 수 있습니다. 의지를 행동으로 옮기세요. 비었을지 모를 남편의 잔을 채워주세요"라고 모건은 말한다.[49] 이러저러한 모건의 조언은 결국 여성의 복종을 동시대의 표현으로 풀어낸 것이었다.

모건이 겨냥한 독자는 가정에 머무름으로써 페미니즘을 거스르는 기독교 여성들이었다. 모건은 이상적인 가정생활에 더 가까이 있는 여성들을 돕고자 했다. 반면, 1990년대 보수 기독교인의 저작은 다르다. 대상 독자가 가정에 머물기로 한 여성이 아니라 현재 일터에 있으면서 전업 주부로 지낼지 아닐지를 고민하는 여성이다. 이 새로운 저자들은 이런 여성 독자에게 여성들이 가정보다 사회생활에 더 관심을 이미 보이고 있거나 그럴 위험한 상황에 처해 있음을, 아이가 고통받는 이유는 어머니가 자녀를 돌보는 대신에 일터에 나갔기 때문임을, 이혼율이 증가하는 이유는 여성이 아내의 역할을 충실히 감당하지 않기 때문임을, 그리고 국민성이 병들어 좀먹고 있는 이유는 가족이 더 이상 "온전"하지 못하기 때문임을 주지시키려 한다. 기독교 우파의 많은 저작에 따르면, 미국 가족은 아내를 하루 종일 가정에 두기 위해서라면 어떤 희생도 감내해야 한다.

〈구조 활동Operation Resque〉(낙태를 막으려는 미국 보수주의자들의 운동 단체로, 낙태를 시술하는 병원을 공격하기도 했다―옮긴이)의 창립자 랜들 테리Randall Terry는 주장한다. "대부분의 가족은 월급봉투가 둘일 필요가 없습니다. 미국 중산층은 대부분 가장의 소득만으로도 충분합니다."50 〈가족연구협의회〉의 회장 개리 바우어는 이렇게 주장한다. "대개 여성은 가족 수입에서 30%를 벌어들이고 있습니다. 그런데 이 금액이 일반적인 가족에 부과되는 연방 및 주 세금과 대략 일치한다는 점은 우연이 아닙니다."51 이들의 저작은 양육 지원비가 지원되면 가족은 형편이 나아지고 그렇게 되고 나서야 아내들이 집에 머물 것이라고 주장한다. 남성들이 쓴 이런 책에 이어, 가정에 머무는 기쁨을 재발견한 여성들도 책을 내는 일이 늘어갔다. 브렌다 헌터Brenda Hunter는 〈래리 킹 라이브Larry King Live〉와 〈샐리 제시 라파엘Sally Jessy Raphael〉에 출연해 가정에 머물기로 결정한 여성을 지지하고 격려했다. "우리 문화는 자녀의 삶에서 어머니는 그렇게 중요하지는 않다고 이야기하고 있습니다." 헌터는 이런 믿음이 잘못되었다고 말한다. "어머니는 관계를 친밀하게 하는 달인입니다. 어머니와 아이 사이의 애정과 믿음이 약해질 때 온갖 변고가 일어납니다."52 헌터에 따르면, 그리고 많은 미국 기독교인이 그러한 생각을 갖고 있는데, 여성은 자녀와 함께 집에 있어야 한다. 이러한 입장은 가정 예찬으로 회귀하는 데 필요한 경제적인 이유와 함께 심리적이고 이념적인 근거를 제시하고 있다. 요컨대 어머니와 아내들은 집에 있으면서 남편과 자녀를 위해 일상생활을 꾸린다. 그리고 이는 여성이 타고난 본성대로 살고 기독교인의 의무를 지키는 것이다.53

수전 팔루디Susan Faludi는 기독교 우파 남성이, 가정 밖에서 여성이 일하는 것을 반대하는 이유를 설득력 있게 주장한다. 즉, 여성이 일터에 있으면 남편과 자식을 돌보지 못할 뿐만 아니라 기존에 남성이 차지했던 자리들을 놓고 경쟁—그리고 차지—하기 때문이라는 것이다. 여성의 사회경제적 위치가 올라가자 기독교 우파가 반동적인 이데올로기로 대응하고 있다고 팔루디는 설명한다.

(기독교 우파) 남성들은 극심한 사회경제적 몰락으로 힘들어하고 있다. 이
변화의 원인에 관해 이들은 독립적인 전문직 여성이 늘어나는 현상을 너무나
자주 거론한다. 이들은 회사에서 경제 능력을 상실하고 가정에서 권위를 잃어
버리자, 여성들을 회사 도처에서 득세하고 가장의 지배권에 도전하며 심지어
침실에서조차 주도권을 쥐려는 존재로 간주했다. …… [기독교 우파로 볼 수
있는 남성 다수는] 베이비붐 시기 후반에 태어났다. 이들은 1960년대의 지리
한 정치적 투쟁을 보지 못했을 뿐만 아니라 당시에 지급되던 넉넉한 보조금도
받지 못했다. 이들은 사회경제적 지위가 하락하는 시대의 아들로, 1980년대
의 경제 상황 탓에 아버지 세대보다 소득이 적으며, 집을 사거나 가족을 부양
할 형편이 못 된다. …… 이들은 힘을 잃어가고 있고 동시에 여성이 그 힘을 얻
고 있다고 생각한다. 그리고 이 둘의 연관성을 의심한다.[54]

이런 관점에서 볼 때 여성을 가정에 머물게 하려는 담론에는 사회경제
적 의도가 있다.

그런데 남성만이 여성의 직장생활에 부정적으로 반응하는 것은 아니
다. 보수 여성들도 강력하게 반발한다. 이 여성들이 저항하는 이유는 마
찬가지로 젠더화된 신학 체계에서 취약하기 그지없는 자신들의 위치가
불안하기 때문이다. 만약 이 사회가 여성이 영성과 도덕에서 우월하지 않
고 남성과 똑같다는 페미니스트의 주장을 받아들인다면, 많은 보수 여성
들은 물질적 보장을 상실할 것이다. 즉, 여성은 "삭막한 세상의 안식처"를
만들어줄 수 없다면 비정한 세계에 내몰려 고통받게 될 것이었다.[55] 빌리

그레이엄[Billy Graham] 목사의 아내 루스 벨 그레이엄[Ruth Bell Graham]은 이런 느낌을 다음과 같이 묘사했다. "여성 해방 운동은 남성을 해방하고 있습니다. 남성을 그들의 책임에서 풀어주고 있기 때문이죠. 우리는 속고 있어요."[56] 이런 여성들은 성 평등 운동이 여성이 사회에서 누리던 유력한 지위를 흔들고 있다고 생각한다. 이 여성들의 관점에서 집에 있는 여성이 임금 노동에서 해방된 이유는 하느님이 주신 정말로 중요한 일을 수행하기 위함이다. 이런 질서를 위협하는 변화들은 "하느님이 특별히 여성을 위해 계획하신 풍성한 삶"도 위협한다.[57]

많은 보수 여성이, 하느님과의 관계가 젠더에 따라 좌우되며 여성이 있어야만 모든 가족이 하느님과 관계를 유지할 수 있는 체계 안에서 여성이 가장 잘 보호받을 수 있다고 여긴다. 노동시장에서 평등한 조건을 획득하려는 페미니스트의 투쟁으로 사실상 여성의 역할이 줄어들고 지위가 떨어진다고 생각하는 것이다. 그리고 베벌리 라헤이가 말하듯이, 그것은 "[여성의] 우선순위를 뒤죽박죽으로 만들고 가정을 결핍되게 하며 여성이 자신을 완전히 고갈하게 한다".[58] 보수주의자들은 여성을 위한 가장 좋은 계획은 집에 있는 것이고 이로써 여성들이 기독교인의 영향력을 가장 크게 끼칠 수 있다고 믿는다. 팻 로버트슨은 말한다. "우리는 기독교인으로서 결혼하고, 기독교인으로서 아이를 돌보며, 기독교인으로서 가정을 꾸려 나가는 시대로 돌아가야만 합니다. 주부가 숭고한 직업이고, 바깥 세상에 나간 여성들이 그들을 비웃거나 얕보지 못하던 시기로 돌아가야 합니다. 그것이 아주 중요합니다. 누가 우리나라를 다스립니까? 누가 다음 세대를 결정할까요? 이 일은 정치인, 대통령, 상원의원, 판사가 할 수 없습니다. 이 일은 바로 어머니만이 할 수 있습니다."[59]

오늘날의 보수 이론가들은 가정을 더 매력적인 장소로 만들고자 애쓰고 있다. 그 방법은 1950년대에 골치를 썩였던 문제들을 해결하는 것이다. 이들은 오늘날 전업주부의 주요 문제 중 하나가 고립감이라는 것을 알고 있다. 1950년대에 교외에서 생활하는 여성이 겪는 고립감은 페미니즘이 자라나는 비옥한 토양이었다. 오늘날의 보수 여성들은 이 문제를 바로잡고자 여성 사이의 교류를 장려하고 있다. 베벌리 라헤이는 이렇게 말한다. "여러분과 나는 우정을 가꿔 나가기 위해서 많이 힘써야 합니다. 우리는 강력한 시류를 거슬러 오르고 있기 때문이죠. 이전 세대의 여성들은 다른 여성들과 집에 관계된 일상적인 일을 함께하면서 시간을 많이 보냈습니다. 하지만 오늘날에는 우리가 일상적으로 모일 필요가 사라져 버렸습니다." 오늘날의 보수 여성들은 여성 간의 관계와 우정을 장려하면서 은연중에 깨닫게 되었다. 1950년대 "행복한 나날"의 이미지가 여성에게는 고립감과 불만족을 의미했던 세계 위에 덧씌워진 것임을 말이다. 여성이 고립감과 분노를 느끼지 않을 때 가정과 사회가 잘 돌아간다. 하지만 그렇지 못하다면 라헤이가 말하듯이, "여성들이 서로 긍정하고 지지하지 않는 한 여성이 남성과 좋은 관계를 유지하는 것은 훨씬 더 힘들어질 것이다".[60]

보수 기독교인의 관점에서 볼 때, 젠더는 기독교 우파의 경제적, 사회적, 영적 체계 안에서 사람들의 위치를 좌우한다. 우파가 여성의 역할을 제한하는데도 많은 여성이 보수 기독교의 울타리 안에서 안심한다. 마거릿 벤드로스Margaret Bendroth는 이렇게 설명한다. "남성들과 마찬가지로 여성들도 기독교인의 분명한 소명—어쩌면 편협한—과 문화를 비판하는 언어를 발견했다. 이것들은 주눅이 들 정도로 선택지가 많았던 세속의 생활양식을 단순화했다. 아마도 여성들은 그 운동이 제시하는 가족생활의 고귀한 규범과 기준을 특히 환영할 것이다. …… [기독교 우파는] 가족에서 여성의 역할을 지켜줄 뿐 아니라 더 중요한 지위로 격상하고, 그들이 자녀에 대해 공통으로 느끼는 기대와 걱정을 나눌 수 있는 장을 마련해준다."61

사실, 구직난 속에서 직장을 구하려고 애써 보거나 사회 및 가족생활 모두를 잘 감당하려고 노력해본 여성이라면 누구나, 집에 머물며 "삭막한 세상의 안식처"를 창출한다는 생각을 때때로 매력적으로 느끼게 된다. 우파의 전략과 수사는 따분하고 시대에 역행한다는 이유로 사라지지는 않을 것이다. 우리의 시대에 그것들이 잘 먹히기 때문이다. 우파는 여성의 영적 능력에 관한 매력적인 이야기를 들려주며, 이 때문에 우파의 논리와 중요성은 충분히 검토하고 평가해야만 한다.

하느님을 알고자 하는 욕구는 늘 해석이라는 틀을 거쳐 나타난다. 말하자면 우리는 공동체나 경험과 분리된 채로가 아니라 어떤 만남의 결과로 하느님을 찾는다. 예컨대 일부 좌파 기독교인은 해방 운동에 참여하며 하느님을 발견한다. 많은 우파 기독교인들은 주로 젠더를 통해서 하느님을 경험한다. 즉, 19세기 이데올로기처럼 보수 기독교 여성은 생계수단 때문에 남성이 필요하며, 보수 기독교 남성은 가정과 결부된 영성을 회복하기 위해 여성이 필요하다. 남성과 여성의 관계는 지극히 중요하다. 개리 바우어가 말했듯이 "남녀는 삶을 함께 나누고 더 나은 미래를 건설하는 데 서로를 필요로 하기" 때문이다.62 남자든 여자든 혼자서는 하느님을 온전히 만날 수 없다. 남자가 하느님과 성공적인 관계를 맺으려면 여자가 필요하다. 여자는 집에 머물며 영적, 도덕적 감성을 개발하기 위해 가족을 부양해주는 남성을 필요로 한다. 그래서 독신 생활은 좀처럼 영구적이고

실행 가능한 선택지로 간주되지 않는다.[63]

이런 젠더화된 신학 체계는 우리가 하느님의 젠더를 이해하는 사고방식을 반영하고 또한 규정한다. 19세기 중엽 이전에는 모든 사람을 "man"이나 "mankind"로 부르고 하느님을 "father"라고 부르는 것이 사리에 맞았다. 산업화 이전에 아버지는 가족 전체의 대표자였기 때문이다. 아버지는 단순히 본인만이 아닌 더 많은 사람을 대표하는 인물로 이해되었다. 예컨대 재산을 소유한 성인 남성만이 투표권을 인정받았는데, 이는 그들을 아내, 자녀, 노예를 대표하는 존재로 간주했기 때문이다. 당시에는 여성을 남성보다 부족한 존재로 생각했기 때문에 남편이 아내를 대신하는 것이 합당했다. 여성은 인간보다 동물에 가깝고 영혼이 없다고 믿었기 때문에 투표하거나 재산권을 주장할 수 없었다.[64]

신학적으로 보면 가정 예찬은 여성을 인간보다 못한 존재로 간주하던 시기와 온전한 인간이자 남자와 동등한 존재로 생각하던 시기 사이에 다리를 놓는다. 가정 예찬의 이데올로기에서 여성은 다르지만 열등하지는 않은 존재로 이해되었다. 이미 설명했듯이, 여성은 남성보다 영성과 도덕에서 우월한 존재로 여겨지기까지 했다. 하느님은 가정 예찬 이데올로기의 시대에도 여전히 "아버지"로 간주되었다. 그런데 그 이유는 여성이 열등하고 동물 같은 존재였기 때문이 아니라 오히려 그들이 하느님과 관계를 맺는 주역이었기 때문이다. 반대의 젠더가 서로 보완해준다는 체계에서 볼 때 만약 가장 영적인 존재가 여성이라면 논리적으로 하느님은 남성일 수밖에 없다. 오늘날 보수주의자들은 "하느님의 부성"을 중요시하는 이러한 19세기 신학의 확신을 여전히 유지하고 있다.

오늘날 미국인 대부분은 더 이상 아버지가 다른 가족 구성원을 대표하고 다스리고 대신한다고 생각하지 않는다. 오히려 좋은 아버지는 그런 권위주의적 역할을 삼간다. 마찬가지로 여성 대부분도 자신이 도덕과 영성에서 남성보다 우월하다고 생각하지 않는다. 하지만 많은 교파들이 예배에서 하느님을 묘사하는 데 젠더 중립적이고 여성적인 표현을 도입해왔음에도 우파 성향의 교회들에서 하느님에 대해 남성적 호칭과 이미지만을 배타적으로 사용해온 것은 사실상 이론의 여지가 없다.[65]

보수주의자에게 하느님의 부성은 아주 중요하다. 만약 여성이 남성과 완전히 동등한 존재로 간주된다면 신학적으로나 영적으로 많은 것을 상실하게 될 것이기 때문이다. 보수주의자들이 여성을 현재의 젠더 역할에서 놓아준다면 "아버지"라 부르는 하느님과의 관계를 상실할 것이다. 이런 젠더화된 신학에서 벗어난 사람들은 하느님을 만나고 이해하는 다른 방식들을 알고 있지만, 보수주의자들은 스스로 그것을 거부할 것이다. 보수주의자에게 하느님은 "아버지"이다. 그리고 세상에서 자연스럽고도 필연적인 젠더 역할들이 이 사실을 입증해준다. 게다가 이 반대의 경우도 참이다. 만약 기독교 우파가 하느님을 "아버지"가 아니라 "창조주"나 "어버이"라 부르고 하느님을 남성이 아닌 존재로 이해한다면 여성은 특별한 영적 역할을 상실하고 (오직 젠더에 근거해 정해진) 가정에 머무를 이유도 없어진다. 남성과 아버지들은 아주 쉽게 아이를 기르고, 살림을 하며, 가정생활을 꾸려갈 수 있을지도 모른다. 이와 같이 젠더화된 신학 체계는 기독교인 남녀의 사회적 역할뿐만 아니라 하느님의 젠더도 규정한다.

보수적인 신학을 체계화하는 첫 범주가 젠더이기 때문에 여성은 애초부터 남성과 구분된다. 요컨대 여성성과 가정을 한쪽에 두고 남성성과 공적인 일은 다른 쪽에 배치된다. 이 두 범주는 오직 이성애 가족이라는 조건에서만 결합한다. 하느님이 남성인 이 체계에서 여성은 하느님과 직접 관련을 맺고 남성은 다만 한 걸음 떨어진 위치에서 하느님을 알 수 있다. 가정 이데올로기는 이성애 가족을 기독교 신학의 모델로 삼으면서 이성애와 핵가족이 인간이 살아가는 데 본질적이고 필수적이라는 관념을 구성하고 확증한다. 만약 하느님이 아버지이고 여성에게 그 관계를 관리하는 책임이 있다면, 가족과 가정과 이성애적 관계는 세상을 살아가는 가장 거룩한 방법처럼 보일 것이다.

이런 패러다임에서는 남성성이 그리스도의 핵심이다. 하느님과 예수 그리스도와 모든 남성은 이 패러다임의 한쪽에 있기 때문에 반대쪽에 있는 여성이 할 수도 없고 하지도 않는 방법으로 서로 영향을 주고받는다. 우파의 이러한 사상에서 여성은 주로 가족이 하느님과 맺는 관계를 책임지지만 남성―특히 아버지―은 성부 하느님과 남자로 태어난 그리스도를 상징한다.[66] 따라서 보수주의자 제이 애덤스Jay Adams는 이렇게 말한다. "남편이 역할을 제대로 못해 실패하면 그는 아내는 할 수 없는 방식으로 주님의 형상을 망쳐버리게 됩니다."[67]

이 젠더화된 신학 체계는 하느님의 젠더와 본성을 인식하는 데 영향을 줄 뿐만 아니라 교회의 성직 임명과 지도자의 역할에 대한 논의에도 영향을 끼친다. 19세기 이전의 문화 풍토에서는 남성을 가족을 위한, 가족의 대표로 간주했고, 오직 남성이 하느님을 상징할 수 있었기 때문에 남성만을 성직자로 임명했다. 기독교 우파의 일부 분파는 이런 이데올로기를 유지하고 있다. 수전 포Susan Foh가 기술한 것처럼, "하느님은 여성이 교회에서 가르치고 다스리는 일을 금하셨고 남편을 아내의 머리로 삼으셨다. …… 하느님은 남자를 먼저 창조하심으로써 인류의 머리로 세우셨다. 이는 남자가 여자를 거느리고 대표하며 그 반대는 아니라는 의미이다. 그러므로 부부 가운데 남편이 머리가 되고 교회의 남성 장로들이 남녀를 포함한 회중 전체를 대표할 수 있다".68

그런데 현대 기독교 우파의 많은 분파들은 가정 예찬이라는 한층 더 복잡한 젠더화된 신학을 오늘날 여성의 성직 임명을 논의하는 데 끌어왔다. 어떤 면에서 볼 때 가정 예찬 이데올로기는 여성이 영적으로 우월하다고 가르쳤고, 따라서 그들이 기독교의 메시지를 해석하는 것도 환영했다. 미국에서 가정 예찬 문화가 지속되는 동안 일부 여성은 교회에서 공식 및 비공식으로 지도자의 위치에 올랐고 기독교의 메시지를 지속적으로 강력하게 설교했다. 예컨대 이런 여성으로 피비 파머^{Phoebe Palmer}(감리교에 오랫동안 영향을 미친 부흥 설교가), 캐서린 부스^{Catherine Booth}(구세군 설립자), 해나 화이트헤드 스미스^{Hannah Whitehead Smith}(케직 대회^{Keswick Conference} 설립자)[케직 대회는 1875년에 시작된 모임으로, 매년 모여 성경을 배우고 예배를 드린다—옮긴이]를 들 수 있다. 한 저술가가 썼듯이, "여성에게 영적으로 우월한 본성이 있다는 이유로 여성이 성직에 진입할 여지가 조금이나마 생겨났다".69 그러나 파머와 부스와 스미스를 비롯한 여성들이 미국 종교사에서 중요한 흔적을 남겼더라도, 여성 설교자 대부분은 부부사역자의 일원으로서 일했고 남편만이 교파에서 공식적인 교역자로 인정받았다. 가정 예찬의 시대를 살던 여성은 단독으로 교역자에 임명될 수 **없었고**(일부 소규모 종교집단, 예컨대 퀘이커, 유니테리언, 유니버설리즘 교파만이 예외였다) 그래서 불평등하고 부당하게 취급당했다. 교회 생활에 참여하고 싶어 하는 여성의 경우 전통적인 권위의 틀 바깥에서 그렇게 하도록 압력을 받았으며, 교단과 공식적인 관계를 맺을 때는 남편에게 의존하는 경우가 보통이었다. 이런 점에서 볼 때 여성의 성직 임명을 거부한 더 오래된 논리가 여전히 지배적이었다.

가정 예찬 이데올로기의 시대에 보수 기독교가 펼친 진지전의 결과로, 일반적인 보수 복음주의 전통에서는 여성에게 목사직을 승인하는 일이 20세기에 들어서도 허락되지 않았다. 보니델 클라우스와 로버트 클라우스Bonnidell and Robert Clouse가 말하듯이, "[20세기 초부터 여성에게 목사직을 승인하기 시작한] 주류 교파들과는 달리 1920년대와 1960년대 사이에 성장한 복음주의 운동 진영은 여성이 지도자의 위치에 오르는 것을 막았다. 이 보수주의자들은 사회 복음[개인 구원보다 예수 그리스도의 사회적 교훈과 실천을 강조하는 종교 운동과 그 내용―옮긴이]에 반발하면서 성경을 문자 그대로 이해하는 방식으로 회귀했다".70 보수 기독교인들은 여성이 공적인 지도자 자리에 오르지 못하게 하려고 고린도전서 14장 34~35절("여자들은 교회에서는 잠자코 있어야 합니다. 여자에게는 말하는 것이 허락되어 있지 않습니다. 율법에서 말한 대로 여자들은 복종해야 합니다") 같은 구절을 여전히 활용하고 있다.

근래에 미국 종교사를 연구하는 학자들은 복음주의자와 근본주의자들이 여성이 유력한 위치에 오르는 사안에 대응하면서 의견이 완전히 일치하지는 않았다고 지적한다. 벤드로스는 보수적인 근본주의의 많은 분파에서 가정 예찬 이데올로기가 결국 그 이전부터 있었던 가부장적 질서로 수렴했다고 썼다. "1920년대에 근본주의는 여성이 아니라 남성이 천성적으로 종교와 어울리는 존재라는 견해를 취했다."71 다른 학자들은, 성서에 여성을 공식적인 직분에서 배제한다는 언급이 있었음에도 여성들이 종전과는 다른 방식으로 초기 근본주의와 긴밀하게 관련을 맺은 점을 지적한다. 예컨대 마이클 해밀턴Michael Hamilton에 따르면, 1950년대 이전에 여성들은 많은 근본주의 교회에서 적극적인 역할을 맡았다. "근본주의자는 결혼을 신성시했고 그들이 발간한 책과 잡지에서는 주부가 돌보는 경건한 가정이라는 덕목을 칭찬했다." 하지만 "이는 거의 늘 더 중요한 일에 종속되었다. 모든 젊은 남녀가 회심을 직접 경험하고, 하느님께 완전히 헌신해 이타적인 삶을 살며, 언제나 기독교인으로서의 봉사를 실천하는 일에 말이다".[72] 요컨대 여성의 지도자 역할은 하느님이 정해놓으신 더 높은 권위의 지도를 받을 때에만 승인되었다.

이것은 오늘날 공적인 지도자의 자리에 있는 여성의 경우에 확실히 해당한다. 많은 여성이 양육 및 가사와 관련한 영적, 도덕적 의무의 연장선상에서 공적인 사역에 참여하며, 대부분은 남편을 통해서 그러한 기회를 얻는다. 전국 수준에서 볼 때, 태미 페이 배커Tammy Faye Bakker, 매슬 폴웰Macel Falwell, 루스 벨 그레이엄, 모드 에이미 험버드Maude Aimee Humbard, 이블린 로버츠Evelyn Roberts, 아벨라 슐러Arvella Schuller, 베벌리 라헤이, 프랜시스 스웨거트Frances Swaggart는 모두 남편의 목회 사역에서 왕성하게 활동했다. 프랜시스 스웨거트는 자신의 활동을 이렇게 약술한다. "내가 목회에서 얼마나 큰 역할을 담당하는지를 사람들이 알면 깜짝 놀랄 거예요. 나는 목회 활동의 모든 단계와 측면을 챙기고 있고 모든 이가 나에게 응답해줍니다. 모든 돈이 어디로 흘러가는지도 알고요. 매일 수많은 보고를 받고 세평에 귀 기울이며 모든 이를 살펴보고 있습니다." 스웨거트의 참여는 드문 예가 아니다. 그들은 남편의 텔레비전 쇼에서 진행을 맡기도 하고 다양한 사역들을 조정하기도 한다. 어떤 의미에서 이 여성들이 사역에 참여하는 것은 하느님께 충실하고자 함이다. 예컨대 해밀턴은 "하느님께 온전히 헌신하여 자기를 버린 삶을 살고자"라고 말한다. 렉스 험버드Rex Humbard의 아내는 이렇게 말한다. "하느님이 내게 말씀하셨습니다. '군사여, 네가 완수해야 할 임무가 있느니라'."[73] 그러나 다른 점에서 볼 때 이 여성들은 오직 남편을 통해서만 방송에 출연할 수 있으며 또한 보수 기독교 집단에서 규정하는 아내 및 어머니의 역할에 충실함으로써만 그러할 수 있다. 이와 같이 가정 이데올로기의 논리에서 여성은 얽히고설킨 가정과 문화의 역학 관계들을 거치고 나서야 발언할 수 있다.

가정 예찬 이데올로기에서 이런 충실한 기독교인 아내는 통제받는 여성의 전형이다. 즉, 오늘날의 보수 여성들은 우선 아내 및 어머니가 되어야 한다. 여성은 기독교의 메시지를 전하고 남편이 허락할 때에만 공적 영역에 참여할 수 있다. 이런 틀에서 돈이나 권력을 얻고자 일하는 여성은 상상조차 할 수 없다. 보수 기독교인들은 여성이 가정에서 행복하게 지내게끔 하는 매뉴얼을 만들고 여성에게 가장 만족스럽고 영적인 장소는 남편 곁임을 입증하는 공적인 모델들을 무수히 보여줌으로써 당대의 페미니즘에 대응했던 것이다.

우파는 힐러리 클린턴이 중앙 정부에 관여한 일에 격노했다. 이는 우파가 여성에게 설정한 경계선을 분명히 보여주고 강화하는 사건이었다. 보수 논평가 대부분은 힐러리가 여성의 역할에서 멀리 벗어났다고 생각했다. 『빅 시스터가 지켜보고 있다Big Sister Is Watching You』(조지 오웰이 쓴 『1984』의 빅 브라더를 차용한 표현─옮긴이)를 쓴 텍스 마스Texe Marrs는 주장한다. "힐러리 로댐 클린턴은 미국의 공동 대통령 그 이상입니다. 그녀는 워싱턴의 실질적인 권력자입니다. 그리고 그녀를 돕게 하기 위해 레즈비언, 성도착자, 아동 성추행범을 변호하는 자들, 기독교를 혐오하는 사람들, 가장 교조적인 공산주의자들을 데려왔습니다." 기독교인 출신 악평가들 가운데

한 명인 마스에 따르면 힐러리 같은 여성들은 정부를 장악하고 "급진적 페미니즘의 의제"에 동조하여 가족의 가치를 끌어내리려는 음모에 연루되어 있다. 마스가 가장 염려하는 것은 "새로운 세계질서의 여성들이 우리가 하느님을 사고하는 방식을 바꿀 것"이라는 점이다.[74]

그렇다. 집 밖으로 나가 공적 영역에서 남성과 겨루며 일하는 힐러리 클린턴 같은 여성은 많은 기독교인이 하느님을 생각하는 방식을 바꾸고 있다. 제한적인 젠더 관념에 이의가 제기될 때 하느님은 젠더화된 "그분"이 아니라 사회적으로 구성된 젠더 체계를 초월해 세상을 이끌어가시는 사랑의 창조자이자 보존자로 이해할 수 있다. 세상적인 젠더 규칙들이 더 이상 우리를 제한하지 않을 때, 젠더화되지 않은 사랑의 하느님과 전과는 다른 관계들을 자유롭게 맺을 수 있다.

이러한 변화들은 기독교 우파의 남녀 모두에게 위협으로 다가온다. 종래의 젠더 모델을 초월하거나 벗어난 하느님을 도무지 받아들일 수 없기 때문이다. 그래서 우파는, 가정을 떠나서 일하며 사회에서 유력한 위치를 점하고 있는 힐러리 같은 여성을 폄하하고 신학적인 관계들이 젠더로 좌우되는 19세기의 질서를 복원하는 데 총력을 기울이기 시작했다. 이것이 여성에게 미치는 사회적 영향은 막대하다. 이러한 전략대로라면 여성은 사회적 권력이 약해지고, 수입이 감소하며, 역사에서 중요한 흔적을 남성보다 많이 남기지 못하게 된다. 이 젠더화된 신학적 인간학이 여성이 하느님과 더 깊고 중요한 관계를 맺게끔 할지는 몰라도, 이러한 관계는 실질적인 대가를 요구하고 있다. 우파가 여성이 받는 실질적인 억압과 견제에 감응하는 방법은 사회 권력, 물적 자원, 역사적 영향력을 경시해버리는 것이다. 곧, 오직 영적 능력에만 주안점을 두면서 현재 여성이 당하는 아주 구체적인 사회경제적 차별은 간과하는 것이다. 하지만 여성이 바라고 필요로 하는 것은 하느님께 다가가는 것과 사회경제적 정의 모두이다. 이 둘을 서로 경쟁하거나 상호배타적인 요구로 설정하는 어떤 모델도 바람직하지 않다.

가정 예찬이 현대에 부활하는 현상 배후에는 신학적으로 무시할 수 없는 관심사, 즉 하느님을 알고자 하는 욕구가 있다. 그러나 하느님과의 관계를 젠더화하면 결국 여성을 사회경제적으로 억압하는 일련의 문제에 걸려들게 된다. 우파는 젠더를 통하지 않고서는 하느님과 관계를 맺을 수 없다고 믿는다. 이 때문에 여성이 당하는 실질적 억압은 묵살되고 어머니와 주부라는 여성의 역할은 자연스럽고 풍성하며 심지어 해방적인 것으로 재해석된다. 오늘날 기독교 여성들은 집에 있거나 밖에서 일하는 것 모두가 실행 가능하고 신학적 선택지가 되는 세계를 필요로 한다. 가정 예찬과 연관된 젠더화된 신학에서는 오직 집에서 일하는 여성만을 자유롭다고 보고 인정해준다. 반면 여러 페미니즘 집단들—세속의 페미니즘과 기독교 페미니즘 모두—은 오직 밖에서 일하는 여성의 가치만을 인정한다. 우리는 이 두 선택지, 즉 가정과 사회 모두의 가치를 알아볼 수 있는 신학, 그리고 영성이 젠더에 종속되지 않는 신학이 필요하다.

우파의 젠더화된 신학은 다른 방식으로 남성을 억압한다. 대개 남성은 아내 및 자녀의 세속적인 미래를 좌우하기는 하지만 종종 아버지, 남편, 기독교인 남성으로서 할 수 있고 해야 하는 일에 대한 기대로 과중한 부담을 느낀다고 토로한다.[75] 간단히 말해 남자는 아내가 전업주부로 집에 머물 수 있도록 충분한 소득을 올려야 한다. 게다가 영적 관계에서 여성에게 실질적으로 의존한다. 교회 활동에서 이 논리는 그대로 반복된다. 즉,

영성은 여성의 것이기 때문에 남성은 교회에서 더 남자다운 일을 해야만 한다.[76] 이런 식으로 남자는 공적이고 가시적이며 보수가 좋은 일들 거의 전부, 예컨대 신학을 하거나 대형 교회를 이끌거나 교파를 운영하는 등의 일을 도맡고 있다.

이 장에서 설명한 젠더의 특징은 기독교인이 지난 150년 동안 자신을 가족에 묶어두는 촉매제로 기능했다. 즉, 산업화와 함께 찾아온 경제적 변화로 사람들은 독립하여 살 수 있게 되었지만, 대다수 사람들은 가족이라는 단위에서 살기로 선택한 것이다. 그러나 산업화 이후 미국 가족의 모습은 극적으로 변했다. 즉, **가족**은 한때 혈연관계를 바탕으로 생활공간과 집안일을 공유하는 다양한 친족 집단을 의미했지만, 지난 100년 사이에 **오직** 이성애 부부와 그들이 직접 낳거나 입양한 자녀만을 뜻하게 되었다. 오늘날 미국의 가족을 살펴보면, 결혼하지 않은 숙모와 삼촌, 부모를 잃은 사촌, 연세가 든 조부모가 "진짜" 가족과 함께 사는 경우가 줄었다는 것을 알 수 있다. 오늘날의 보수 이데올로기에서 모든 가족에게 필요한 것은 오직, 집에 머무르면서 자녀에게 도덕적, 영적 보살핌을 제공하는 어머니와 돈을 벌어오는 아버지와 적절한 수의 자녀뿐이다. 이 논리에서 이 작은 단위가족은 완전하다. 사실 이 밖의 구성원은 대개 노골적으로 환영받지 못하는데, 그 이유는 바로 연약한 균형 상태를 깰 수 있기 때문이다. 예컨대 할아버지를 돌보며 같이 산다면 추가 수입이 필요할 것이다. 게다가 나이 든 사촌이 있다면 공짜로 아이를 돌봐주는 믿을 만한 보모가 될 수도 있어, 가정에 추가 수입이 필요할 경우에 어머니가 밖에서 일하지 않을 명분이 줄어들 것이다. 이 핵가족의 논리에서 성인 둘은 충분한 인원일 뿐만 아니라 동시에 그 체계가 견딜 수 있는 전체 인원에 해당한다.

젠더에 기초한 신학에 입각하게 되면, 생활의 전 영역에서 젠더가 더욱 중요해지고 결국 이것은 모든 사회적, 성경적 역할이 자신의 생식기와 연결되는 체제로 이어진다. 이렇게 기독교를 이해하는 방식에서는 자신의 생물학적 성이 이 틀에 맞지 않는 사람이라면 누구라도 (예컨대 동성애자는 물론이고 일하는 여성과 "감성이 풍부"하거나 무능한 남성은) 교회에서 배제된다.

우파는 젠더로 하느님을 이해하는 방식 때문에 복잡한 문제에 빠져들었다. 가족을 두고 벌어진 이 다툼은 지난 10년 동안 전면전 수준으로 치달았다. 가족은 젠더화된 신학을 고수하는 수단이 되어왔다. 게다가 기독교 우파는 가족의 의미와 목적을 우리가 직면한 가장 중요한 신학적 문제로 만들어왔다. 오늘날 많은 보수 기독교인은 주로 가족과 관계하여 하느님을 구한다. 가족에 대한 그들의 수사는 하느님 혹은 성경이 제기한 특정한 질문에 대한 응답이 아니다. 오히려 전통 가족의 모습은 그 자체로 기독교인을 하느님께로 이끄는 매개체이다. 이와 같이 가족의 가치에 대한 수사는 특히 위험하다. 사람들 대부분이 이런 수사들 속에서 하고 있는 일이 하느님을 구하고 찾는 일이라고 믿고 있기 때문이다.

제3장
섹슈얼리티, 구원, 그리고 가족 가치 운동

가족은 사회의 근본 구성요소이자 기본 단위이다. 나라가 번영하고 건강하려면 기본적으로 가족이 늘 건강해야 한다.

_ 제임스 돕슨James Dobson

이성애자는 오염된 타자, 즉 동성애자의 끊임없는 침입으로부터 자신을 보호함으로써 자아 정체성을 확인하고 자신의 존재론적인 경계를 지킨다.

_ 다이애나 퍼스Diana Fuss

1992년 대선 캠페인 중에 있었던 가장 두드러진 사건 가운데 하나는 기독교 우파가 젠더 역할과 성적 행위에 관해 우려하고 있다는 것을 잘 보여준다. 우파의 담론을 지배하고 미국인의 동성애 논의를 움직이고 있는 격렬한 반反동성애 수사를 이해하려면 기독교 우파가 미국의 예외주의(미국이 특별한 국가라는 생각－옮긴이)와 종말론 신학에 품고 있는 믿음뿐만 아니라 정조, 즉 순결한 성에 보이는 관심을 반드시 이해해야 한다.

1992년 5월 19일, 당시 부통령이던 댄 퀘일$^{Dan\ Quayle}$은 샌프란시스코 커먼웰스 클럽 연설에서 말했다. "TV 황금시간대에 〈머피 브라운$^{Murphy\ Brown}$〉 (1988년부터 방영한 미국 시트콤 및 그 시트콤의 주인공 이름이다-옮긴이)-오늘날 지적인 고소득 전문직 여성의 전형일 것이다-을 내보내는 것이 문제입니다. 머피 브라운은 혼자서 아이를 기르면서 이를 단지 선택 가능한 또 하나의 '라이프 스타일'일 뿐이라며 아버지라는 중요한 역할을 조롱합니다." 퀘일은 시트콤 제작자들을 맹비난했는데, 그 이유를 자신의 저서 『꿋꿋이 서기$^{Standing\ Firm}$』에서 다음과 같이 밝혔다. "이야기가 성적 유혹으로 가득 차 있는 것이 신경 쓰였다. (수백만의 어린 소년소녀들이 틀림없이 보았을 것이다.) …… 내가 그 프로그램을 반대하는 주요한 이유는 아버지를 물질적으로나 정서적으로나 무의미한 존재로 그린다는 데 있다. 어떤 면에서 이 점은 무엇보다도 아이들에게 악영향을 미칠 것이다. 아버지는 자녀의 삶에 중요하다." 이런 언급에 압도적인 반응이 쏟아지자 퀘일은 "문화 엘리트"에 대한 비판을 멈추지 않았다. "문화 엘리트들은 단순하지만 지키기 쉽지 않은 덕목-겸손, 충실, 성적 순결-을 조롱한다"라고 퀘일은 썼다.[1] 그가 극중 인물 머피 브라운과 일반적인 싱글맘들을 비판한 사실은 보수주의자가 "가족의 가치"를 점점 더 걱정하고 있음을 잘 보여주었다. 그리고 "전통과는 다른" 생활방식에 쏟아지는 비판이 어디에까지 이르렀는지를 정확히 드러냈다.

퀘일의 발언과 이에 대한 언론의 엄청난 반응은 우파가 가정생활의 사회적 재편에 보이는 주된 우려를 정확히 보여준다. 한편으로 퀘일은 머피 브라운이 결혼하지 않은 채로 아이를 가졌기 때문에 우리가 제2장에서 살

퍼본 전통적인 젠더 귀속에 도전했다고 생각했다. 토크쇼 진행자이자 보수주의자인 러시 림보Rush Limbaugh는 말했다. "〈머피 브라운〉의 진짜 메시지는 여성에게 남성이 필요하지 않고 남성을 원해서도 안 된다는 것입니다. 그리고 남자나 남편 없이도 완전한 성취와 행복에 이를 수 있다는 것입니다."[2] 비슷한 맥락에서 보수주의 지도자 개리 바우어는 말했다. "퀘일 부통령의 의견은 정확합니다. …… 아이들은 아버지 없이 삶을 시작하고 있습니다. 그 자녀의 어머니들도 남편 없이 가정생활을 시작합니다. 이런 상황은 비극적입니다."[3] 우파의 관점에서 볼 때 머피 브라운은 남편이 보충해주는 부분, 즉 남편이 벌어다주는 수입이 없기 때문에 가정 밖에서 계속 일하도록 압력을 받고, 이에 따라 그녀의 우월한 도덕적, 영적 지위가 위태롭게 된다. 설사 그녀가 부유해서 자식을 충분히 부양할 수 있다 하더라도 그 아이는 여전히 불리한 조건, 즉 어머니와 아버지가 상호보완적으로 돌봐주지 못하는 환경에서 자라날 터이다.

퀘일은 머피 브라운에게 다른 잘못도 있다고 생각했다. 그가 오늘날 미국의 많은 여성들처럼 명백하게 혼외 성관계를 했다는 것이다. 바우어는 말한다. "우리가 이 사회에 관심을 기울인다면 혼외 성관계를 가치 있게 묘사하지 못하도록 모든 방도를 강구할 것입니다."[4] 결혼 관계 밖에서의 성적 금욕은 오늘날의 우파에게 아주 중요해졌다. 하느님과의 관계는 부부 사이의 역할에서 적절한 균형을 유지하는 일뿐만 아니라 그 사이에서만 성관계를 유지하는 일에도 좌우된다. 기독교인들이 결혼 관계 밖에서 성욕을 참고 금하는 방법을 안내하는 서적이 기독교 서점의 서가를 채우고 있고 기독교 서적 베스트셀러에 꼬박꼬박 오른다. 머피 브라운 사건은 모든 연령대의 사람이 성적 순결을 미덕으로 간주한다는 것을 잘 보여주는 사례이다.

그런데 젊은이에게 금욕을 장려하는 일은 특별히 강조된다. 예컨대 〈포커스 온 더 패밀리Focus on the Family〉(1976년에 설립된 기독교 단체—옮긴이) 설립자 제임스 돕슨은 저서 『아동 및 청소년 교육의 비결Dare to Discipline』에서 딸을 결혼 첫날밤까지 처녀로 지키고자 비싼 레스토랑에도 데려가고 금 열쇠가 달린 목걸이도 선물했다고 썼다. 다른 기독교 부모들도 돕슨의 본보기를 따라 "미덕에의 헌신"을 위해 자녀가 혼전 순결을 지키도록 권고했다. 돕슨은 다음과 같은 내용을 여러 차례 설파했다. "성적 표현을 삼간다고 해서 피해를 본 사람은 아무도 없었습니다."[5] 보수주의의 대변자 팀 라헤이는 두 딸을 결혼 전날까지 처녀로 키워낸 것이 자신의 삶에서 가장 중요한 성공이었다고 말한다. 라헤이는 혼외 성관계가 얼마나 위험한지를 말하며 이렇게 권고한다. "마약중독을 제외한다면 혼전 성관계만큼 청소년의 삶을 빠르게 또 완전히 망가뜨릴 수 있는 것은 없습니다. (보통 이 둘은 함께 나타나곤 하지요.)"[6] 오늘날 보수 기독교의 주요 캠페인들은 공립학교에서 성교육 시간을 폐지하는 것은 물론 가정에서 자녀에게 피임을 넘어서 성적 금욕을 가르치도록 부모를 훈련하려 한다.

성적 순결을 지지하는 사람들은 비단 성인만이 아니다. 미국 전역에 걸쳐 수많은 십대 기독교인이 금욕을 지지하는 단체에 참여하고 있다. 혼전 금욕을 옹호하는 십대의 전국적인 네트워크 중 하나는 매년 〈진실한 사랑은 기다린다True Love Waits〉라는 집회를 주최한다. 1994년에 이 대회에는 10만 명 이상이 참석했다.[7] 사실 많은 십대 기독교인의 관점에서 성경험을 결혼관계로만 제한하는 운동은 기독교 성 윤리의 핵심에 해당한다. 그리고 다양한 보수 기독교 집단이 전 연령대의 비혼 기독교인이 성적으로 순결하도록 힘쓰는 운동을 기독교 도덕 교육의 중추로 받아들이고 있다.

이렇게 기독교인이 순결을 강조하는 이유 가운데는 에이즈의 위험과 지난 30년 동안의 성 혁명이 자리하고 있다. 이 기간에 성행위에 관한 사회 관습은 크게 변했고 매체는 섹스를 더욱 노골적으로 묘사하게 되었다. 기독교 우파는 이런 변화에 반발하면서 부부의 성관계만이 도덕적이라고 주장했다. 그런데 보수 기독교가 순결을 강조하는 이유는 전반적으로 신학적 이해관계, 특히 제2장에서 다룬 젠더화된 신학과 복잡하게 뒤얽혀 있다. 섹슈얼리티와 기독교의 관계는 오래되고 복잡한 것이기는 하지만, 이것은 현대 기독교 순결 운동의 신학적 토대로서 봉사하는 가정 예찬과 관련되어 있는 사태이다.

산업화 이전에 미국의 시골 가정에는 아이들이 많이 필요했다. 농사도 짓고 일상생활을 반복해서 꾸려나가는 데 필요한 일들을 해야 했기 때문이다. 하지만 산업화로 아이들은 경제적 가치가 떨어졌고 오히려 짐이 되는 처지에 이르렀다. 사람들이 도시로 이사 가고 농작물보다 임금에 의존하게 되면서 가족이 부양할 수 있는 자녀의 수는 더 줄어들었다. 특히 중산층 생활을 유지하려는 부부는 자녀수를 제한해야 했다. 하지만 피임 수단이 없거나 있다 해도 믿지 못할 시절에 아이 수를 제한하는 것은 쉽지 않았다.[8]

가정 예찬 이데올로기는 가사노동의 가치를 긍정함으로써 여성들이 이러한 경제적 변화에 대응하도록 돕는 한편으로, 여성이 성의 영역을 관장하도록 승인함으로써 출산 문제에 대처했다. 즉, 섹슈얼리티와 낭만적 사랑에 대한 새로운 담론이 출현한 것이다. 이 담론에서 여성은 도덕적으로나 영적으로 우월한 본성으로 남편과 맺는 성관계의 횟수와 유형을 통제하도록 장려되었다. 이 이데올로기는 섹스 자체를 욕정에 따르는 죄악 행위로 바꿔버렸다. 즉, 성욕을 인간의 욕구 중에서도 아주 저급한 것으로 추락시켰다. 오직 여성만이 섹스를 낭만과 순결로 끌어안음으로써 도덕적으로 올바른 것이 되게 할 수 있었다. 여성이 관장하는 섹스는 달콤하고 예민하며 우아한 행위로, 그럼으로써 더 많은 사람이 받아들일 수 있는 것으로 바뀌었다. 반면 결혼관계 밖에서는 이러한 변화가 일어날 수 없었다. 빅토리아 시대의 사람들은 낭만적 사랑과 결혼 안에서만 섹스가 용납될 수 있다고 주장했고, 여성은 사랑과 욕정 사이의 경계를 단속하도록 선택된 사람들이었다. 이제 여성은 성행위의 질서에서 막강한 권력을 행사하게 되었고, 그럼으로써 부부의 성관계 횟수를 제한하고 결과적으로 자녀의 수를 통제할 수 있게 되었다.

이러한 변화를 더 넓게 파악해보면, 여성의 성 통제는 성행위가 영적인 의미로 가득 차게 되었음을 뜻했다. 스티븐 사이드먼Steven Seidman이 말하듯이, "[빅토리아 시대 사람들은] 성적 표현이 반사적으로 성욕을 불러일으키고 개인과 사회에 위험을 가져온다고 확신했다. [그들은] 성욕을 통제하고 정화하고자 내밀한 문화를 조성함으로써 이에 대응했다. 성적 표현은 이성애 부부의 성교라는 규준 안에서만 정당했다. 빅토리아 시대의 자위행위를 금지하는 캠페인들과 섹스와 결혼에 영적 의미를 부여하려는 도덕적 투쟁들은 당시의 내밀한 성 문화에서 육욕적인 면이 제거된 성적 표현만이 승인되었음을 드러낸다".[9] 그래서 혼외 성관계는 근본적인 죄악으로 간주된 반면 부부의 섹스는 "하느님의 사랑을 인간의 육신으로 재현하는 일"이었다.[10] 여성의 성적 감정은 죄악된 정욕보다는 양육과 돌봄이라는 영적 영역과 관련지어 생각되었다. 이 시기에 나타난 "낭만"이라는 관넘은 여성이 낭만적 사랑을 책임지게 함으로써 성행위를 규제했다. 여성과 낭만과 사랑의 결합으로 성적 접촉은 영적인 사건으로 바뀌었고 이와 같이 낭만에 기초한 성행위는 (영적으로 우월한) 여성적 영역의 한 측면으로 설정되었다. 낭만적 사랑이 성행위를 대신하지는 않았지만 여성이 어떤 감정과 애정을 요구할 수 있는 이데올로기적 공간을 만들어냄으로써 성행위를 통제하도록 했다. 이제 여성이 섹스를 통제하는 이유는 임신 횟수를 조절하기 위함일 뿐만 아니라 자신의 더 높아진 영적 권위를 입증하기 위함이기도 했다. 요컨대 섹스는 여성이 하느님과 더 밀접한 존재임을 확증해주는 영역이 되었다.

　낭만에 대한 이러한 강조는 이전 장에서 논의한 신학적 젠더 역할과 견고하게 결부되었고, 이것은 기독교 우파에게 지속적인 영향을 끼쳐왔다. 보수 기독교인이 내놓은 사랑에 대한 많은 지침서들은 이미 적절하게 특화되고 배정된 젠더 역할을 고착시키는 방식으로 결혼에서 낭만의 중요성을 강조한다. 가정 예찬 이데올로기에서 여성이 자신들의 복합적인 지위를 유지하기 위해서는 남성보다 더 많은 낭만이 "필요"하다. 그런데 바로 이 낭만이 가족을 유지시킨다. 예컨대 제임스 돕슨은 이렇게 말한다. "여성에게 낭만은 자부심과 관련됩니다. 남성에게 아내와 나누는 낭만적인 경험은 따뜻하고 즐겁고 인상적이지만 꼭 필요한 것은 아닙니다. 반면 여성에게 낭만은 생명줄과도 같습니다. 여성의 자신감, 성적 반응, 삶을 향한 열정은 대체로, 자신의 남자에게서 깊이 사랑받고 인정받고 있다고 느끼는 다정한 순간들과 직접 관련되어 있습니다."11 낭만적 사랑은 만족스러운 성생활은 물론이고 기독교 가족의 탄탄한 토대가 된다. 이 지침서들과 그것이 돕고 있는 관계들은 여성의 영적, 도덕적 우위를 강화할 뿐만 아니라도덕적이고 좋은 섹스는 이성애자 사이의 헌신적인 결혼 생활에서만 가능하다고 강조한다.

비록 이러한 틀에서 낭만과 섹스가 이성애자의 결혼에 제한된다고 하더라도 낭만의 담론은 보수 기독교인이 섹스 그 자체를 반대하지 않는다는 점을 보여준다. 종종 기독교 애정 지침서들은 성행위를 구체적으로 묘사하고 공동체에서 성애 문학으로 기능하기도 한다. 이 책들은 부부의 성행위를 생생하게 묘사하면서 보수 기독교인이 섹스에 대해 고상한 체하거나 청교도적인 금욕을 고수하지 않는다는 것을 보여준다. 단, 결혼관계에 머물고 남녀의 신학적 차이를 지지하는 한 말이다.12 부부의 성관계에 대한 승인을 뒷받침하는 이러한 낭만적인 이야기들은 젠더를 하느님과 관계 맺는 데 필요한 일차적인 범주로 묶어 둔다.

이런 관념들─그리고 이것들이 만든 "전통 가족"─은 성서, 신조, 보편적인 기독교 유산이 아니라 오히려 1950년대 텔레비전 방송이 만들어낸 이미지에 근거를 두고 있다. 스테파니 쿤츠Stephanie Coontz가 주장했듯이 "우리가 전통 가족을 떠올리는 가장 강력한 심상은 1950년대 텔레비전 시트콤이 셀 수도 없이 방영되며 우리 안방에 실어 나른 이미지에서 나왔다". 우파가 전통 가족을 상상하고 묘사할 때는 거의 항상 〈오지와 해리엇 부부〉, 〈비버에게 맡겨 Leave it to Beaver〉, 〈앤디 그리피스 쇼The Andy Griffith Show〉, 〈아버지가 제일 잘 아셔Father Knows Best〉, 〈나의 세 아들My Three Sons〉, 〈초원의 집Little House on the Prairie〉, 〈월튼네 사람들The Waltons〉의 시각을 담고 있다. 이 연속극들의 세부 내용은 각기 다르기는 하지만 공통으로 암시하는 가족 이미지가 있다. 아버지는 집 밖에서 일하고, 어머니는 집안에서 영적, 도덕적 생활을 담당하며, 아이들은 부모님 말씀을 고분고분 잘 듣고 결혼 전까지 성적인 감정을 결코 보이지 않는, 그런 가족 이미지 말이다.[13] 이 프로그램들은 서로 다른 시대의 가족을 묘사하고 있지만, 모두가 제2차 세계대전 이후의 사람들을 19세기의 젠더화된 신학으로 회귀시키려는 1950년대 이데올로기의 산물이다. 이 방송들은 규정된 성 역할에 몹시 불만족스러워하던 시대에 안정과 규준을 부여하려 했다. 이런 이미지와 이야기들은 1960년대 및 1970년대와 관련한 성적 변화들을 저지하지는 못했지만, 25년 후에는 우파가 벌인 가족 가치 운동에서 전통 가족의 중심 개념을 구성하는 데 중요한 역할을 하게 되었다.

우파는 이런 TV프로그램들을 종교 방송과 함께 방영하면 순결한 성과 집안을 지키는 어머니에 기초한 가족을 만들도록 보수 기독교인을 조직화하는 캠페인에 도움이 된다는 점을 알았다. 그래서 팻 로버트슨이 설립한 기독교 방송 CBN^{Christian Broadcasting Network}은 1980년대 초에 종일 방송을 시작하면서 방송 시작 프로그램들을 (이전의 종일 방송 종교 채널들처럼) 텔레비전 설교로 채우는 대신에 1950년대 영화와 시트콤으로 채웠다. 로버트슨은 종교 방송들로만 프로그램을 편성하지 않겠다는 결정을 논하면서 이렇게 얘기했다. "사람들이 스테이크를 즐긴다 해서 하루 종일 먹을 수는 없는 노릇이지요. 방송 편성에는 어느 정도 다양성, 활기, 완급 조절이 필요합니다. 아주 독실한 신자들조차도 딱딱한 종교 프로그램을 줄기차게 시청하는 것은 바라지 않을 겁니다."[14] 로버트슨은 전략적으로 〈오지와 해리엇 부부〉 류의 연속극을 종교 프로그램에 섞어 편성했고, 이를 통해 시청자들은 로버트슨의 종교 방송이 찬미하는 전통 가족과 도덕적 모델이 어떤 것을 말하는지, 그리고 그것이 일상생활에서 어떻게 기능하는지를 깨닫게 되었다.

로버트슨의 CBN과, ISPN과 패밀리 채널^{The Family Channel} 같은 여타의 종교 및 "가족" 방송들은 그런 프로그램을 재방송하기 시작했고 동시에 1950년 대의 가족생활이 미국 기독교인의 생활 방식에서 정점이었다고 시청자들에게 이야기했다.[15] 로버트슨의 측근 가운데 한 명은 이렇게 말했다. "우리는 정말 정치를 하려고 여기 있는 것이 아닙니다. 우리는 이 나라의 시계를 1954년으로 돌리려는 것입니다."[16] 제임슨 돕슨은 기독교 도덕을 1950년대 텔레비전에서 방영된 이미지와 밀착시키는 캠페인의 일환으로, 대량으로 발송하는 소식지에서 이렇게 말한다.

결혼을 위해서 자신을 소중히 아껴둔다는 생각이 1954년에는 꽤 사리에 맞는 것이었습니다. 도덕은 많은 사람에게 인정받고 있었죠. 여러 상대와 잠자리를 갖는 학생들은 또래에게서 경멸을 받았습니다. 처녀성과 동정이 빨리 떼어버려야 할 저주라거나 성인들이 발정 난 동물처럼 성교하는 일은 있을 수 없었습니다. 그런 미친 생각은 최근에 나타나, 학교 양호 교사를 비롯해 공중 위생국장까지 모두가 잘못 알고 이렇게 노래를 부르고 있는 것 같습니다. "늘 사용하세요. 꼭 쓰세요. 매일 밤 콘돔을 사용하세요."

[자유주의자들은] 1950년대의 가족을 조롱해왔습니다. 억압적이고 권위주의적이며, "오지와 해리엇"처럼 아주 어리석다며 놀렸죠. 그들은 모질고 독한 페미니즘을 선호합니다. 결혼도 하지 않은 채 버젓이 아이를 키우는 머피 브라운 같은 여성 말이죠. 이전의 가족과 문화를 비웃기 전에 제 설명을 들어보세요. 1954년에 십대였던 저는 그 시대를 목격한 사람입니다. 당시는 정말 좋은 시절이었습니다.[17]

1970년대 말에 시작된 우파의 가족 캠페인은 1950년대 TV의 가족 모델을 자신들을 가르친 기독교인들 이상으로 빠르고 열렬하게 모방했다. 이 캠페인의 지도자들은 1960년대의 성 혁명이 미국 문화가 쇠퇴하는 주요 원인 가운데 하나라고 주장하면서 1950년대의 가족 질서로 돌아가야만 미국이 회복할 수 있다고 강조했다. 앞으로 살펴볼 논리 곳곳에서 가족 가치 운동은 미국이 전통적인 기독교 유산으로 돌아가기를 바라는 갈망과 연결되어 있다. 이러한 연합된 몸부림은 보수 기독교인이 각종 정치 무대에 참여하는 데 강력하게 작용했다. 그들의 관점에서 볼 때 미국은 기독교 국가로 설립되었는데, 세속의 인본주의자와 성 해방 운동가들이 국가를 타락시켜왔다. 이런 달라진 문화에 맞서 정당정치를 수단으로 싸운다는 결정은 지난 100년 이상을 분리적이고 분파적인 태도로 국가 정치에서 거리를 두어온 보수 기독교인 다수의 전통에서 벗어나는 것이었다. 반면 당대의 보수주의자들은 정치 영역이 가정, 모성애, 가족의 가치를 보호할 수 있는 가장 중요한 장소라고 생각하게 되었다. 요컨대 가족 가치 캠페인은 이 새로운 전통 가족을 집에서 끌어내어 전국 정치 영역에 옮겨다 놓았다.

1979년 1월에 남부의 근본주의 설교자 제리 폴웰은 보수단체 대표들과 만났다. 이 대표자들은 국가의 도덕성이 회복되기 전에는 미국의 기독교적 가능성이 결코 완전히 성취되지 못할 것이라며 제리 폴웰을 설득했다. 그해 말에 〈도덕적 다수〉가 결성되면서 폴웰은 낙태, 동성애, 혼전 성관계, 도박, 여성 해방이 부도덕하다고 믿는 미국 기독교인들이 정치에 조직적으로 참여하도록 독려했다. 그렇게 해서 폴웰은 기독교 활동을 보수를 위한 정치 참여로 치환한 최초의 주요한 설교자가 되었다. 폴웰이 설립한

〈도덕적 다수〉에 따르면, 미국에서 복음주의 기독교인이 되는 것은 낙태 같은 부도덕한 행위를 뿌리 뽑는 정당에 협력하는 것을 의미했다. 그 후 여러 해에 걸쳐 이러한 연합은 공화당과 복음주의 기독교 모두의 특징을 규정하게 된다.

복음주의자들은 이미 1976년 대선에서 중생한 기독교인 지미 카터 후보를 위해 정당 정치에 개입한 바 있다. 미국인 대부분이 카터의 종교적인 정체성에 회의를 보일 때에 복음주의자들은 민주당 후보 카터를 전폭적으로 지지했다. 그러나 조지 마스던이 주장하듯이 "카터는 복음주의 신자였지만, 민주당원인 그의 자유주의적 정치는 복음주의자의 지지를 얻지 못한다는 점이 이내 드러났다".[18] 1980년 대선 캠페인에서, 당시 초창기에 있던 〈도덕적 다수〉가 조직하고 지원한 복음주의자들은 미국의 기독교에 대해 점차 커져가던 자신들의 걱정과 관심을 반영해줄 후보를 후원할 준비가 되어 있었다. 로널드 레이건은 자신이 바로 그런 후보임을 입증해보였다. 이런 추이를 잘 보여주는 예로, 레이건은 1980년 대선 토론에서 특히 국가주의적인 복음주의 정서에 호소했다. "저는 이 나라가 하느님의 계획에 따라 거대한 두 대양 사이에 위치해 있다고 늘 믿어왔습니다. 이 땅은 특별한 사람들에게 발견되기 위해 여기 있었습니다. …… 저는 미국 사람들에게 큰 갈망이 있다는 것을 알게 되었습니다. 영적 부흥을 바라는, 법은 그보다 더 높은 법에 기초해야 한다는, 그리고 우리에게 한때 있었던 전통과 가치로 돌아가야 한다는 간절한 바람 말입니다."[19] 이러한 레토릭은 많은 복음주의자의 마음을 사로잡았고 보수 기독교인과 공화당 사이의 새로운 밀월 관계는 견고해졌다. 이 관계는 두 집단 모두에게 중요했다. 많은 복음주의자들이 기독교 우파의 부상에 고무받아 정치활동에 적극적으로 참여하게 되었고, 다양한 사람들 사이에서 보수 기독교의 인기와 인지도가 늘어났기 때문이다. 복음주의 진영이 레이건의 선거운동에 개입한 일은 많은 복음주의자들에게 기독교가 정치 영역에서 중요한 자리에 있다는 것을 확인해주는 사건이었다.

레이건 정권 시절 초기에 공화당 지도자들은 제리 폴웰 같은 정치 목사들의 지원을 독려했다. 기독교 지도자들은 공화당 지도자들에게 표와 자금을, 그리고 〈도덕적 다수〉, 〈기독교 연합〉, 〈700인 클럽^{the 700 club}〉(CBN의 대표적인 뉴스 토크쇼—옮긴이) 같은 수많은 조직이 지닌 자원을 끌어다주었다. 공화당 지도자들은 보수 기독교의 지원에 보답하고자 이러한 목사들을 자주 만났고, 이들이 미국의 도덕성을 염려하는 것을 진지하게 받아들였다. 또한 텔레비전 설교자 팻 로버트슨의 경우처럼, 보수 공화당원들이 기독교 지도자의 출마를 권고하기도 했고 조언이나 선거 전략을 제공하기도 했다. 로버트슨이 1988년 공화당 대선후보 지명전에 나간 일은 훗날 복음주의자들이 선거에 참여하는 토대가 되었다. 〈구조 활동〉의 설립자 랜들 테리는 이렇게 주장했다. "1980년대 말과 1990년대 초 사이에 우리는 [정치에] 참여하는 기독교인들의 새로운 물결을 목도하고 있습니다. …… 팻 로버트슨 목사는 대선 캠페인에서 교회 좌석에 앉아 있던 교인들을 끌어왔고 새로운 사람 수만 명을 동원했습니다. 이들 중 많은 이들은 여전히 정치 활동에 참여하고 있습니다. 이 모든 충격의 여파는 1996년, 2000년, 2004년 대선이 끝난 후에도 사라지지 않을 것입니다."[20]

10년에 걸쳐 정치적 기독교인들의 노력이 쌓이면서 정치 활동에 참여하는 기독교인이 현저히 늘어났다. 넓게 퍼진 풀뿌리 네트워크들은 기독교 우파의 일상적인 조직 수단(예컨대 홍보 우편물과 교회를 매개로 한 접촉)

이 아니라—다시 한 번—텔레비전을 통해 형성되었다. 〈700인 클럽〉과 〈올드 타임 가스펠 아워〉 같은 기독교 텔레비전 프로그램은 시청자들에게 가족 가치 운동을 지지할 만한 정치인 후보를 소개해주고 이들을 지지하도록 고무했다. 이런 프로그램을 보고난 시청자들은 채널을 저녁 뉴스로 돌려, 도덕성을 회복하자고 호소하는 기독교 정치인 후보들을 보았다. 텔레비전 방송을 매개로 한 보수 기독교와 공화당 정치활동의 연계는 많은 미국인이 정치활동을 하는 기독교인들을 이해하고 받아들이며 지지하는 통로를 열어주었다.

그러나 이러한 강력한 연대에도 로버트슨의 대선 캠페인은 실패했다. 1990년대 초에 보수 기독교인들은 전적으로 지역 수준에 집중하는 방향으로 전략을 조정했다. 그들이 스스로 공언한 목표는 2000년까지 미국 전역에서 진행되는 지역 단위—시 정부부터 조닝 보드^{Zoning Board}(토지를 구획하거나 그 용도를 조정하는 위원회로서, 평범한 지역 주민들이 자원봉사로 참여한다—옮긴이)에 이르기까지—의 모든 선거운동에서 소속 기독교 후보를 후원하겠다는 것이었다.[21] 게다가 기독교 우파는 기독교의 개별 후보들을 지지하는 동시에 "전통 가치"를 강조하는 사회적 캠페인을 펼치고자 대중의 지지를 규합했다. 예컨대 1979년에 처음 제출되어 이후 이삼 년마다 다양하게 바뀐 형태로 다시 제출된 「가족보호법^{Family Protection Act(FPA)}」은 "미국 가족 본래의 모습을 지키고 가족생활이 잘 유지되도록 보호하며 …… 가족의 미덕들을 고취하도록" 상정되었다.[22] 이러한 목적의 이면에는 가족이란 어떠해야 하는가에 대한 아주 상세한 구상이 숨어 있다. 예컨대 「가족보호법」은 다양한 감세 혜택으로 여성이 전업주부가 되도록 유인하고, 부모의 동의 없이는 피임 도구를 구매 및 사용하지 못하게 해 부모의 권한을 강화하고자 했다. 사이드먼이 파악했듯이, FPA는 "결혼한 이성애 가족을 지키는 데 집중했다. 아내는 주로 집안일을 하고 남편은 가장으로서 생계비를 벌어오는 가족 말이다".[23] 비록 FPA는 한 번도 통과되지 않았지만 이 법안의 장단을 논의하는 토론은 계속되었고 이 논의는 "전통 가족"을 미국 정치의 중요한 사안으로 다루게 하는 쟁점 중 하나였다.

기독교 우파가 정치활동으로 방향을 바꾼 이유가 "전통적인" 젠더 역할을 지키려는 바람 때문만은 아니었다. 제리 폴웰이 말하듯 미국이 "이 세상에서 하느님의 특별한 대리자"라는 신념과 기독교적 원칙을 미국 정부의 토대로 부활시키려는 욕구 때문이기도 했다. 기독교 우파의 관점에서 미국은 하늘의 신성한 의무를 이행하기 위해 기독교의 도덕 원칙에 충실해야 했다. 우파 담론에서 쉽게 확인할 수 있듯이 기독교, 성경, 미국, 보수의 가치들은 이런 방식으로 융합되었다. 예컨대 랜들 테리는 "[미국이] 법과 제도를 하느님의 말씀이라는 원칙과 법에 맞추어 건설하도록 적극 힘쓰는" 국가로 바뀌기를 바란다고 말했다.[24] 자신이 창간한 월간지의 이름을 아예 "크리스천 아메리카Christian America"라고 지은 팻 로버트슨은 자유로운 성생활이 미국이 쇠퇴한 이유이며 "급진적 페미니즘의 주장들이 우리가 너무도 사랑하는 이 나라에 하느님의 진노가 떨어지게 했다"라고 주장했다.[25] 팻 로버트슨이 매년 12월에 〈기독교 연합〉 회원에게 보내주는 "신앙과 자유의 달력"에는 조지 워싱턴이 밸리 포지Valley Forge에서 하느님 앞에 무릎 꿇고 기도하는 모습과 벤저민 프랭클린이 헌법 제정 회의에서 기도회를 요구함으로써 교착상태를 풀어가는 장면이 담겨 있다. 그 달력에는 미국의 유산과 기독교의 상징이 의도적으로 겹쳐져 있다. 이와 유사하게 제임스 케네디James Kennedy(미국 기독교 방송인—옮긴이)는 이렇게 공표

했다. "테드 코플[Ted Koppel](미국 ABC 방송의 〈나이트라인〉 진행자—옮긴이)이나 댄 래더[Dan Rather](미국 CBS 방송 앵커—옮긴이) 그리고 누구에게라도 당당하게 말할 겁니다. 미국은 지키고 보호해야 할 가치가 있는 나라이며 **이 세상에서 미국을 구할 수 있는 유일한 인물은 예수 그리스도**라는 것을 말입니다."[26]

마크 놀[Mark Noll]과 네이선 해치[Nathan Hatch]와 조지 마스던(세 사람 모두 복음주의 역사학자이다—옮긴이)이 분명히 설명하듯이, 미국이 유일하고 예외적인 기독교 국가라는 주장은 역사적으로나 성경적으로 근거를 찾을 수가 없다. 반면 가족 가치 운동의 다양한 구성 요소들은 기독교적 미국이라는 캠페인을 뒷받침한다.[27] 양쪽 부모가 다 있는 "전통" 가족을 모든 미국인의 규범으로 만드는 것은 이러한 십자군 운동의 일부분이다. 폴웰은 말한다. "가족은 하느님이 세우신 기본 단위이고 가족의 건강은 우리나라가 건강하고 번영하는 전제조건입니다. 어떤 나라도 그 나라 안의 가족보다 강했던 적은 없었습니다."[28] 우파에게 가족은 기독교 국가를 세울 수 있는 사회적 단위로 기능한다.

기독교적 국가주의에 호소하면 젠더 정식화, 도덕적 성, "전통 가족"이라는 우파의 신화가 강화된다. 기독교와 미국 국가주의의 이러한 결합 속에서는 미국적인 모든 것이 기독교적인 것이고 기독교적인 모든 것이 미국적인 것이다. 이 둘은 모두 보수 기독교인에게 성적 순결과 전업주부 어머니를 중심으로 한 삶을 꾸려나가기를 호소한다. 역사학자 랜들 발머[Randall Balmer]는 이렇게 서술했다. 국가주의에 호소하는 일은 "평온했던 지난날이라는 이미지들을 마법같이 불러낸다. 복음주의적 개신교의 가치가 미국 문화를 주도했던 시절, 여성이 가정에서 자신의 영역을 지키고 그래서 가족의 영적 행복을 보장했던 시기라는 이미지들 말이다. 이 신화들은 그것이 현실과 얼마나 동떨어져 있는지와는 상관없이, 미국인이 얼마나 존경받을 만하고 의로웠는지를 끊임없이 떠올리게 하면서 정치적 활동에 동력을 공급한다."29

이런 식으로 오늘날의 기독교인은 기독교 국가주의라는 렌즈로 역사를 검토하면서 모든 기독교 선조뿐만 아니라 미국의 남녀 선조들에게서도 명확한 젠더 역할, 젠더화된 신학, 성적 순결을 발견한다. 이런 틀에서 전통 가족은 미국인과 기독교인 모두가 성적, 사회적 생활을 늘 구성해온 방식이다. 미국 국가주의와 기독교 이데올로기의 결합은 젠더화된 신학과 1950년대 전통 가족의 이미지를 대부분의 보수 기독교인이 거부하기 어렵게 하는 여론을 조성한다. 우파의 수사에서 섹스는 결혼관계로 제한되고, 사람들은 종교적 신화와 국가주의적인 역사적 신화 모두에 의해 채택된, 젠더를 중심으로 한 신학적 단위로 조직된다. 그리하여 "전통 가족"의 기원—허구적인 TV 프로그램들—은 완전히 간과된다.

기독교 애국주의가 가족을 지지하듯이, 많은 보수 집단에서 "전통" 가족은 기독교인의 국민의식을 강화한다. 자명한 도덕으로 보이는 "전통" 가치와 이에 순응하는 사람들의 수는 미국에 특별한 기독교적 소명이 있어야 한다는 생각을 뒷받침한다. 미국의 예외주의 기획은, 도덕과 영성에서 우위에 있다고 간주되는 젠더인 여성의 성교와 성적 접촉을 결혼에 제한하게끔 성생활을 조직하는 보수 기독교인들이 주도하고 있다. 이런 성윤리가 미국 전역의 보수적인 지역 사회에서 유지되는 한, 미국은 그 자체로 더 기독교적으로 보이게 된다. 게다가 사람들이 도덕적 삶의 자명한 방식을 "전통적인" 핵가족에 두고 사회 조직의 체계가 기독교적이고 동시에 미국적이라면, 보수 기독교인에게 미국은 분명히 기독교 국가이자 선

택받은 땅일 것이다. 이런 의미에서 젠더와 성별에 기반을 둔 사회 조직
은 미국의 보수 기독교인에게 특별한 국가주의, 즉 유일무이한 기독교 국
가 미국이라는 이념을 심어준다.[30]

　이와 같이 오늘날 보수 기독교인이 채택한 기획에는 서로 지지해주는
별개의 두 요소가 있다. 첫 번째 요소는 미국은 특별한 기독교 국가이고
이것을 하느님이 미리 정하셨다는 생각이며, 두 번째 요소는 젠더화된 신
학, 성적 순결, 전통 가족 캠페인으로서 이 둘은 기독교 국가주의로 형성
되기도 하고 그 자신이 기독교 국가주의를 형성하거나 그것과 동일시되
기도 한다. 그런데 가족 가치 운동을 지지하는 또 다른 주장이 있다. 그것
은 기이하지만 아주 강력한 신학적 입장인 전천년왕국설premillennialism이다.
비록 보수 기독교인 모두가 전천년왕국설을 신봉하지는 않지만 가족 가
치 운동의 지도자들 다수는 그러하다.[31] 일반적으로 천년왕국설millennialism
은 이른바 천년왕국의 건설과 그리스도의 재림으로 지구에 평화롭고 정
의로운 긴 시기가 도래할 것이라는 믿음이다. 후천년설을 신봉하는 기독
교인은 교회가 봉사, 신실한 삶, 복음 전파로 천년왕국을 세운 뒤에 그리
스도가 재림할 것이라고 믿는다. 이들의 목표는 천년왕국과 그리스도의
재림이 오도록 더 나은 세상을 만드는 것이다. 반면 전천년왕국설을 신봉
하는 기독교인은 그리스도가 천년왕국 전에 돌아와서 악한 자와 선한 자,
구원받지 못하는 자와 구원받는 자를 가려낼 것이며, 이 분리(휴거)는 그
자체로 천년왕국의 시작을 알리는 것이라고 믿는다.[32] 전천년왕국설을
믿는 기독교인은 어떤 노력으로도 세상을 구원할 수 없다고 생각하기 때
문에 주로 자기 자신의 구원을 위해서만 애쓴다.

　전천년왕국설 신봉자들은 오직 하느님이 직접 개입해야 평화의 시대가

올 것이라고 믿으며 그래서 국가정책이나 성 해방 같은 인간의 진보에 매우 염세적이다. 이런 관점에서 인간성은 정의로운 하느님 나라에서 점점 더 멀어지고 있다. 개인은 구원될 수도 있겠지만 역사 자체는 파멸에 이르며 역사의 유일한 희망은 종말을 맞이하는 것이다. 물론 인간이 맡는 역할도 있다. 전천년왕국설 기독교인은, 의인들은 그리스도가 재림할 때 선택되기 위해 역사의 악한 세력과 끊임없이 싸워야 한다고 믿는다. 지난 수년 동안 이 싸움은 하느님의 말씀을 왜곡하거나 무시하려고 하는 과학, 다윈주의, 고등성서비평higher Biblical criticism(성서를 문헌연구, 역사연구 같은 학문적인 연구조사법으로 접근하는 방식-옮긴이)과 같은 악의 세력과 성서의 진실성을 지키려는 쪽 사이에서 일어났다. 이 싸움은 오늘날 가족 가치 운동에서 계속되고 있다.

전천년왕국설을 믿는 많은 이들의 말을 들어보면 이들이 미국의 예외주의를 분명하게 지지한다는 것을 알 수 있다. 이들에게 싸워야 할 악한 세력은 미국인이 아닌 사람, 민주주의를 지지하지 않는 사람, 비기독교인이다. 미래에 대한 이들의 비전을 살펴보면 미국은 결국 다른 나라들을 이기는데, 그 이유는 바로 미국인이 더 고결하고 가족지향적이기 때문이다. 예컨대 할 린지Hal Lindsey의 베스트셀러 『대유성 지구의 종말The Late Great Planet Earth』에는 성경에 나오는 갖가지 예언이 언급되며 이스라엘과 미국이 세계적인 재앙의 날에 유럽, 러시아, 아랍 동맹국들과 싸움을 벌이고 오직 신실한 기독교인들만이 구원받게 된다.[33] 이와 비슷하게 팻 로버트슨은 『새로운 세계 질서New World Order』에서 "새로운 세계 질서"를 바라는 중심 세력은 아랍 및 이슬람 지도자들이며 이들은 "비밀 권력 기관"을 만들어 미국 경제를 조종하려 한다고 주장했다. (사실 그는 "소돔 사람들", 즉 미국 대학의 교수들과 프리메이슨이 이미 그들의 손아귀에 넘어갔다고 주장한다.) 로버트슨은 세상의 종말이 올 때 진정하고 유일한 승자는 가족을 소중하게 여기는 신실한 미국인이 될 것이라고 이야기한다.[34] 유사한 예는 또 있다. 로버트 반 캠펜Robert Van Kampen은 『더 사인The Sign』에서 특정한 성경 구절들을 이용해서, 독일의 통일과 소련의 붕괴를 적그리스도—여기서는 성 혁명을 지칭한다—가 국제적으로 세력을 획득해가는 징후라고 해석한다.[35] 이런 이야기들에 공통적으로 담겨 있는 것은, 미국은 가족 가치 운동에서 외치는 전업주부 어머니, 순결한 성으로 돌아가야만 구원을 얻을 수 있다는 것이다. 이런 식으로 가족 캠페인은 미국의 구원뿐만 아니라 기독교 자신의 구원과도 밀접하게 관련되어 있다.

전천년왕국설 신학은 하느님이 언제, 어떻게 이 세상을 끝내실지에 관한 예측뿐만 아니라 종말에 구원을 받으려면 따라야 할 지침들도 제공하고 있다. 한 신자는 이렇게 말한다. "종말론은 우리에게 거룩하고 의로운 삶을 살아가라고 요구합니다. …… 교회인 우리는 하느님의 최후의 날을 생각하면서 그리스도께서 영광스럽게 오실 때까지 주님의 일을 해야 합니다."[36] 기독교 우파에게 가족 가치 운동은 이런 거룩하고 의로운 삶의 의미를 분명하게 해준다. 팻 로버트슨, 제리 폴웰, 케네스 코플런드Kenneth Copeland, 지미 스웨거트, 제임스 돕슨, 말린 매덕스Marlin Maddox, 렉스 험버드, 텍스 마스 같은 텔레비전 설교자, 라디오 설교자, 기독교 우파 지도자들은 방송에서 그리스도의 재림을 자주 언급하며, 이를 기회로 삼아 전통적인 젠더 구조와 섹슈얼리티에 대해 보수적인 관점을 고수하는 사람들이 종말에 구원받는 대열에 합류할 수 있을 것이라고 암시한다. 제임스 케네디 박사는 편지지에 다음과 같은 구절을 인쇄해 사용한다. "우리가 알고 있듯이 이 세상은 빠르게 멸망하고 있습니다." 또한 종말을 자신의 주요 이미지로 삼아 전통적인 가족 가치를 칭송한다.37 〈한밤중의 도둑A Thief in the Night〉, 〈멀리서 들리는 천둥소리A Distant Thunder〉, 〈짐승의 형상Image of the Beast〉, 〈짐승의 시대Years of the Beast〉, 〈조기 경보Early Warning〉, 〈휴거The Rapture〉, 〈계시 Revelation〉, 〈재림The Return〉, 〈최후의 시간The Final Hour〉, 〈아마겟돈에 이르는 길 The Road to Armageddon〉 같은 근래의 기독교 영화는 종말에 다툼을 벌이는 집단들을 생생하게 묘사하는데, 매번 "승자"는 전통적인 가족 가치를 지지하는 사람들과 결부되어 있다. 요컨대 이런 이야기들은 구원받는 사람에 속하기를 바라는 기독교인에게 정치적 답안을 제시한다.

젠더화된 신학, 성적 순결, 정치 참여, 구원이 한데 뭉쳐 만들어진 결정체가 바로, 가족 가치 운동의 초창기 기획으로서 1980년대 초반에 우파가 벌인 낙태 반대 활동이었다. 낙태는 기독교 우파의 두려움과 정서를 자극하기에 좋은 주제였다. 왜냐하면 낙태 합법화로 여성은 양육과 가정에서 더 자유로워질 수 있었고 섹슈얼리티에 대한 규제완화에도 관심을 촉구하게 되었기 때문이다. 사람들은 낙태 반대 활동으로, 1960년대부터 비롯한 사회와 성의 변화에 불만을 나타낼 수 있었고 성경과 기독교 사회활동에 대한 헌신과 책임을 공적이고 가시적인 방법으로 보여줄 수 있었다. 어떤 면에서 낙태 합법화 반대 활동은 "아이 구하기"를, 그리고 다른 한편으로는 열심히 참여하는 기독교인들만이 하느님의 선택, 즉 구원을 받는다는 것을 의도하고 있었다.

낙태 반대 운동은 섹스와 젠더와 관련한 보수의 의제 설정을 고무하는 유용한 수단이 되기도 했다. 자신들의 항의에 다양하고 전국적인 언론의 관심을 이용하는 법을 배운 낙태 반대론자들은 여성을 가정에, 그리고 성관계를 결혼에 묶어 두는 더 광범위한 메시지를 전달할 수 있음을 깨달았다. 세속주의자들은 그러한 "구조 활동"이 형편없고 위험하며, 그저 어리석은 짓이라고 생각했다. 반면 세상에 환멸을 느끼고 있던 기독교인 다수는 그 구조 활동에서 삶에 의미를 부여하고 활기를 불어넣는 길을 보았다. 이와 같이 언론보도는 기독교인에게 만약 이 세상에 실망하고 있다면 스스로 정치 활동에 참여함으로써 하느님의 부르심에 응답해야 한다는 메시지를 던져주었다.

낙태 반대 운동은 기독교 우파에 긍정적인 영향을 미쳤다. 첫째, 이 운동은 성적 순결을 지지했다. 우파의 입장에서는, 혼외 성관계를 금하고 금욕적 성생활을 적극적으로 지지하는 낙태 반대론자들의 더 강력한 활동 덕분에 더 이상 번거로운 개입 활동들을 다 하지 않아도 되었다. 둘째, 낙태권을 폐지하려는 캠페인은 여성 최고의 소명은 어머니라는 논리를 옹호했다. 낙태 반대론자들은 남자든 여자든 빈번하게 가정 예찬의 논리에 직접 호소하며 낙태를 반대했다. 여성이 낙태를 함으로써 어머니로서의 소명을 부정하는 것은 다름 아닌 자신의 천성과 존재의 이유에 반하는 것이었다. 낙태에 반대하는 수사가 명백하게 젠더화된 신학에서 유도되는 것이 아닐 때조차도, 그것은 많은 여성 기독교인이 낙태라는 선택을 재고하고 아이를 갖도록 이끌었다. 그러자 우파의 낙태 반대로 아이를 낳는 여성이 실제로 더 늘어났다. 이렇게 많은 기독교인 여성이 어머니의 역할을 감당하게 된 것은 하느님, 부모, 가족에 대한 젠더화된 관념들이 구체화된 현상이었다. 낙태 반대 운동은 실제로 여성이 가정에 머무르며 자신의 본분을 지키게 하고 신성한 과업을 담당하게 했다. 마지막으로, 그리고 아마 가장 중요한 것으로, 낙태 반대 운동은 정치적 참여가 구원에 이르는 길이라는 관념을 내놓았다. 낙태에 반대하는 기독교인들은 낙태 반대 활동을 통해, 도덕적으로 타락한 이 세상을 염려하여 지역 수준에서 애쓰는 사람들로서 전국에 알려지게 되었다. 이 활동가들은 낙태 시술 병원에 못 가게 하기도 하고 낙태를 지연시키거나 막는 활동을 벌이면서 전국 곳곳에 기독교인들도 이제 참여해야 한다는 메시지를 전했다. 〈구조 활동〉 설립자 랜들 테리 같은 조직가들은, 만약 다른 기독교인들도 구원을 위해 일하기를 바란다면 아이들을 구하기 위해서 경력이나 평판에 흠이 나는 것 따위는 무릅쓰고 의로움을 입증해야 한다고 주장했다.

1990년대에 기독교 우파는 낙태에서, 그것보다도 가족의 가치와 더 크게 충돌하는 관습으로 관심을 돌렸다. 바로 동성애였다. 지금까지 우리는 전통적인 젠더 역할을 고수하고 혼외 성관계를 반대하는 우파의 열심 이면에 있는 신학적 근거를 조사했다. 이제 가족 가치 운동과 동성애가 충돌하는 원인은 자명해진다. 기독교 우파는 게이와 레즈비언에게 가족의 가치라는 프로젝트에서 쫓겨나고 소외된 자의 역할을 맡김으로써, 가족 관련 쟁점에서 보수적인 사람만이 구원받는다는 관념을 강화한다. 요컨대 동성애자는, 구원받은 기독교적 미국과 전통 가족이란 무엇인지를 분명하게 보여주는 배경이 되는 것이다.

기독교 우파는 동성애에 반대하고 동성애 혐오를 부추기는 자료들을 엄청나게 많이 만들었다. 예컨대 제임스 돕슨의 〈포커스 온 더 패밀리〉가 발행하는 잡지는 거의 절반이 표지기사 혹은 (한 쪽 이상 분량의) 주요 기사로 동성애를 공격하는 내용이나 이전에 동성애자였던 사람이 현재는 "전통" 가족 구성원으로 (행복하게) 살고 있다는 내용을 싣고 있다. 비슷한 사례는 또 있다. 베벌리 라헤이의 ≪가족의 목소리$^{Family\ Voice}$≫(〈미국을 걱정하는 여성)이 발행)는 1호부터 8호까지 표지 기사 둘을 포함한 동성애 반대 특집 기사가 잡지의 반을 도배하고 있다. 팻 로버트슨의 ≪크리스천 아메리카≫는 1호부터 12호까지 매호 반동성애 특집 기사를 실었다. 게다가 몇몇 보수 기독교 단체의 유일한 목적은 기독교를 믿는 미국에서 동성애와 동성애자들의 삶을 뿌리 뽑는 것이다. 영화 〈게이 어젠다^{The Gay Agenda}〉를 만들고 배급한 〈더 리포트^{The Report}〉도 그런 단체이다. 『소돔의 재림 ^{Sodom's Second Coming}』, 『부도덕을 입법하다^{Legislating Immorality}』, 『비정상적인 애정 ^{Unnatural Affections}』 같은 제목을 달고 있는 숱한 기독교 서적이 동성애를 공격한다. 기독교 정치인들이 전통 가족을 지지하고자 발의한 법률은 거의 항상 게이와 레즈비언을 억압한다. 예를 들어 「가족보호법」은 어떤 식으로든 동성애를 공개적으로 옹호하거나, 용인할 수 있는 생활방식으로 묘사한다면, 개인이든 사적 혹은 공적 단체이든 간에 사회보장연금, 퇴역 군인 수당, 학자금 대출을 비롯한 연방 기금을 제공받지 못하게 하는 내용을 담고 있었다. 요컨대 오늘날의 우파 십자군들에게 동성애자는 기독교가 아닌 것을 규정하고 대표하는 주요 표적이 되어왔다.

동성애에 대한 우파의 비난은 젠더, 결혼, 가족생활에 대한 확신에서 나온다. 동성애자가 전통 가족 이데올로기와 충돌하는 이유는 성행위를 (국가가 승인한) 결혼관계에 국한하지 않기 때문이다. 동성애자는 합법적인 결혼을 하지 않기에 (그리고 당장은 그럴 수도 없기에) 우파는 성관계를 맺는 모든 게이와 레즈비언을 처음부터 문란한 사람들로 치부한다(2003년 매사추세츠를 시작으로 코네티컷, 버몬트, 뉴햄프셔, 아이오와, 뉴욕 총 6개의 주가 동성 결혼을 합법으로 인정하고 있다-옮긴이).³⁸ 에이즈의 확산은 동성애자의 부도덕한 행실의 증거로 여겨진다. 그렉 올버스^{Gregg Albers}는 『우리들 가

운데 있는 전염병: 섹슈얼리티, 에이즈, 기독교 가족"Plague in Our Midst: Sexuality, AIDS, and The Christian Family』에서 이렇게 말한다. "에이즈의 전염은 동성애자 사회의 성적 부도덕과 문란함의 직접적 결과이다. 이런 난잡함은 에이즈뿐만 아니라 강간, 살인, 낙태도 유발한다."39 패트릭 뷰캐넌Patrick Buchanan은 이렇게 단언한다. "동성애자들이 전통 가치에 전쟁을 선포하자 자연이 끔찍한 징벌을 가하고 있습니다."40 요컨대 우파의 관점에서 에이즈는 여전히, 젠더화된 신학에 어긋나는 것은 모두 부도덕한 것임을 입증하는 또 하나의 상징이다.

기독교 우파는 에이즈 전염이란 용어를 사용해왔는데, 모순적인 두 주장을 펼치면서 서로 다른 목표를 이루고자 했다. 한편으로 에이즈는 동성애자의 질병, 즉 문란함과 부도덕한 성행위에 따른 형벌로 간주된다. 그러므로 이런 논리에서 에이즈에 걸리는 사람은 오직 동성 간에 섹스를 하는 이들이다. F. L. 스미스F. L. Smith는 인기를 끈『소돔의 재림』에서 이렇게 묘사한다. "이성애자들은 3,500명 중에 1명보다 더 낮은 비율로 에이즈에 걸립니다. …… 심지어 에이즈에 걸린 이성애자 파트너와의 섹스도 상대적으로 안전합니다." (사실 스미스는 에이즈에 걸렸다고 보고된 이성애자는 모두 아프리카계 흑인들이라고까지 주장한다.) 그의 주장이 시사하는 바는, 비록 이성애자도 에이즈에 감염될 수 있지만 미국의 백인 이성애자가 직면하는 현실적인 문제는 아니라는 것이다.41 비슷한 맥락에서 조지 그랜트George Grant와 마크 혼Mark Horne은『부도덕을 입법하다』에서 에이즈는 부인할 수 없는 "특정한 생활양식에 따르는 질병"이고 "거의 대부분이 동성애자 공동체에서 발견된다"라고 주장한다.42 마이클 푸멘토Michael Fumento는 마찬가지로『이성애자 에이즈의 신화The Myth of Heterosexual AIDS』에서 "감염 자료는 이성애자 사이에서 감염되는 수가 지극히 낮게 유지된다는 것을 보여준다. …… 에이즈가 출현한 이래 이성애자 사이에서 그것에 감염된 사람의 수는 매년 유방암 판정을 받는 백인 남성의 수보다 적다."[43] 이런 일련의 주장은 에이즈가 오직 동성애자 사회에만 존재하고 그 공동체의 구성원 전부가 문란하다고 암시한다. 스펜서 휴스[Spenser Hughes]는 이렇게 설명한다. "에이즈 활동가들이 그 질병을 치료하고자 일하는 것은 오직 그것을 통해서만 동성애자를 거리낌이 없는 예전의 생활방식으로 돌려보낼 수 있기 때문입니다. 에이즈가 동성애자의 성적 모험에 찬물을 끼얹기 이전의 방식 말입니다."[44] 이러한 표현은, 일부일처의 이성애자들은 에이즈로부터 안전하다는 느낌을 주고 동성애는 그 자체로 안전하지 못하고 비도덕적이며 심지어 치명적이기까지 하다는 인상을 준다.

그러나 다른 한편으로 일부 우파는 에이즈가 동성애자만의 질병이 아니라 이성애자를 포함해 누구라도 감염될 수 있는 병이라고 주장한다. 이 두 번째 전략은 유일하게 "안전한 섹스"―특히 이성애자들에게―는 금욕이라고 주장함으로써 성적 순결을 장려한다. 이러한 논리를 펴는 사람들은 에이즈가 이성애자 사회로 더 급격하고 맹렬하게 퍼져왔다고 주장한다. 동성애자가 에이즈를 통제할 수단들을 무력화했기 때문이라는 것이다. 따라서 우파의 관점에서 순결은 도덕적인 기독교인이 이미 견지하고 있는 견해이기는 하지만, 세상을 위험하게 하는 "비도덕적이고 문란한 동성애자들" 때문에 더욱더 필요해진다. 스탠리 몬티스[Stanley Monteith]가 인용하는 유명한 사례에 따르면 의료계에 종사하는 이성애자 수천 명이 매년 에이즈로 사망하는데, 이는 자신들이 담당하는 환자의 감염 여부를 모르기 때문이라고 한다. 몬티스는 『에이즈: 예방할 수 있는 전염병[AIDS: The

Unnecessary Epidemic』에서 "에이즈는 시민권이라는 주제보다는 질병으로서 다루어야 한다"라고 주장한다. 그러면서 모든 사람에 대한 에이즈 검사를 의무화해야 하며 감염자들을 격리해야 한다고 말한다. 그는 이런 내용을 담은 공중위생 법안들이 동성애자 사회를 파괴할 수 있어 동성애자들이 로비 활동으로 저지하고 있다고 주장한다.

그 전염병이 퍼지기 시작할 때부터 〈액트 업ACT UP〉(동성애자의 권리를 옹호하는 에이즈 퇴치 운동 단체-옮긴이)과 이와 유사한 공격적인 집단들은 "그 역병"에 대처하는 정부의 방침을 관리하고자 협박과 대치와 위협을 일삼아왔다. …… 이 단체들은 우리의 공중위생 정책을 인질로 삼았으며 정치적, 사회적 목적을 달성하고자 에이즈에 대한 공포를 이용했다. 그들이 우리나라의 에이즈 정책을 지배하자 동성애자들 가운데 그 질병이 쓸데없이 확산되었을 뿐만 아니라 마약을 하는 사람들에게도 두루 퍼지더니 이제는 이성애자들에게도 침투해 들어왔다. 에이즈를 통제하고자 기존에 사용하던 효과적인 공중위생 대책들이, 이러한 단체와 자유주의적 언론의 활동으로 1982년 4월부터 차단되었다.[45]

우파의 다른 여러 논평가들도 몬티스의 분석에 동의한다. 예컨대 그렉 올버스는 『우리들 가운데 있는 전염병』에서 말한다. "확산을 막는 타당한 예방책을 시행할 때에만 전염병을 통제할 수 있다. …… 동성애자들은 정치적 영향력을 발휘해, 위험 집단을 검사하고 양성반응을 보건당국에 보고하며, 알려진 보균 용의자 및 접촉자 모두를 추적하는 주州법의 제정을 거의 모두 막아왔다."[46] 섹슈얼리티 과학 연구소Institute for the Scientific

Investigation of Sexuality 책임자 폴 캐머런Paul Cameron도 비슷한 주장을 맹렬히 펼치는데, 연방정부가 부주의하게도 동성애자의 정치적 요구를 그대로 받아들여왔다는 것이다. 캐머런은 이렇게 말한다. "흥미로운 우연의 일치가 있습니다. 우리나라에서 에이즈를 옮기는 사람들이 바로 요구가 많고 정치적 영향력을 크게 행사하는 동성애자이기도 하다는 것 말입니다. 동성애자들의 몸을 피신처로 삼은 바이러스가 정치적으로 보호받고 있습니다. 시끄럽고 주목을 많이 받는 이들의 육체에서 말이죠."[47] 제리 폴웰은 차갑게 잘라 말한다. "동성애자는 샅샅이 수색해 병든 동물처럼 격리해야 합니다."[48]

동성애자들이 인구수에 비해 영향력이 너무 세다는 이러한 비판은 기독교 우파에게서 특히 강력하게 제기된다. 스펜서 휴스는 『람다 음모Lambda Conspiracy』(람다[시는 그리스어 알파벳 글자로, 동성애자의 상징 가운데 하나이다—옮긴이)에서 이렇게 주장한다. "동성애자들은 이 나라에서 가장 부유하고 교육수준이 높은 특권 계층에 속한다. …… 그들은 수에 비해 너무 많은 정치력을 이용해 전국 각지의 의료 기관과 관계자들을 압박해왔다. 에이즈 확산을 통제할 공중보건 대책들을 폐기하도록 했던 것이다. 그래서 동성애자들은, 여전히 치료법이 없어 치사율이 100%인 질병을 기하급수적으로 퍼트려온 짓들을 사실상 완전히 합법적으로 저지를 수 있도록 승인을 받았다."[49] 조지 그랜트와 마크 혼은 이렇게 주장한다. "동성애자는 돈이 많습니다. 아이를 기르는 사회적 역할을 하지 않으니까요." 그리고 이 여윳돈으로 "할리우드에 부당한 영향력을 행사할 수 있고 그래서 그들이 TV와 영화에서 좋게 그려지는 것입니다"라고 말한다.[50] 우파의 관점에서 볼 때 (이른바) 동성애자에게 있다는 문화 권력이 나쁜 이유는, 그 권력이 동성애자의 해방이나 동성애자에게 우호적인 사회적 프로그램들을 대리하기 때문이 아니다. 그런 권력이 동성애자의 인구수에 비해 과도하게 할당되어 있기 때문이다. 즉, 그들은 동성애자에게 돈과 권력이 많기는 하지만 실제로 이 사회에서 동성애자는 상대적으로 소수라고 주장한다. 비록 전통적이고 과학적인 추정치나 조사 대부분이 인구의 10퍼센트가 동성애자임을 알려주고 있지만, 기독교 우파의 자체 조사는 동성애자가 1퍼센트 미만에 지나지 않는다고 주장한다.[51] 이렇게 낮은 비율 때문에 우파는 동성애를 더욱 무시하고 동성애 의제가 폭넓은 지지를 얻지 못하고 실패할 가능성이 크다는 생각을 굳히게 된다.

보수 논평가들은 동성애자가 학교에 몹시 위험한 영향을 미친다고 말한다. F. L. 스미스는 이런 염려를 이렇게 표현한다. "미국 도처에는 어떻게 하면 당신의 아들, 딸들이 동성애자의 생활방식을 잘 받아들일지를 커피를 마시며 논의하는 동성애자들이 있습니다."[52] 특히 기독교 우파의 구성원들은 교과서와 수업에서 동성애자를 긍정적으로 묘사하면, 어린 자녀들이 성행위를 하도록 조장하게 될 것이라고 주장한다. 그래서 동성애자의 생활방식을 긍정하는 책이라면 어떤 책이라도 (특히 널리 알려진 『아빠의 룸메이트Daddy's Roommate』와 『헤더는 엄마가 둘이야Heather Has Two Mommies』는 더욱) 학교에서 구입해서는 안 된다고 말한다. 여기에는 어떤 가정이 있는데, 동성 커플이나 가족을 묘사하는 것은 이성 커플을 묘사하는 것이 하지 않는 방식으로 성을 알린다는 것이다. 한 논평가는 "이전의 교육과정에서는 성을 언급하지 않았습니다"[53]라고 말한다. 그 교육과정에는 이성애 가족을 묘사한 내용이 무수히 많았는데도 말이다.[54]

그러나 교실에서 섹슈얼리티를 묘사하는 문제에 대한 논쟁은 여기서 그치지 않는다. 우파의 관점에서 볼 때 수업 시간에 동성애자를 긍정적으로 묘사하려는 노력은 공립학교 교육과정에 성교육을 포함하려는 시도와 뗄 수 없다. 우파는 성교육이 동성애 의제의 일부라고 말하는데, 일반적으로 청소년들과 섹슈얼리티를 토론하는 일이 필연적으로 동성애와 문란함으로 이어지기 때문이라는 것이다. 존 앵커버그^{John Ankerberg}와 존 웰던^{John Weldon}은 『안전한 섹스라는 신화: 하느님의 뜻을 위반해 벌어진 끔찍한 결과^{The Myth of Safe Sex: The Tragic Consequences of Violating God's Plan}』에서 이렇게 단언한다. "우리는 아이들이 섹슈얼리티를 스스로 다루게 한다는 미명으로 자녀를 성적 문란에 방치해왔다." 그리고 그렇게 방치해 "결국에는 우리 아이들이 동성애 같은 더 큰 성적인 문제들을 겪게 될 것이다"라고 말한다.[55] 실제로 우파는, 성교육 지지자들이 말하듯이, 성교육의 주된 목표가 임신과 에이즈 예방이 아니라 "아주 어린 세대가 다양한 섹슈얼리티를 쉽게 받아들이는 환경을 조성하려는 것"이라고 믿는다.[56] 사실 성교육은 나쁠 뿐만 아니라 불필요하다. 섹스는 결혼에 한정되어야 하며 결혼 무렵 전에는 논의할 필요도 없기 때문이다. 그랜트와 혼은 주장한다. "성교육 시간을 줄여야 합니다. 섹스는 오직 결혼관계에서만 그리고 영적 훈련과 함께 이루어져야만 하는 어떤 것이기 때문입니다."[57] 보수 지도자 코니 마시너^{Connie Marshner}에게는 "성교육은 두 시간이면 가르칠 수 있는 것이다. 그 이상 교육하는 것은 나쁜 생각과 일탈을 조장할 뿐이다".[58]

동성애 반대 운동은 그저 우파의 혼외, 혼전 성관계 반대와만 관련한 것은 아니다. 동성애는, 남편은 밖에서 일하고 아내는 자녀를 키우며 가정을 돌봐야 한다는 가족에 대한 우파의 요구에도 걸림돌이다. 만약 영적으로 온전해지기 위해 남녀가 모두 반드시 필요하다면, 동성 파트너로 구성된 가구는 하느님께 다가가는 데 불균형하고 불완전하다. 제리 폴웰은 이렇게 설명한다. "이성애는 하느님이 창조하셨고 하느님이 보증하십니다. 만약 남녀가 하느님이 고안하신 각각의 합당한 역할을 잘 받아들였다면 동성애와 관련한 현재의 도덕적 위기는 없었을 것입니다."[59]

기독교 우파의 담론을 살펴보면 레즈비언보다 게이에 대해 더 크고 강하게 반대한다는 것을 알 수 있다. 이 차이는 적어도 부분적으로는, 보수 사상가 대부분이 남성성을 젠더화된 신학의 틀로만 이해하는 남자라는 사실과 관련 있다. 그들이 보기에 남성의 동성애는 범죄이다. 왜냐하면 동성 간의 성관계가 본질적으로 나쁜 행위일 뿐만 아니라 성관계를 맺는 두 남자 중 한 명은 지속적으로 "여성" 역할을 맡거나 잠깐이라도 스스로 "여성"과 동일시하면서 앞 장에서 설명한 젠더 위계를 무너뜨리기 때문이다. 즉, 가정 예찬 이데올로기에서 여성은 하느님과 만나는 통로를 의미하지만 동시에, 웰터와 다른 페미니스트들이 지적하는 것처럼 순종, 수동성, 비생산성을 뜻하기도 한다. 기독교 우파 지도자들은 특히 항문 성교를 염려하는데, 그 이유는 성기가 삽입된 남자가 여성성을 상징하기 때문이다.[60] 젠더를 둘러싼 신학적인 틀이 남자의 특성이나 자격을 여자에게서 분리함으로써 유지되고 있는 경우에 그런 행위는 특히 위협적이다. 기독교 우파가 약속하는 구원을 받으려면 교인은 반드시 남자나 여자, 둘 중 하나여야만 한다. 또한 확인할 수 있는 "전통 가족" 안에 있어야 하며 이성애자여야 함은 말할 것도 없다. 기독교 우파가 동성애자들—특히 게이—을 맹렬히 비난하고 조롱하며 죄인으로 만듦으로써 동성애자와 이성애자의 경계를 단속하는 것은 그들 자신은 이성애자라는 견고한 범주 안에 있음을 드러내는 한 가지 방법이기도 하다.

오늘날 대중문화와 학계에서는 남자와 여자, 그리고 동성애자와 이성애자의 차이에 의문을 제기하고 있다. 동성애, 이성애, 남성성, 여성성을 개인의 천성이라기보다는 특정한 역사적 표현 양식들에 기대어 사회적으로 구성되는 역할로 이해하기 시작했다. 대중문화에서 크로스드레싱cross-dressing과 젠더의 경계를 파괴하는 선봉에는 데니스 로드먼, 마이클 잭슨, 마돈나, 파비오 같은 유명인이 서 있다. 〈투씨Tootsie〉, 〈미세스 다웃파이어〉 같은 영화도 비슷하게 볼 수 있다. 학계에서는 퀴어 이론이 두 성별에 모든 사람이 고정되어 있다는 관념에 도전하고 젠더의 범위가 폭넓을 수 있음을 제시한다. 고정된 성 범주들을 유연화하여 게이를 해방하려는 〈액트 업〉, 〈퀴어 네이션Queer Nation〉(1990년에 설립된 급진적 단체로서 경멸의 속어 퀴어를 전면에 내세워 정치화했으며, 유명인사들을 아우팅outing하기도 했다—옮긴이), 그 외의 여러 단체가 정치 운동에 이 퀴어 이론들을 사용했다. 근래 기독교 우파의 반발은 부분적으로는 이런 괄목할 만한 움직임에 대한 대응이다.

예컨대 1992년도에 나온 영상물 〈공교육에서 동성애 의제The Gay Agenda in Public Education〉에서 한 보수 논평가는 더 이상 "남녀를 구별"할 수 없다며 불만을 토로했다. "남자가 가슴을 확대하고[동성애자들의 행진에서 보이는 트랜스젠더의 모습을 언급한 것] 여자가 셔츠를 벗고 다니고 있습니다. 그들이 여자라고는 차마 말할 수 없을 겁니다."[61] 이 발언의 핵심은, 보수적인 기독교인들은 자신이 누구이고 젠더는 무엇인지를 확인하고 싶어 한다는 것이다. 특히 하느님과의 관계에서는 더욱 그러하다. 보수 기독교인 남녀는 하느님을 만나는 일이 젠더와 성적 지향에 좌우된다고 생각한다. 만약 남자와 여자, 동성애자와 이성애자 사이의 구별이 의문시되거나 약해진다면 하느님을 만나는 방법을 어떻게 알 수 있겠는가? 그래서 기독교 우파는 동성애자를 분명히 규정하고 규탄함으로써 문화와 학계의 이러한 새 경향에 대응한다. 그들은 "동성애"를 만들어내고 배제하며 거부함으로써 "이성애"의 범주를 더 분명하고 엄격하게 규정한다. 1990년대, 성 관념이 혼란스러운 세상에서 가족 가치 운동은 이성애를 분명히 하고 보호하고자 동성애를 목표로 삼고 배척했다.

보수 기독교인이 동성애를 혐오하는 이유가 하느님과 관계를 유지하려는 소망 때문이라는 것은 거듭 얘기할 필요가 있다. 보수 기독교인의 관점에서 동성애는 하느님과의 관계를 위협한다. 그것은 바로 우리의 관계가, 하느님이 우리의 젠더를 통해 우리를 알고 이해하신다는 관념 위에 구축되어 있기 때문이다. 동성애가 존재하고 또한 사회적으로 수용되는 현실은, 오직 혹은 무엇보다 먼저 젠더를 통해서 인식되는 하느님 개념에 도전한다. 동성애자, 특히 동성애자 기독교인은 바로 그 존재만으로도, 인간은 이성애자 핵가족으로 살게 되어 있다는 관념에 이의를 제기한다. 오늘날 보수 기독교인은 하느님이 자신을 알기를 바라고 또한 그분께 충실하기를 원하기 때문에 신학적인 보증, 구원, 미국 예외주의, 동성애 혐오, 정치적 개입이 얽히고설킨 환경을 조성하고 있다.

페미니스트 기독교 윤리학자인 베벌리 해리슨[Beverly Harrison]은 "육체를 경시하고 부정하고 폄하하는 기독교 신학 전통의 문제적 경향이" 여성 혐오 및 동성애 혐오와 연관되어 있다고 주장해왔다.[62] 그녀는 섹슈얼리티 또는 육체적 존재를 의미하는 이들—여성과 동성애자 같은—은 그래서 덜 영적인 존재로 간주된다고 주장한다. 그런데 이 반反육체 이데올로기가 기독교 신학의 일반적인 전통에서 지속되어오기는 했지만, 보수 기독교가 동성애를 반대하는 핵심 이유는 아니다. 앞서 논의했듯이, 우파의 결혼 지침서들은 젠더화된 신학의 위계 구조가 유지되는 한 보수주의자들이 섹스를 전폭적으로 지지한다는 것을 잘 보여주고 있다. 그 대신에 나는 성차별주의와 동성애 혐오의 관계가 훨씬 더 기능적이라고 생각한다. 동성애자를 향한 지독한 반감은, 가족 가치 운동의 다른 양태들과 마찬가지로, 여성이 가정에 머무르고 남성에 의존하도록 하며 그 결과 기독교인 남성, 여성, 어린이 모두가 하느님과 관계를 확실히 유지하도록 기능하는 것이다. 요컨대 갈등의 근원이 단순히 "육체"와 "영"의 분리에 있지 않음을 간파한다면, 보수의 성 이데올로기와 가족 가치 운동이 여성을 그들의 자리에 묶어놓는 일에 얼마나 애쓰고 있는지를 분명하게 드러낼 수 있다.

그러므로 현재 교회가 동성애와 벌이는 투쟁은 성적 선호의 도덕성을 따지는 것일 뿐만 아니라 기독교의 정체성과 하느님의 속성에 기원을 둔 갈등이기도 하다. F. L. 스미스는 이렇게 말한다. "동성애자의 권리는 그저 또 하나의 정치적 쟁점이 아닙니다. 단순히 또 다른 도덕적 쟁점도 아닙니다. 동성애자의 권리 문제는 우리를 현 시대의 궁극적인 쟁점으로 몰아넣습니다. 하느님께서 우리나라에서 다시 영광을 받으실지 아닐지라는 문제 말입니다."[63] 내가 보기에, 궁극적인 문제는 하느님이 영광을 **받으실지 아닐지**가 아니라, **어떤** 하느님이 영광을 받으시느냐 하는 것이다. 요컨대 동성애가 도덕적으로 받아들일 수 있는 것인지에 관한 현대 기독교 내부의 투쟁은, 오늘날 이 세계에서 우리가 하느님을 어떤 분으로 인식해야 하는지, 그리고 하느님이 우리와 관계 맺으신다는 것의 의미를 어떻게 보아야 하는지와 직접적으로 관련되어 있다.

제4장
동성애자 공동체와 가족의 가치

동성애자 권리 운동은 기본적으로 동성애자 결혼의 합법화를 다루어야
한다.

_브루스 바워Bruce Bawer

기독교 우파는 가족의 가치와 동성애의 사악함을 알리는 많은 담론을
개발하고 옹호했다. 반면 주류 기독교 교파들은 이 주제에 대해 공식적이
고 분명한 견해를 내놓지 않았다. 심지어 진보적인 기독교인들조차 보수
의 수사에 대응하는 논리를 정리하지 않았다. 이러한 현상은 부분적으로
이성애자 부부 중심의 핵가족이 다른 가족 형태보다 낫고 구성원도 잘 보
호해왔음은 부인하기 어렵다는 믿음에서 기인한다. 종교적 보수주의자
들뿐만 아니라 여러 학자, 언론인, 문화비평가들도 종교보다는 사회학이
나 심리학에 토대를 두고 핵가족의 우수성을 단언했다. 예컨대 정치학자

진 베스키 엘시틴$^{Jean Bethke Elshtain}$은 핵가족이 현대 사회에서 기업의 권력과 반민주적 경향에 저항하는 데 필요한 가치들의 원천이라고 주장한다. 그의 관점에서 이성애 가족은 타인과 친밀한 관계를 맺는 가장 자연스러운 방식이고 이 때문에 민주주의와 국가를 위해서 장려해야 한다.[1]

이와 비슷한 방식으로 "중도" 언론인들도 1990년대 초 미국 문화에서 가족의 역할을 옹호하기 시작했다. 예컨대 월간지 ≪애틀랜틱^{Atlantic}≫은 1993년 4월호 표지에 버젓이 "댄 퀘일이 옳았다"라는 문구를 실었다. 그 표지 기사에서 바버라 대포 화이트헤드$^{Barbara Dafoe Whitehead}$는 생계를 안정적으로 유지하고 아이들이 사회적으로 성장하는 데 가장 성공적이었다고 입증된 사회 단위는 생물학적 부모가 있는 가족이라고 분명히 말했다.[2] 사회학자 주디스 스테이시$^{Judith Stacey}$는 "전통 가족을 지키려는 언론인과 학자들이 네트워크를 형성해 가족의 가치에 관한 국민적 '합의'를 모색했고 …… 가족과 관련한 클린턴 행정부의 이념과 정치 활동에 영향을 많이 미쳤다"라고 설명한다.[3] 클린턴은 자신이 피력하던 견해를 뒤집고 1993년 말에 가족의 가치를 지지하는 발언을 했다. "만약 아이들이 부부 사이에서 태어난다면 이 나라가 훨씬 좋아질 것이라고 생각합니다." 이러한 정서를 기반으로, 그리고 학계와 언론계가 그것을 만들어내고 지지함에 따라 보통의 미국인 사이에서는 이성애 핵가족이 최선의 사회 단위라는 합의가 생겨났다.

핵가족에 대한 지지가 전국적으로 빠르게 확산되면서, 보수의 가치 및 정치와는 근본적으로 입장을 달리하는 진보적이고 여성주의적인 기독교인 다수는 "전통 가족"의 논리를 회피하기가 쉽지 않음을 깨닫게 되었다. 우파의 관점에 이의를 제기하는 몇몇 중요한 기독교인의 시도는 이성애적 핵가족이 교회 안에서 사회생활과 성생활을 꾸려나가는 유일하게 도덕적인 방식이라는 견해를 본의 아니게 추인하는 결과를 낳았다. 메리 스튜어트 반 르웬Mary Stewart Van Leeuwen은 『젠더와 은혜Gender and Grace』에서 중요한 예를 들어 기독교 우파의 생각에 반대한다. 그는 기독교인이 교회를 "으뜸가는 가족"으로 여겨야 한다고 주장한다. 그리고 우파가 핵가족에만 골몰하는 바람에, 신구약 모두가 시종일관 분명하게 요구하는 공동체적 생활을 잊었다고 지적한다. "예수 자신의 삶과 가르침에서 하느님의 구원을 만물에 선포하고 새로운 '으뜸 가족', 곧 전 세계적인 하느님의 왕국을 건설하는 조직을 만들어가는 일에 비하면 결혼과 가족이 부차적인 일이라는 것은 분명하다. 그리고 그 일원이 되는 자격은 혈연이 아니라 메시아에 대한 신앙에 달려 있다"라고 그녀는 말한다. 그러나 반 르웬은 기독교인의 두 번째 가족, 곧 특정 지역에 거주하는 구성원들은 이성애자의 섹슈얼리티에 기초해야 한다고 말한다. 그 이유는 이렇다. "남녀는 서로 보완하도록 되어 있었다. …… 이것은 단지 인간이 일반적으로 남을 필요로 한다는 뜻이 아니다. 남성/여성이라는 보완체를 필요로 하는 이유는, 완전해지고 하느님을 온전히 닮기 위함이다."4 반 르웬은 교회에서 독신생활을 용인해야 한다는 강력한 논거를 제시했고 가족을 넘어서는 더 큰 기독교 공동체를 지지했지만, 성적인 관계를 맺고자 하는 사람들에게 허용되는 유일한 모델이 결혼과 가족이라는 틀 안에 있는 이성애적 성관계라는 견해는 유지했다.

비슷한 맥락에서 레베카 그루튀스Rebecca Groothuis는 『갈등에 휩싸인 여성Women Caught in the Conflict』에서 가족 가치 담론이 "여성이 지도자가 될 수 있는 각종 기회를 가로막고 현재 그들이 사회 곳곳에서 누리고 있는 평등한 권리를 부정"한다며 비판한다. 그는 보수 기독교의 젠더 역할을 거부하고 "성경에 기초한 페미니즘"을 지지한다. 이 페미니즘의 목표는 "남녀가 소위 '기독교적 남성성' 또는 '기독교적 여성성'이라 불리는 미리 정해진 특성이 아니라 자신의 고유한 은사에 따라 개인으로서 하느님을 섬기는 것이다. …… 그리고 모든 사람이 '위계질서'에서 이탈하지는 않을까 하는 두려움 없이 하느님을 자유롭게, 전심으로 섬길 수 있기 위해 교회의 남녀가 전통주의 의제가 지닌 특징인 권력과 권위에 사로잡힌 생각에서 해방되는 것이다."[5] 그런데 그는 신학적인 젠더 역할은 강하게 비판하지만 섹슈얼리티의 영역까지 그렇게 하지는 못하고 있다. 그루튀스는 남녀가 성경에서 묘사하는 상호적 관계를 누려야 한다고 생각하지만, 성관계만은 예외이다. 그는 하느님이 남녀에게 내려주신 역할이 있다고 주장한다. 그리고 여성은 일부일처제 핵가족에서 남편에게 복종해야 한다고 말한다. "복음주의적 페미니즘"은 젠더화된 신학에서 말하는 역할에 여성이 도전하도록 독려하지만 동시에 이성애적 핵가족에만 참여하기를 요구한다. 그루튀스 같은 많은 기독교인은 우파의 보수주의에 도전하려 했지만 대부분 가정 예찬의 논리에 깔린 덫에 걸려들고 말았다. 그들은 이성애적 핵가족과는 다른 성적, 사회적 질서에 있는 구원을 상상할 수 없었기 때문에, 기독교인이 영위하는 삶의 모델로 그것을 승인할 수밖에 없었다.

가족 이데올로기로의 가장 놀라운 전향은 아마도, 1980년대 초부터 급속도로 늘어난, 아이를 기르고 공적으로 승인되는 "결혼"을 하려 애썼던 동성애자들에게 일어난 사례일 것이다. 수십 년 동안 많은 동성애자들이 충실한 양자 관계로, 종종 아이들과 함께하는 삶을 살아왔다. 그런데 1980년대에 이르러서는 일제히 이성애 핵가족이 받는 보호와 수용을 추구하고 나섰다. 게이와 레즈비언들은 양부모가 되거나 양자를 들이고 배우자 권리를 얻고자 전국의 주州 및 지역에서 법안을 발의하는 정치적 투쟁을 벌였다. 또한 동성애자 가족이 보험, 사회보장, 이주 등의 혜택을 받을 수 있는 가족 형태로 공인받게 하기 위해 싸웠다. 캐스 웨스턴Kath Weston의 『우리가 선택하는 가족들: 레즈비언, 게이, 친족Families We Choose: Lesbians, Gays, Kinship』, 로라 벤코브Laura Benkov의 『가족의 재발명: 레즈비언과 게이 부모의 최근 이야기Reinventing the Family: The Emerging Story of Lesbian and Gay Parents』, 필리스 버크Phyllis Burke의 『가족의 가치: 레즈비언 어머니, 아들을 위해 싸우다Family Values: A Lesbian Mother Fights for Her son』 같은 새로운 저작들은 게이와 레즈비언이 가족을 추구하는 과정을 상술하고 있으며 그러한 추구 자체가 동성애자의 해방이 확대된 자연스러운 결과라고 주장한다.6 광의의 가족 가치 운동을 생각할 때, 동성애자 가족의 위치는 미묘하다. 하지만 여기서는 다음만 이야기하고 넘어가자. 어떤 면에서 볼 때 동성애자들이 나타내는 가족은 레즈비언과 게이도 가족—자녀가 있는 가족을 포함하여—을 형성한다는 것을 보여줌으로써 동성애자의 정당성을 인정받고자 함이라는 것이다.

진보적인 주류 기독교인들은 가족의 가치가 확산되고 공고화되는 현상에 대응하는 데 어려움을 겪었다. 한편으로는 많은 교회가 공개적으로 또는 암묵적으로 이성애적 핵가족을 지지한다. 일반적으로 교회 생활은 모든 교인을 생물학적 가족의 일원으로 가정하며 이루어진다. 교회에는 아이, 남편, 부인, 아버지, 어머니가 대상인 예배와 친목 행사들이 있지만 레즈비언이나 게이를 위한 프로그램은 찾아보기 어렵다. 그러나 다른 한편으로 오늘날 전통주의자들이 지지하는 가족 형태는 기독교인 여성이 취업하고 직장에서 성공하는 데는 크게 방해된다. 어떤 여성이라도 가정에서 요구받는 전통적, 종교적 기대와 밖에서 성공하고 싶은 욕구를 모두 충족하기란 사실상 불가능하다. 제2장에서 살펴보았듯이 전통 가정 이데올로기가 영성을 길러주고 종교적 권위를 행사할 기회를 주는 등 여성에게 이득이 되기도 한다. 그러나 "전통 가족"은 여성의 경제적, 사회적 권한을 박탈하기도 한다.[7] 이와 같이 많은 진보적인 기독교인은 우파가 가족 가치 운동에서 규정하는 극히 엄격한 젠더 역할은 거부하면서도 이성애와 이성애자들의 결혼을 규범으로서 받아들인다.

몇몇 신학자들은 이성애를 암묵적으로 수용한 일이 성경에 근거를 둔 것도 아니고 기독교의 유서 깊은 전통에 기초하지도 않는다고 주장함으로써 가족 가치 운동의 본질에 대해 효과적으로 의문을 제기해왔다. 로드니 클랩[Rodney Clapp]은 『기로에 선 가족[Families at the Crossroads]』에서 오늘날 가족의 젠더 역할들이 성서에 입각한 것이 아님을 증명한다. 그는 성경에는 공사[公私] 개념이 없으며 따라서 양립하지 못하는 공사 영역에 상응하는 젠더 역할도 없다고 주장한다. 클랩은 이렇게 적었다. "고대 히브리인은 현대의 [핵]가족관이 그러하듯이 공적 세계와 사적 세계를 분리하지 않았다. 고대 이스라엘은 집중화된 산업경제사회가 아니어서 가구가 곧 경제 수단 및 단위였다. …… 아버지나 어머니 누구도 '공적' 영역에서 돈을 벌고자 '사적' 영역을 떠나지 않았다." 어머니가 가족의 영적 생활을 책임졌다는 관념은 성경에 등장하는 사람들의 삶과는 맞지 않다. 고대 이스라엘의 남녀는 산업화 이전의 미국인처럼 물질적, 종교적 생활을 함께 꾸려나갔다. 게다가 히브리 문화에서 "가족"은 오늘날 전통주의자들의 이해와는 근본적으로 달랐다고 클랩은 주장한다. 그의 말을 빌리면, "미국 가구의 평균 인원은 2.63명이다. 그런데 히브리인의 경우 50명 내지 100명에 육

박했다". 히브리 가족은 여러 세대로 구성된 대가족이었고 일상생활을 더 수월하게 하고 농업 경제에 더 적합한 사회 단위였다. 마지막으로 클랩은 전통 가족과 관련해 당대에 유행한 낭만과 정서는 히브리 문화와 전혀 무관하다고 지적한다. 히브리 문화에서 다정다감한 유대 관계가 부부에게 있었는지는 모르지만, 법적으로 유효하고 바람직한 결혼의 필수 요소는 아니었다. 결혼은 한낱 두 개인 간의 약속이 아닌 가족들 사이의 서약을 나타냈다. "요컨대 결혼은 (대개 아버지들이) 가족의 힘과 자원을 공고히 하고자 성사시키는 것이었다."[8]

클랩은 기독교인이 정해진 결혼이라는 관습을 받아들이라고까지 하지는 않지만 오늘날의 전통 가족과 관련한 정서에는 아주 비판적이다. 그는 이러한 정서가, 공적 문화에서 가족 관련 주제들을 진지하게 취급하지 않음을 보여준다고 주장한다. 그리고 "가족에서 더 넓고 공적인 의미는 사라지고 오직 그 자체가 목적인 친밀함과 '사적' 관계만 남았다"라고 말한다.[9] 그래서, 우파 종교인들이 가족 가치 운동을 펼치면서 정치적 위상은 높였을지 모르지만 가족 그 자체는 취약하고 정서적인 제도로 남아 있다. 따라서 영성과 기독교의 훈련이 가정에 제한될 때, 대개 그런 훈련들도 사소해지거나 가정의 상황에 따라 적당히 바뀐다. 사실 이것은 바로 재닛 피시번Janet Fishburn이 현대 가족 담론에서 우려하는 것이다. 그가 볼 때 현대의 가족 가치 운동은 문제가 많다. 주된 이유는 영적 지도와 도덕 교육을 가족이 담당해야 한다는 주장을 지지하기 때문이다. 즉, 가족 가치 운동의 수사에 따르면 어머니는 자녀를 선량한 시민과 훌륭한 기독교인으로 양육하는 일에 어떤 기관보다 더 잘 준비되어 있다. 가족을 이렇게 이해하기 때문에 교회가 더 이상 기독교적 훈련을 담당하지 않는다고 피시번은 주장한다. 예컨대 교회 대부분에서 주일학교와 기타 종교 교육이 되는 대로 이루어지고 우선순위에서 밀려난다는 것이다. 피시번은 핵가족이 교회가 할 일을 대신해서 함으로써 제도로서의 교회에 실제로 피해를 주고 있다고 생각한다.

크랩과 피시번 모두 기독교인의 삶에 더 공동체에 기반을 둔 접근이 필요하다고 주장한다. 이들은 현재와 같은 가족에 대한 집중 때문에 가족 제도가 교회를 대체하고 있다고 본다. 그리고 기독교인은 교회를 일차적인 공동체로 이해하도록 부르심을 받았다고 말한다. 예컨대 우리는 생물학적으로 혹은 법적으로 가족인지 여부에 상관없이 다른 기독교인들과 함께 정서적, 사회적 책무를 감당해야 한다. 크랩과 피시번은 가족 때문에 기독교인들이 자신의 의무에 집중하지 못하고 있다고 주장한다. 피시번은 이렇게 말한다. "[우리는] 미국에 있는 가난과 불의에 대한 정당한 비판을 인정하고 지지할 수 없었습니다. 아메리칸 드림이라는 가족의 이상이 민주주의의 가치와 경제적 안정과 늘 맞물려 있기 때문입니다. 가족에 대한 맹목적인 지지는 가난한 사람과 노숙자가 겪는 곤경, 소수자가 받는 억압을 그들 자신의 잘못이 아닌 것으로 이해하기 어렵게 합니다. 미국 중산층에게 예수의 관점으로 미국의 문화를 보라고 요구하는 것은 그들의 특권적 위치에 반하여 투표하라는 주장과 마찬가지일 것입니다."[10] 비록 가족의 가치를 강조하는 것이 우리 대다수에게 혜택을 줄지라도, 기독교인의 자기 이해와 이웃을 섬기는 일과는 크게 충돌한다고 피시번은 날카롭게 지적한다. 클랩과 피시번이 동성애를 직접 다루지는 않았지만 그들의 통찰력은 성 윤리를 재구성하는 발판이 된다.

나는 기독교인의 주된 사회적, 정서적 책임과 관계가 혈연이 아닌 세례에 기초해야 한다는 생각에 동의한다. 기독교 역사를 슬쩍만 살펴보더라도 우리 전통의 많은 부분이 관계 중심적이고 공동체적이라는 것을 알 수 있다. 성 베네딕트부터 도로시 데이까지, 재세례파에서 오나이다 공동체의 실험^{Oneida experiment}(새로운 유토피아 공동체를 꿈꾸며 1848년에 세워진 공동체로서 가족과 결혼에 대한 전통적인 개념을 거부했다—옮긴이)과 셰이커 교도 ^{Shaker}(17세기 후반 프랑스에서 나타난 종파로, 공산공유共産共有의 종교사회를 형성하여 독신으로 지낸다—옮긴이)에 이르기까지 여러 기독교 지도자와 운동이 교회 공동체보다 우선되는 헌신들, 예컨대 가족에 대한 충성 등에 도전해왔다. 역사를 돌아볼 때 교회는 신자 공동체에 입각한 생활과 관계를 중요시하여 일차적이고 개별적인 관계들의 경계를 허물고자 했다. 수세기 동안 기독교인들은 기독교인의 삶이란 자신의 배우자와 자녀보다는 더 많은 사람을 책임지는 것이라고 생각해왔다. 가장 급진적인 의미에서 기독교인의 삶은 다른 공동체의 일원에게 열린 자세를 취하도록 요구한다.

이와 같이 전통 가족 가치와 결부된 양분된 젠더 역할은 하느님과의 관계를 개인의 젠더를 기준으로 예측할 뿐만 아니라 "전통 가족"이 기독교 공동체의 자리를 빼앗아버리는 사회구조를 형성한다. 직계 가족만을 책임지며 사는 기독교인이 늘어가면서 우리는 교회 공동체를 이루는 능력을 상실한다. 가족 가치 운동은 우리를 더 관계 중심적이고 공동체적인 삶 대신 더 고립되고 분리된 삶으로 밀어넣고 있다. 게다가 기독교인의 구원이 전통 가족 가치와 더욱더 관련되면 될수록 공동체적 유산에서는 멀어지게 되었다. 우리는 전통 가족 구조를 따르기만 하면 구원을 보장받는 시대를 살고 있기 때문에 공동체적 삶이 주는 풍성함을 볼 수 없게 되어가고 있다. 요컨대 우리는 그리스도의 몸—교회—이 지닌 근본적인 특성을 형상화하는 능력을 상실하고 있다.

동성애자를 긍정하는 신학자들도 공동체보다 가족의 가치가 우위에 있게 하는 데 이바지하곤 한다. 최근 많은 연구를 보면 동성애 관계의 유익을 핵가족과 얼마나 유사한지를 기준으로 평가하고 있다. 로마가톨릭의 비율주의(목적론적 윤리학과 의무론적 윤리학 사이에 있는 윤리 이론이다. 이 이론은 선**과 어떤 행동에 따르는 필요악을 가늠하여 그 행동의 올바른 방향을 알아낼 수 있다고 말한다. 그래서 비율주의의 목적은 덜 악한 것을 선택하는 것이다—옮긴이)적 논증을 담은 새로운 연구결과들은 가족에 대한 이러한 고집이 얼마나 깊은지를 보여준다. 예컨대 성관계에서 궁극적인 선은 이성애자 사이의 친밀함과 출산이지만, 동성애자가 두 사람 사이에서만 안정된 연합을 이루는 것은 그렇지 않으면 초래될지 모르는 "불안정하고 문란한" 성관계보다는 낫다—적어도 친밀함은 있기 때문에—는 것이다. 윤리신학자 필립 킨Philip Keane과 빈센트 제노베시S. J. Vincent Genovesi는 동성애자가 독신을 선택하지 않는 경우에는 문란하고 우발적인 성적 경험보다는 서로 사랑하는 단혼 관계가 더 낫다고 주장한다.[11] 이런 식으로 이러한 연구결과들에서 동성애자의 단혼제적인 연합은 그것이 본질적으로 선하기 때문이 아니라 선택할 수 있는 대안 가운데는 가장 낮다는 점에서 도덕적인 것으로 이해될 수 있다.[12]

기독교에서 동성애를 정당화하는 또 다른 견해는 동성애 행위가 의도적으로 출산을 피하는 이성애 행위와 도덕적 측면에서 마찬가지라는 생각에 기초하고 있다. 즉, 동성애가 피임기구를 사용하는 행위와 도덕적으로는 다를 바가 없다는 것이다. 이런 논리에서는, 새로운 생명이 주어질 때 두 파트너 모두 함께 환영하고 부양하리라는 것이 보장되는 한 피임과 동성애 모두 넓은 의미에서 생식력生殖力이 있다고 이해한다.13 그래서 퍼트리샤 비티 정Patricia Beattie Jung과 랠프 스미스Ralph Smith는 『이성애주의: 윤리적 도전Heterosexism: An Ethical Challenge』에서 생식의 문제로 동성애에 반대하는 것은 효과적이지 않다고 주장한다. "우리[기독교인들]는 결혼했지만 자녀 없이 지내는 이성애자 부부가 아이를 낳은 다른 부부보다 덜 친밀한 관계를 맺고 있다고 생각하지는 않기 때문"이다. 그리고 "동성애 커플은 제3자의 도움을 받아 아이를 가질 수 있기 때문이다."14 정과 스미스는 동성 간의 헌신적인 단혼제적 관계는 이성애 부부만큼이나 도덕적일 수 있다고 주장한다. 사실 이들은 동성애자의 결합에 차별적인 태도를 보이는 것은 그 자체로 죄악이라고 주장한다.

이러한 저작 각각은 헌신적인 양자 관계 바깥의 성관계를 비난함으로써 동성애 행위를 지지한다. 즉, "가족"은 구성원이 이성애자일 필요는 없지만 핵가족이어야만 하는 것이다. 비율주의자들이 동성애자가 단혼 관계를 유지하는 것을 용납할 수 있는 것은 그래야 그들이 은밀하고 문란하며 애정이 결여된 성관계를 맺으려는 욕망에 휩싸이지 않을 것이기 때문이다. 동성애자의 헌신적인 관계는 연합이라는 선을 이루고 난혼과 음란이라는 악을 피한다. 정과 스미스는 연합과 생식이 (동성애자이든 이성애자이든 상관없이) 오직 헌신적인 단혼 관계에서만 일어난다고 생각한다. "모든 인간은 서로 사랑하는 법을 배워야 하고 [아울러] 그러한 훈련에는 시간, 노력, 인내가 필요하다. …… 그렇기 때문에 파트너에 대한 변하지 않는 정절은 우리가 서로 사랑하는 방법을 배우는 데 필요하다." 정과 스미스가 무차별적 성관계를 비도덕적이라고 생각하는 이유는 "특정한 약속을 깨서가 아니라, 관계가 도중에 갑자기 깨지기 때문이다".15

헌신적인 단혼 관계에서만 동성애를 받아들이는 견해는 적지 않게 찾아볼 수 있다. 예컨대 성공회의 유명한 주교 존 셸비 스퐁John Shelby Spong은 이렇게 이야기한다. "성행위를 하는 관계는 독점적이어야 합니다. …… 성적 파트너가 여러 명인 것은 상처를 주는 일이고 헌신과 정직과 진실한 돌봄을 파괴하는 것입니다."16 이와 비슷하게 시드니 캘러핸Sidney Callahan도 동성애자가 취할 수 있는 유일한 도덕적 선택지는 단혼제라고 생각한다. 왜냐하면 "두 사람은 셋 혹은 네 사람에게는 불가능한 방식으로 하나가 될 수 있기" 때문이다. "단혼 관계의 한 쌍이 이루는 균형은 평등한 관계로 이어집니다. 둘로 묶인 그 관계에서는 주고 받는 일이 늘 일어날 것이기 때문입니다. 특히 시간이 지날수록 더욱 말이죠."17 사실 동성애자들이 〈화해Reconciling〉, 〈열림과 긍정Open and Affirming〉, 〈그리스도 안의 화해Reconciled in Christ〉, 〈모어 라이트More Light〉 같은 교회의 동성애 관련 모임에서18 안식처를 구할 때, 교회는 동성애자들이 혼자(아마도 금욕을 하는 독신)이거나 아니면 단혼의 영속적인 관계에 있기를 기대한다. 오늘날 가장 진보적인 교회에서는 법적 결혼 여부와 무관하게 동성 간의 결합을 예식을 통해 축복할 것이며, 이런 식으로 동성애자가 독점적인 관계 안에 있을 때에만 수용될 수 있다는 생각을 강화한다.

몇몇 신학자는 동성애에 대한 지지를 좀 더 복잡한 논리로 접근하고 있다. 즉, 이상적인 비非단혼 관계가 가능하다는 것이다. 이러한 신학자들은 비단혼 관계를 일상에서는 실행하기 어렵더라도 이론적인 차원에서는 금지하면 안 된다고 주장한다. 윤리학자 마이클 클라크J. Michael Clark, 카터 헤이워드Carter Heyward, 제임스 넬슨James Nelson, 메리 헌트Mary Hunt는 단혼제를 그 자체로 선한 목적으로서가 아니라 신실한 관계라는 선을 이루는 수단으로서 지지한다. 클라크는 이렇게 묘사한다. 단혼제는 "가장 건강하고 온전한 성적 관계를 증진하기 위해 서로가 선택한 실용적 수단이다. 이를 통해 두 사람은 함께 성장하고 자유롭게 되는 과정에 자신을 위탁한다".[19] 이러한 신학자들의 저작은 단혼제를 게이와 레즈비언이 오늘날을 살아가는 데 가장 실용적이고 실현 가능한 방법으로 간주한다. 따라서 한 사람 이상과 사랑하는 관계를 맺는 것이 이론적으로 가능하다고 이러한 윤리학자들이 보고 있다 해도, 그 이상적 관계를 위한 모델은 실제로는 여전히 이성애자로 구성된, 고립된 핵가족이다.

그런데 단혼제에 대한 이러한 암묵적인 강조마저 동성애자들이 이성애 관계의 구조를 모방하도록 강요한다. 동성애자도 이성애자처럼 공동체가 아닌 배우자나 핵가족에 충성과 헌신을 바쳐야 한다. 그리고 집을 사서 "함께" 살면서 아메리칸 드림을 이루라고 권고를 받는다. 즉, 더 광범위하고 친밀한 관계 구조에서 분리시키는 것이다. 우리는 핵가족으로 살면서, 더 큰 공동체의 일원으로 살 때보다 어쩔 수 없이 더 많이 사고 쓸 것이다. 요컨대 우리는 좋은 소비자가 되라고 강요당한다. 소비도 더 이상 즐겁지 않다면 이성애자들처럼 아이를 기르라고 재촉받는다. 즉, 최신 생식 기술을 이용해 우리 "자신의" 생물학적 자녀를 "가지라"는 것이다. 성인 둘과 아이 한두 명이 함께 고립된 방식으로 살면 돈을 많이 버는 쪽이 결정권을 가장 많이 가질 것이고 다른 한 명은 상대의 수입에 쉽게 의존하게 될 수 있다. 오늘날 동성애자는 이성애자의 핵가족을 흉내 내는 달인들이 되어버렸다. 유일한 차이는 우리 중 한 명은 성별이 잘못되었다는 것이다.

게이와 다른 급진적인 성 공동체들의 도시 문화는 다른 본보기를 보여준다. 프랭크 브라우닝Frank Browning은 『욕망의 문화The Culture of Desire』에서 이렇게 보고한다. "1991년 봄에 뉴욕, L.A., 샌프란시스코 사람들은 전위적인 성 문화가 부활하여 확산되는 것을 목격했다. ······ 오밤중에 젊은이들이 황폐화된 공업단지 창고의 빈방에 모였다. 이들은 흐릿한 불빛 아래 마치 짐승처럼 서로의 육체를 샅샅이 살피고 애무했으며 물어뜯었다."[20] 흔히 "익명의", "문란한", "비관계적" 섹스로 묘사되는 이러한 행위들은 많은 진보적 기독교인에게까지 위험하고 부도덕하며 성숙하지 못하다며 비판을 받았다. 이러한 행위들은 저급하고 충족될 수 없는 성적 욕망에 따라 행동한 결과로 간주되었다. 그리고 결국 "참된 것", 곧 단혼제적 관계에 이바지할 수 없는 행동으로 여겨졌다. 그런데 나는 다르게 이야기하고자 한다. 많은 게이 및 급진적 성 공동체의 구성원은 배타적 관계라는 "보편적인" 기준을 충족하지 못하는 사람들이 아니라 오히려 다른 모델―근본적으로 공동체적인―에 맞춰 성적, 사회적 삶을 꾸려나가는 사람들이다. 이런 세계에 있는 많은 이에게는 보통 공동체 전체에 충실하는 것이 내부 구성원들의 짝짓기보다 필수적이고 의미가 있다. 이들이 보여주는 실천, 관습, 사고방식은 공동체적 삶이 의미할 수 있는 것 그리고 그것이 어떻게 기능할 수 있을지에 대한 실마리를 던져줄 수 있다.

오늘날 미국에서는 여러 젊은이들이 매일 작은 마을을 떠나 도심지로 가고 있다. 그곳에 그들을 기다리는 공동체가 있다고 믿기 때문이다. 때때로 이들은 단지 화장실에서 주운 잡지에서 카스트로Castro가街(샌프란시스코에 있는 지역으로, 미국 최초의 게이 공동체가 형성된 곳으로 간주된다―옮긴이)에 대한 기사를 읽은 것만으로 떠나 오기도 한다. 어떤 때는 뉴욕 시 전도全圖를 외워 모든 게이 바의 위치를 알고 오는 경우도 있다. 대개 이들은 자신을 받아주고 존중해주는, 자신의 일면을 숨기지 않아도 사람들과 어울릴 수 있는, 그리고 **자신의** 꿈도 이룰 수 있는 어떤 세상을 찾고자 한 순진무구한 젊은이다. 이들이 그러한 도시에 오면 미숙함, 혼자라는 외로움, 무서움, 끝장남이 어떤 것인지를 기억하고 있는 사람들의 공동체를 어렵지 않게 발견할 것이다. 이 젊은이들은 폴 모넷Paul Monette의 표현을 빌리면 "[이러한 아이를] 돌보고 걱정을 덜어주는 일이 동족에 대한 의무"라고 생각하는 사람들을 만날 것이다.21 운 좋은 이들은 공동체의 사교 모임에도 입회할 수 있을 것이다. 단지 섹스 때문만이 아니라 취향이나 스타일에 대한 집중 강좌를 통해서 말이다. 그들은 동성애자로서 자신의 삶을 재구성하는 법을 배울 것이고 있는 그대로의 자신을 보게 될 것이다. 그들은 타인의 삶 깊숙한 곳에 있는 정서적 영역을 지켜주고 자신과 함께 섹스를 나눈 적이 없는 친구들에게도 책임을 느낄 것이다. 왜냐하면 그들은 이 공동체에서 그들 각자가 다른 이의 일부라는 것을 알고 인정하기 때문이다. 게다가 이러한 유형은 게이의 관례로만 나타나는 것이 아니다. (물론 역사적으로 게이 공동체에서 압도적으로 나타나기는 한다.) 레즈비언, 양성애자, 그리고 이성애자 남녀까지 늘어나고 있는, 섹스에 기반을 둔 공동체에 갈수록 끌리고 있다. 그리고 가족에 국한되지 않는 그러한 공동체에서는 섹스를 나눔이 구성원의 자격을 의미하고 있다.22

동성애자들의 도시적이고 급진적인 성 문화에서 유래하거나 그것을 논평하는 소설, 전기, 연구서 등 많은 저작은 종종 한 장면을 묘사한다. 예컨대 젊은 남자가 화장실이나 술집에서 처음으로 섹스를 하고 한껏 고무되어 거기에서 나오는 것이다. 사회학자 스티븐 사이드먼은 이렇게 보고한다. "어쩌다 만난 사람과 맺는 성관계는 게이의 삶에서 공동체 의식意識을 창조하는 원동력으로 간주됩니다. 게이들은 우연한 만남으로 성관계를 맺으면서 형제애와 남성 간의 연대감을 깊게 느낀다고 합니다. …… 이러한 성적 교류 체계 안에서 살아가는 개인들에게는 나이, 계급, 교육수준, 때때로 인종도 큰 장애물이 되지 않습니다. 남자들 사이의 경합과 경쟁의식은 애정과 동류의식으로 바뀔지도 모릅니다."[23] 비록 모든 동성애자 공동체가 그렇게 이상적인 방식으로 돌아가지 않는다 할지라도, 각각의 성적 만남은 일정 부분 공동체 구성원의 자격을 공고히 하고 각 개인의 참여는 다른 사람들을 위해 공동체를 더 튼튼하게 한다. 비록 섹스 파트너의 이름을 다 알지 못할지라도 그런 만남 각각은 자신의 소속감을 강화한다. 공동체의 어느 누구도 서로 영원한 약속을 하지 않는다 하더라도 그들은 각자 자신만의 방식으로 이 세계의 일원이기로 약속한다. 요컨대 섹스의 친밀함과 충실함을 개인적인 수준보다는 공동체에 사용하는 것이다.

게이와 성 급진주의자들의 공동체는 때때로 인종적 혹은 계급적 편견에 도전한다. 브라우닝은 이렇게 지적한다. "공원과 대중목욕탕은 자유와 형제애를 누리는 장소였다. …… 또한 하루의 걱정과 의무가 사라지고 계급과 교육수준이라는 장벽이 잠시나마 해체될 수 있는 장소였다."[24] 공원, 목욕탕, 바에서 그들에게는 분리된 정체성도 과거나 배경도 없었으며, 오직 이러한 공동체에 대한 소속감과 일체감만이 있었다. 그들과 관련한 다른 모든 것, 예컨대 어디 출신이고 무슨 일을 하는지 따위는 게이라는 정체성 앞에서 무색해졌다. 이 공동체들은 심지어 에이즈가 만연할 때도 잘 돌아가고 심지어 커지기까지 한다. 에이즈 바이러스는 누구에게나 위협적이다. 섹스를 나누려고 술집이나 구석진 방을 찾는 사람들은 (남자이든 여자이든, 동성애자이든 이성애자이든 상관없이) 모두 그 위험에 노출된다. 그런데도 그들은 계속 그곳을 찾아간다. 고등학교 졸업장, 자신을 사랑해주는 가족, 대학 교육, 승진과 출세의 기회, 이 세상의 일원이 되기 위한 모든 것을 남겨두고서 말이다. 에이즈는 이 공동체들을 막지 못했다. 아니, 사실은 이 공동체들을 더 튼튼하고 견고하게 만들어주었을 뿐이다.

　게이 및 급진적인 성 공동체들에서 일어나는 일은 익명의, 문란한, 혹은 비관계적인 섹스가 아니라 "공동체적인 것"이다. 이들의 세계에서 섹스는 익명적이지 않다. 내 게이 친구의 표현을 빌려 얘기하면 "나는 그의 이름을 모를지라도 그가 어떤 음악을 듣는지, 어떤 음식을 좋아하는지, 어디서 휴가를 보내는지를 안다. 이름은 부차적인 것이다. 그가 우리 세계의 일원이라는 것이 내가 알아야 할 전부"이기 때문이다. 비슷한 맥락에서 이들에게 섹스는 문란하거나 무차별적인 것과는 거리가 멀다. 그들이 자신이 속한 그 공동체에 소속된 사람을 파트너로 삼으며 그 세계에 참여하고 있다는 물리적인 표시―예컨대 옷, 음식, 음악 등의 취향―를 드러내기 때문이다. 마지막으로 이 공동체들에서 섹스란 전적으로 관계적인 것이다. 그들은 섹스를 통해서 자기 자신보다 더 큰 정체성을 마음에 새기기 때문이다. 기독교인은 이 공동체들을 비난하는 대신에 잠시 멈춰서 이들에게서 무엇을 배워야 할지 생각해야 한다. 자신의 사회적 실존과 정서를 이와 같은 공동체적 모델 위에 세우고 있는 그들에게서 말이다.

　물론 모든 동성애자 공동체가 이러한 잠재력을 성취하는 것은 아니다. 한낱 성욕을 분출하는 곳, 즉 상호 간의 친밀한 관계를 생략하고 섹스만 하려는 장소로서의 동성애 공동체도 있다. 예컨대 마이클 클라크는 그런 공동체를 "게토ghetto"라고 부르며 그런 행동은 "친밀한 관계를 완전히 회피하려는 행동방식들이 일상화된 것"이라고 주장한다. 그는 이어서 말한다.

사람이 아닌 오직 남자의 성기만이 보이는 '글로리 홀$^{Glory\ Hole}$'(공중화장실 벽에 뚫린 구멍을 뜻하며, 익명성이 보장되는 가운데 성행위를 하는 공간이다 —옮긴이)은 친밀한 관계를 완전히 차단한다. 마찬가지로 어두컴컴하고 시끄러운 음악소리로 가득한 목욕탕과 사우나에서도 수증기 속에서 육체는 흐릿한 형태로만 나타난다. 친밀한 소통은 원천적으로 배제되고 인간은 그저 성기 기계, 섹스 머신으로 전락한다. "성관계"를 맺고자 밀고 당기기라도 하는 하룻밤의 섹스가 더 인간적으로 보이기까지 하는 이들의 관계는 대개 희미한 불빛과 시끄러운 음악, 술에 취해 몽롱한 상태에서 시작되어 통성명도 하지 않은 채 끝나는 것이 다반사이다. 오르가슴에 이른 후에는 최대한 빨리 씻고 사라진다. 성교 후의 어색함이 …… 바라지도 않는 어떤 친밀함으로 바뀔까 두려운 것이다.[25]

동성애자의 하위문화를 비판하는 다른 이들은, 그들이 너무 쉽게 성관계를 맺을 수 있어서 장기적인 단혼 관계를 추구하지 않는다고 주장한다. 예컨대 브루스 바워는 이러한 문란함이 동성애자에게 결혼이 허락되지 않는 데 대한 무기력하고 나약한 반응이라고 믿는다. 그리고 동성애자들은 공개적이고 장기적인 파트너와 함께 사회에 맞서기보다는 커밍아웃하지 않은 채로 비밀스럽고 문란한 생활을 하는 쪽이 그저 더 쉬운 것이라고 주장한다. 그는 동성애자들이 육체적 욕망을 이기지 못한다고 비판하며 미국의 동성애자들이 "자신들의 자리"를 요구할 수 없게 하는 이유가 바로 그러한 문란함 때문이라고 주장한다.[26] 래리 크레이머$^{Larry\ Kramer}$ 같은 이들은 이 공동체들에서는 거짓말, 속임수, 간통이 일상적이고, 배타적인 관계를 약속했다가도 파기해버리며, 문란함은 파트너와의 친밀한 관계를

회피하려는 방법에 지나지 않는다고 생각한다.[27]

그러나 나는 동성애자 사회의 공동체적 섹스를 부도덕한 행위로 서술하는 것보다는 동성애자들과 급진적 성 문화의 긍정적이고 공동체적인 측면을 연구하는 일이 중요하다고 본다. 이 공동체들이야말로 동성애 차별적이고 자본주의적이며 가부장적인 핵가족이라는 헤게모니가 도전받는 얼마 남지 않은 장소이기 때문이다. 동성 커플이 이러한 가족 구조를 재생산하면 억압적인 체제도 재생산된다. 교회는 동성애자의 성 공동체 같은 모델이 필요하다. 기독교인은 가족 바깥의 사회적, 성적 생활을 생각하는 방법을 잊어버렸기 때문이다. 오늘날 미국에서 기독교인은 일반적으로 아무런 문제없이 사회적으로 용인되기 때문에 우리는 교회의 일원이 되는 데 다른 신도의 도움에 의존하지 않는다. 우리는 여전히 오직 가족이란 요새에서만, 그리고 단혼제 관계에 있는 유일한 배우자에게만 우리의 본모습과 자아를 보여주는 분리되고 개별화된 기독교인이다. 사실 가족은 기독교 우파의 궁극적인 주제인데, 그 이유는 바로 그들이 서로 의지하고 연계하는 능력을 상실했기 때문에, 즉 교회가 되는 능력을 잃어버렸기 때문이다. 우파가 끔찍이도 아끼며 고수하는 이데올로기적 도구─가족─야말로 그들이 교회가 되는 것을 막고 있다. 마찬가지로 우파 기독교인이 동성애자의 생활에서 가장 비난하는 것─"난혼"─은 바로 그들 자신이 잊어버린, 서로 돌보고 이방인을 보살피는 실천이자 관습이다.

기독교인으로서 우리는 이러한 동성애자 모델 혹은 공동체를 오늘날 사회에 만연한, 그리고 교회에서도 아주 익숙한 고립에 도전하는 모델로 생각해야 한다. 핵가족의 헤게모니는 가족 바깥에 있는 사람들을 외롭게 한다. 그리고 심지어 가족 안에서조차 외로움이 가득하다. 그런 고립과 분리가 생길 때 우리는 그리스도의 몸으로서 대응하지 않는다. 필립 터너 Philip Turner는 이렇게 말한다. "성 윤리보다 훨씬 심각한 주제가 우리에게 닥쳤습니다. 그것은 아무도 혼자가 될 이유가 없는 기독교 공동체가 부재하다는 사실입니다. 심각하게 다루어야 할 주제는 성이 아니라 교회의 구조와 성격입니다."[28] 동성애자들은 그저 배우자와 자녀만이 아닌 더 큰 공동체에 책임을 지는 방법을 우리에게 가르쳐줄 수 있다. 그들의 공동체적 생활양식은 서로가 서로의 삶에서 깊은 부분이 되는 법을 보여준다.

그러나 사람들은 단혼제에 더욱더 집착하고 있으며, 게이와 레즈비언들은 오늘날 기독교 공동체를 찾을 때 오직 단혼이라는 조건에서만 구성원으로서 자격을 얻는 것이 보통이다. 이런 식으로 좌파, 자유주의자, 급진주의 기독교인 다수는 교회에서 동성애자의 결혼식이나 서약식을 허용해야 한다고 주장한다. 레즈비언과 게이가 교회생활에 참여할 수 있도록 말이다. 이러한 교회의 일부가 되기 위해 많은 동성애자가 공동체적 섹스를 포기하면서 기독교 공동체의 기대에 부응하고자 한다.

이러한 전략은 잘못되었다. 동성애 기독교인은 동성 간의 결혼 및 동성애자 가족을 인정해달라는 현재의 대중 정치투쟁 이상을 고려해야 한다. 성 도덕의 핵심이 핵가족의 구성원이 되는 것이 아니라 하느님을 기쁘게 하는 것임을 이해해야 하는 것이다. 우리는 동성 간의 결혼을 축복받는 것이 교회 내 동성애자들의 주요하고 일차적인 활동이 되게 함으로써 많은 동성애자—특히 더 복잡다단한 공동체에서 생활하는 동성애자—의 복잡한 성적 생활을 이해하기 어렵게 만들었다. 훨씬 더 중요한 것은, 우리가 가족에 온 관심을 쏟는 바람에 우리 삶에서 교회 공동체가 맡아야 할 중심 역할에 대한 통찰을 잃어버렸다는 것이다. 기독교인인 우리—동성애자나 이성애자나 똑같이-는 특정한 교회 공동체들에 관심을 집중하고 그와 밀접한 관계를 유지하며 살아가는 법을 배워야 한다. 우리의 게이 형제 다수는 자신들의 고유한 동성애 하위문화 속에서 그렇게 얽힌 삶을 선보이고 있다. 우리는 그들의 생활 방식을 비난하거나 단혼제적 가족을 꾸리라고 요구하는 대신에 풍요로운 공동체적 삶을 실현하는 방법을 그들에게서 배우고자 해야 한다.

우파의 가족 가치 운동은 가족을 삭막한 세상의 안식처로 이상화하면서 입지를 굳혀왔다. 이 보수 기독교인들은 기독교의 메시지가 개인보다 더 큰 단위를 겨냥하고 있으며, 도덕과 신실함은 집단적인 환경에서만 이룰 수 있음을 제대로 이해하고 있다. 그들은 가족에 집중하면서, 더 큰 사회 단위에서 분리되어 고립감을 느끼는 사람들의 마음을 움직이고 있다. 현대 미국인에게 가족이란 개인화가 낳은 상처와 외로움이라는 결과들을 극복할 수 있는 도구이다. 우파의 가족 가치 운동은 가족이 있는 한 우리는 혼자가 아니라고 말해준다. 나는 동성애 기독교인도 개별적이고 고립된 인간이라는 문제를 해결해야 한다고 생각한다. 생물학적 가족 구성원이 아닌 우리가 교회라고 부르는 사람들과 서로 더 깊게 의지하고 잇대어 살아감으로써 말이다. 우파는 혈연에 기대어 사람들의 외로움을 덜어준다. 반면 신실한 기독교인들은 분리된 고통을 세례와 더불어 누그러뜨려 주어야 한다.

그렇다면 문제는 좌파 및 진보적인 기독교인, 특히 동성애자 기독교인은 어떤 가족관을 견지해야 하는가이다. 우리는 도덕을 가장 잘 구현하는 삶의 양식으로 가족을 받아들여야 할까 아니면 도덕이 매개체와는 별도로 존재하는 것으로(다시 말해 가족은 선한 것**일 수도** 있지만 유일하게 수용 가능한 삶의 방식은 아닌 것으로) 이해해야 할까? 동성애 가족이 법적으로 인정받도록 싸워야 할까 아니면 더 공동체적인 공간이 열리도록 힘써야 할까?

동성애와 가족생활을 연구한 최근의 연구들에 따르면 점점 더 많은 게이와 레즈비언이 전자의 전략을 따르고 있다. 매년 더욱더 많은 커플이 공개적으로 헌신을 약속한다. 또한 매년 더 많은 동성애자가 아이를 낳거나 입양하여 가족을 이룬다. 이런 결과들에 수반되는 가족옹호적 동성애 담론은 우리에게 이렇게 이야기한다. 동성애자의 동거 관계를 합법화하고 이어서 동성애 가족을 승인하는 것이 차별을 끝낼 수 있는 방법이라고. 동성애자에게 가족은 사회와 어울리기 위한, 이성애적 환경에 뒤섞여 들어가기 위한, 사람들에게 수용되고 인정받기 위한 수단이었다(그렇게 보일 것이다). 게이브리얼 로텔로^{Gabriel Rotello}는 이렇게 썼다. "동성애자의 결혼은 미국 전역에서 가장 개인적인 레즈비언과 게이들이 바라는 것이다. 그것이 해방이라는 주된 목표, 즉 동성애에서 오명을 벗겨내고 동성애를 이성애와 사회적으로 동등하게 만드는 것과 공명하기 때문이다."[29]

그러나 이러한 연구자료들을 꼼꼼히 읽어보면, 동성애 가족은 기독교 우파의 수사가 공고화하는 가족과는 상당히 다른 것 같다. 보수 기독교 가족은 부모와 생물학적 자녀로 구성된다. 반면 캐스 웨스턴이나 로라 벤코브의 책에서 묘사하는 동성애 "가족들"은 구성 방식이 각양각색이다. 예컨대 파트너가 있지만 아이는 홀로 키우는 레즈비언 또는 게이가 있다. 정자 기증자, 대리모, 전^前 애인, 혈연관계가 아닌 부모 등이 포함된 더 복잡한 구성도 있다. 보수 기독교 가족은 가정 밖의 영향에서 가족을 지키고자 분투하고, 종종 조부모나 친척의 간섭조차도 피한다. 반면 동성애 가족은 온갖 유형의 사람이 관여하고 개입하는 데 대체로 열려 있다. 동성애자의 자녀에게는 어머니가 둘인 경우(생물학적 어머니와 그 배우자)나 아버지가 둘인 경우(생물학적 아버지와 그 배우자)가 드물지 않다. 수많은 고모와 이모, 삼촌이 있는 경우도 보통이며 혈연이 아닌 선택으로 아이와 관련을 맺는 사람도 많다. 사실 가족을 옹호하는 동성애자 관련 자료를 세심히 검토해보면, 일반적으로 동성애 가족─커플이 성적으로 단혼 관계에 있을 때조차─이 보수 기독교 가족보다 더 공동체적인 성향을 보인다.

사실 **가족**의 의미에 관한 동성애자와 보수주의자의 생각은 확연히 다르다. 가족에 대한 동성애자들의 호소는 우파가 퍼뜨리는 협소한 정의를 수용하기는커녕 진보적이고 공동체적인 기획을 위해 그 용어를 되찾고 회복하는 방식이 되고 있다. 로라 벤코브의 말을 들어보자.

동성애자들은 가족의 정의를 확장함으로써 "가족의 가치"라는 수사에 도전한다. 어떤 특정한 가족 구조를 넘어서는 사랑과 헌신 같은 관계적 측면을 강조하는 것이다. 우리는 동성애자들이 자녀나 가족과 양립할 수 없는 위치에 있다는 신화에 이의를 제기한다. 우리는 가족생활을 회복하려 하며 우리를 비인간화하는 세력에 맞서 우리의 인간성을 확고히 주장한다. 따라서 가정을 재구성하는 일은 중요하며, 그러나 이 과정에서 가족을 맹목적으로 숭배하는 관념에 빠지지 말아야 한다. 즉, 가족 생활에 참여하는 것이 개인의 도덕성을 규정하는 기준이라는, 가족 관계가 다른 무엇보다 중요하다는 관념을 조심해야 한다.[30]

벤코프는 우리가 우파가 놓은 덫에 걸리지 않고 가족의 가치를 말할 수 있다고 말한다. 우파의 가족 개념을 고집하지 않고도 소위 "가족"이라는 친밀한 집단으로 살 수 있다는 것이다. 요컨대 그는 우리가 가족 이데올로기에 참여하지 않고서도 가족으로 살 수 있다고 말한다.

동성애자 기독교인인 나는 가족이 우리를 구원해주리라 생각하지 않는다. 기독교적 구원이란 측면에서든 정치적인 측면에서든 가족이 동성애와 이성애를 사회적으로 동등하게 하지는 못할 것이다. 가족을 옹호하는 현재와 같은 동성애 의제는 문제가 있다. 왜냐하면, 동성애자 가족의 공동체적 삶을 보여주는 자료가 많이 있다 해도, 이러한 친밀한 관계망이 곧 **가족**이고 그래서 **정당하다**는 주장은 가족만이 수용가능한 사회 단위라는 논리에 힘을 실어주기 때문이다. 기독교인으로서 우리는 핵가족의 주도권에 도전하는 다른 모든 사회 단위의 가치를 묵살해서는 안 된다. 왜냐하면 우리는 다른 이들이 어떻게 실행 가능한 공동체적 삶을 꾸려나가는지를 살펴보고 이해하면서 그리스도의 몸을 회복하는 일에 더 가까이 다가가기 때문이다.

가족은 사회적 삶을 구성하는 한 가지 방법이지만 성적 관계에서 도덕성을 보장하거나 보호해주지 않는다. 많은 가족이 성장하기에 좋은 장소이며 구성원으로 살아가기에도 그러하다. 그러나 그렇지 않은 가족도 많다. 우리 가운데 공동체적 삶을 긍정적으로 경험한 이들은 그 생활이 수녀원이든 수도원이든 국제적인 기독교 공동체이든 아니면 동성애자들의 "하위문화"이든 상관없이 도덕적이고 활기차며 생기를 줄 수 있다는 것을 알고 있다. 우리에게는 이성애자의 결혼을 **유일한** 이상으로 제시하지 않는 성 도덕 논의 방식이 필요하다. 또한 우리의 친밀한 관계들의 깊이와 강도를 포착할 수 있고 우리에게 지배적인 이성애 방식으로만 욕구를 채우라고 강요하지 않는 도덕적 언어가 필요하다. 우리는 삶에서 섹슈얼리티가 차지하는 역할을 분명히 이해하기 위해 교회를, 그리고 지금까지 동성애를 혐오해온 교회 전통에 대한 도덕적 탐사를 필요로 한다. 연합과 생식이라는 도덕적 표지는 모든 성적 관계―동성애자, 이성애자, 단혼제, 공동체―에 적용할 수 있으며, 좋은 섹스와 나쁜 섹스를 구별하는 방법을 제시할 수 있다. 이 부분은 제6장에서 상세히 설명할 것이다.

  동성애자의 결혼을 지지하는 세속의 논의들은 종종 그 사안을 하나의 사생활 문제로 취급한다. 이성애자가 동성 간의 결합을 용인해야 하는 이유는 그것이 간섭받아서는 안 될 그들 가정의 일이라는 것이다. 그러나 이러한 논의는 교회에서는 적용되지 않는다. 교회는 공사의 구별에, 그리고 개인적인 것과 정치적인 것의 구별에 이의를 제기한다. 기독교인으로서 우리는 서로의 일부가 되기 위해, 그리고 궁극적으로는 그리스도의 몸에 참여하기 위해 자신을 열어보이도록 부르심을 받았다. 우리는 교회가, 어떤 경우에 섹스가 좋고 나쁜지를 판단하는 지침을 제시해주기를 바란다. 그리고 우리가 그러한 도덕적 목표에 부합하는 성적 관계를 창조하고 유지할 때 우리와 함께 그리고 우리를 위해 축복해주기를 원한다. 이러한 성적 관계는 우리가 "가족"이라고 부르는 것에 있을 수도 있고 서로에게 다른 방식으로 헌신해온 집단에게 있을 수도 있다. 어느 쪽이든 기독교인은 "사생활"이라는 남이 못 보는 공간으로 물러나기를 거부해야 한다. 우리가 가족 가치 담론을 기준으로 도덕성을 규정받기를 거부하는 것처럼 말이다. 우리가 서로에게 해야 할 질문은 이것이다. 우리가 하는 섹스가 하느님을 기쁘게 하는가? 만약 그렇다면 우리의 관계는 모든 교회에서 도덕적이라고 선포되고 축복받아야 한다.

  나는 섹스―동성애자 또는 이성애자의―와 도덕을 연관 짓는 일이 어떤 식으로든 "자연스럽다"라고 주장하는 것은 아니다. 오히려 기독교의 전통에서는 역사적으로 섹슈얼리티를 교회와 하느님 모두와 관련한 것으로 이해해왔다. 기독교인들은 섹스가 "거룩한 성찬식"과 다르지 않은 중요한 무엇이라고 생각해왔다. 비록 이런 관념이 가부장적이고 동성애를 혐오하는 체제에서 성행위를 규제하는 데 사용되어오기는 했지만, 그렇더라도 전통과의 연계를 포기하는 것이 최선은 아니다. 오히려 우리는 연합과 생식이라는 도덕적 규정을 되찾고자 분투함으로써, 우리가 서로 그리고 하느님과 연합하게 해준, 또한 젊은 세대의 게이와 레즈비언이 동참하도록 우리가 열린 자세로 매일 재창조하는 그 성적 실천들을 아우를 수 있다. 나는 우리 모두가 살아가면서 무의미함에서 벗어나고자 노력한다고 생각한다. 우리는 다른 사람과 맺어온 관계들을 공허한 시간 낭비로 회고하기를 바라지 않는다. 또한 상처받고 스스로 외톨이가 되는 일을 원하지 않는다. 이를 위해 어떤 사람은 동성과 살고 어떤 이는 이성과 산다. 어떤 사람은 장기적이고 단혼제적인 관계로 살고 누군가는 사랑과 지지와 소속감이 다른 방식으로 존재하는 공동체에서 산다. 아무 경우라도 적절한 질문은 어떤 유형의 파트너 혹은 방식이 유일하게 윤리적인 것인가가 아니다. 그보다는 어떤 종류의 성적 관계가 우리의 삶을 바꾸고 우리 서로가 서로의 일부가 되도록 해주는가, 어떤 행위로 우리가 한 몸으로 연합되는가, 어떤 환경에서 무의미함과 싸울 수 있는가일 것이다. 이러한 질문은 전통 도덕의 중심에 놓여 있으며 교회에서 동성애자들이 펼치는 활동에서도 중심이 되어야 한다.

그러므로 단혼제와 공동체적 섹스의 경계가 아니라 좋은 섹스와 나쁜 섹스의 경계를 단속해야 한다. 결혼과 단혼제가 본질적으로 나쁘지는 않지만 그렇다고 본질적으로 좋은 것도 아니다. 일부 동성애자들은 단혼제를 선택할 수도 있다. (그래서 법적으로 또 교회에서도 결혼을 인정받아야 할 것이다.) 반면 다른 기독교인들은 (동성애자와 이성애자 모두) 섹스를 공유하는 공동체적 삶을 선택할 수도 있다. 우리는 이 모든 사회 단위에서 우리의 섹슈얼리티로 하느님을 기쁘게 한다는 것이 어떤 의미인지 생각해야 한다. 우리는 다른 이의 영혼을 받아들이도록 자기 자신을 여는 방법을 고민해야 한다. 타인에게 우리를 늘 열어놓고 민감해지기 위해 우리에게 필요한 영적인 은사가 무엇인지를 분별해야 한다. 성적인 만남에서 권력이 언제 부적절하고 비윤리적으로 작동하는지를 생각해야 한다.

물론 쉽지 않을 것이다. 우리는 전통적인 설명에 의존해 관념적인 규칙을 만든다. 예컨대 부부가 피임하지 않고 성관계를 맺는 것은 도덕적이라거나 혼외의 섹스는 부도덕하다는 식이다. 그런데 이런 틀에 갇혀 있는 한 우리 자신의 영혼이 열려 있는지, 바람직한지, 심지어 주려 있는지조차 생각할 필요가 없다. 로완 윌리엄스^{Rowan Williams}는 이러한 전통적 담론들에 대해 이렇게 말한다. "인간의 의미를 묻지 않습니다. 서로를 매개로 인간이 되는 법, 육체의 은총에 들어가는 법을 배우는 과정에서 섹슈얼리티의 역할이 무엇인지를 배우지 못합니다. 성행위가 하나의 상황에서만 허용되고 그 외의 조건에서는 금지된다는 것만이 우리가 알아야 할 모든 것이기 때문입니다."[31] 관념적인 행동과 정체성에 관한 공허한 격언들을 받아들이기보다는 상황에 맞는 구체적인 실천을 검토해야 한다. 그래야 기독교의 관점에서 섹슈얼리티를 평가할 때 다시 도덕적 전통의 핵심으로 돌아갈 수 있다. 그 도덕적 전통은 공동체적 섹스를, 모든 기독교인이 지지할 수 있는 정당한 기독교적 실천으로 이해하는 데 도움을 줄 수 있다. 물론 공동체적 섹스가 성을 표현하는 유일하게 적절한 수단은 아니지만, 기독교인이 헌신과 유대, 상호의존을 표현할 수 있는 여러 방식 가운데 하나임은 분명하다. 동성애자이든 이성애자이든, 단혼제적이든 공동체적이든 상관없이 성행위들이 우리를 하느님께로 이끈다면 도덕적인 것으로 받아들여야 한다. 가족은 그러한 도덕적 지위를 보장하지 않으며, 사실은 때때로 우리가 교회 공동체에 온전히 참여하는 것을 방해한다.

제5장
"그리스도 안에는 남자도 여자도 없다"
사회적으로 구성되는 젠더와 성 정체성

섹슈얼리티가 사회를 괴롭히는 것이 아니다. 사회가 몸의 섹슈얼리티를 괴롭히고 문제로 만드는 것이다. 사회적으로 구성된 몸이 성적인 몸에 선행한다.

_ 데이비드 핼퍼린David Halperin

동성애자의 성직 임명은 오늘날 주류 개신교에서 동성애자의 결혼보다도 훨씬 더 뜨겁고 맹렬한 논쟁을 일으키는 쟁점이다. 1990년부터 많은 교파가 동성애자의 성직 임명에 방점을 두고 동성애에 대한 광범위한 연구를 시작했다. 이 연구결과들은 동성애자가 성직에 참여해도 좋은가를 두고 혼란과 모순으로 점철되었다. 예컨대 1979년 66차 총회에서 제안되어 1991년 70차 총회에서 확언된 현재 성공회의 공식 입장은 동성애자가 성직을 허락받더라도 이후에는 독신으로 살 것을 권장한다. 그 공식 문서에는 이런 주장이 있다. "교회가 현재 성관계를 맺고 있는 동성애자 또는 결혼제도 바깥에서 이성애 관계를 맺고 있는 자를 성직에 임명하는 것은 적절하지 않다."[1] 말하자면 동성애자들이 결혼하지 않는다는 사실이 "현재 성관계를 맺고 있는" 동성애자를 성직에 임명해서는 안 되는 이유로 사용된 것이다.

미국 장로교회는 1991년 「육체와 영혼을 통합하기: 섹슈얼리티, 영성, 사회 정의Keeping Body and Soul Together: Sexuality, Spirituality, and Social Justice」라는 제목의 보고서에서 다른 입장을 택했다. "교회의 성직 임명은 미국 장로교의 모든 교인에게 열려 있다. 구성원의 성적 지향과 상관없으며 독신은 성직 임명의 요건이 아니다."[2] 그러나 그 보고서는 해가 가기도 전에 파기되었다. 교파의 지도자들은 연구가 더 필요하다고 요구하면서도, 성관계를 맺는 동성애자에게 성직을 맡겨서는 안 된다는 생각을 확실히 밝혔다. 다음 사례도 비슷하다. 연합감리교회는 1993년 「사역과 관련한 동성애 연구위원회의 총회 제출 보고서Report of the Committee to Study Homosexuality to the General Council on Ministries」에서 특히 목회 환경에 있는 동성애자 개개인의 가치를 조심스럽고도 철저하게 확언했으나 결국 "성관계를 맺는 동성애자임을 자인한 자"의 성직 임명은 거부했다."[3] 마지막으로 미국 복음주의 루터교회는 1993년에 「교회와 인간의 섹슈얼리티: 루터교의 견해The Church and Human Sexuality: A Lutheran Perspective」라는 연구에서 "게이와 레즈비언에게 교회의 직책을 더 개방해야 한다"라는 권고를 하려 했다. 하지만 동시에 "동성애는 하느님이 창조하신 만물의 성경적이고 이성애적인 구조에서 벗어나 있다"라는 기존의 입장을 확실히 했다.[4]

이런 문서와 가르침들은 미국 주류 기독교인에게 혼란스럽고 애매했

152

Sex and the Church

다. 기껏해야 "묻지도 않고 말하지도 않는" 분위기를 막지 않는 정도였고, 최악의 경우에는 기독교의 사회적 가르침과 관련한 심각한 불안정성을 드러내고 있었다. 우리가 혼란스러운 주된 이유는 교파의 공식 입장들이 교파 내 보수 분파와 자유주의 분파 모두를 만족시키려 하기 때문이다. 그러나 이는 쉽지 않다. 동성애자의 옹호자와 반대자 모두 자신들의 입장이 기독교의 핵심 메시지에 부합하는 유일한 견해라고 주장하기 때문이다. 한쪽에서는 동성애자의 성직 임명을 공식적으로 지지하는 것이 해방을 알리는 행동일 것이다. 반면 다른 쪽에서는 비도덕적 행위를 용납하라는 사회적 압력에 굴복하는 것으로 보일 것이다. 교회의 이 문서들을 보면 확연히 다른 두 신념 사이에서 판단을 내려야 하는 주류 교파들의 고심이 엿보인다. 그 결과 동성애자에게 성직을 맡기는 문제는 전적으로 동성애자가 가시적으로 드러나느냐 아니냐에 달려 있게 되었다. 동성애자 기독교인이 교회에서 교역자로 일하기를 바란다면 교인들에게 이성애자처럼 "보일" 수 있어야 한다. 비록 스스로 "동성애자"임을 인정할지라도, 이성애자 기독교인과 다른 방식으로 행동하고 보이며 "실천하는" 것은 허락되지 않는 것이다.

이런 입장차와 이에 따른 모순적인 공식 입장들이 잘 보여주듯이 주류 교파들은 더 이상 연합한 몸으로서 한목소리를 내거나 행동하지 않는다. 오히려 다양하고 서로 대립하는 일단의 파벌로서 행동한다. 미국 기독교는 더 이상 일관성 있고 종합적인 종교적 상징들로도, 혹은 공적 생활에서 종교의 역할에 대한 믿음이나 성경의 권위에 대한 믿음, 새로운 창조를 향한 종말론적 비전에 대한 믿음들로도 연합하지 않는다. 로버트 우스나우가 언급했듯이 크게 볼 때 우리는 서로 경합하는 두 정치적 입장, 즉 자유주의 교회와 보수 교회로 분리되어 있다. 전자는 기독교 메시지의 핵심에 포용, 관용, 사회정의가 있다는 생각을 고수한다. 후자는 전통과 가족 중심적인 가치들을 기독교의 핵심으로 공고히 한다.[5] 그래서 동성애를 두고 상충하는 교파들의 입장은 각 교파에 자유주의적 교인과 보수 교인 모두가 공존한다는 사실을 반영한다. 일부 주류 교파-예컨대 남침례교단-는 오른쪽으로 더 기울어지고 퀘이커, 그리스도연합교회 같은 교파는 왼쪽에 더 기울어지는 반면, 주류 교파 대다수는 중간에 있으며 자유주의적 교인과 보수적 교인 모두가 구성원이다. 이러한 주류 교파들의 사회적 가르침은 양립하지 못하는 교파 내 두 진영을 중재하려고 하기 때문에, 성직을 꿈꾸는 모든 동성애자에게 아주 혼란스러운 환경을 제공하고 있다.

나는 우스나우가 설명한 것처럼 교회가 정치적으로 분리되었다는 사실에 전적으로 동의하지만, 동성애자 성직 임명 논쟁에서 서로 대립하는 분파들이 사실상 동성애의 본질 및 역사와 관련해 거의 동일한 근본 전제를 공유하고 있다는 사실을 보여줄 것이다. 메리 매클린톡-펄커슨은 이렇게 말한다. "교회의 [동성애] 논쟁에서 인상적인 것은 반대 입장 간의 차이가 아닙니다. …… 그것은 모두를 아우르는 교회를 만들려는 이와 그렇지 않은 이가 공유하는 가정들입니다."[6] 나는 주류 교회의 자유주의와 보수주의 진영이 공유하는 전제들의 한계를 검토함으로써 동성애자 교역자와 관련해 현재의 양극화된 논리에서 벗어난 기독교적 견해를 제시할 것이다. 그리고 궁극적으로 동성애에 대한 더 일관되고 충실한 이해를 내어놓고자 한다.

교파 논쟁의 양측과 그 대립하는 주장들을 뒷받침하는 학문적 연구들이 전제하고 있는 많은 가정은 검토해볼 가치가 있다. 첫째, 자유주의자와 보수주의자 대부분이 동성애는 자명하다는 생각에 동의한다. 다시 말해 우리는 모두 동성애가 무엇인지 정확히 알고 있으며 오늘날의 사회 환경은 물론 역사 곳곳에서 그것을 확인할 수 있다는 것이다. 교파의 논의에서 폭넓게 권위를 인정받는 존 보스웰의 저작은 이 지점에서 좋은 예를 제시한다. 보스웰은 큰 영향을 끼친 저서『기독교, 사회적 관용, 동성애 Christianity, Social Tolerance, and Homosexuality』에서 동성애자들은 복원 가능하고 의문의 여지가 없는 역사를 가지고 있으며, 초기 기독교 공동체에서 살았던 동성애자들의 직계 후손으로 볼 수 있다고 주장한다.7 보스웰에 따르면 성경에서는 동성애가 비교적 언급되지 않는데, 그 이유는 동성애가 일상의 일부분으로 완전히 받아들여졌기 때문이다. 즉, 스스로를 동성애자라고 생각한 이들이 초기 기독교 문화에 완전히 통합되었다는 것이다. 보스웰은 성경과 초기 교부들의 문헌에서 동성애를 반대하는 구절은 조금밖에 없다고 말한다. 게다가 그러한 구절은 동성애가 흔하지 않은 시골 출신의 사람이 썼거나, 성적 지향이 이성애자인데 동성애 행위를 함으로써 자신의 고유한 본성에 거슬렀던 사람들에 관해 기록했다는 것이다. 비록 이러한 결론이 주류 개신교에서 논쟁이 되고 있기는 하지만 우리가 알고 있는 동성애가 고대에 존재했다는 보스웰의 가정에는 사실상 반대가 없다.

예컨대 리처드 헤이스Richard Hays는 동성애가 고대에 존재했음을 받아들이고 성경이 오늘날의 우리보다 동성애 관습에 훨씬 덜 우호적이라고 주장한다.8 헤이스의 관점에서는 동성애와 관련한 고대의 관습, 의미, 관념이 2000년 동안 변하지 않았고 오늘날과 동일한 존재론적, 윤리적 지위를 가지고 있었다. 다시 말해 헤이스는 동성애를 "본성에 반하는 행위"로서 비난하면서, 바울이 오늘날 우리가 동성애로 알고 있는 것과 동일한 행위들을 언급했다고 주장한다(로마서 1장의 언급을 말한다—옮긴이). 비슷한 맥락에서 리처드 존 뉴하우스Richard John Neuhaus는 보스웰이 성경을 편파적으로 해석해서 오도하고 있다고 주장한다. "기독교는 항상 분명하고 일관된 태도로 동성애적인 행위들이 부도덕하다고 가르쳐왔습니다."[9] 이와 같이 뉴하우스도 헤이스처럼 동성애로 간주되는 것이 모든 시대와 문화에 걸쳐서 동일한 것으로 보이고, 동일하게 느껴지며, 동일**하다**고 가정한다.

동성애가 역사와 문화를 초월한다는 이 가정과, 동성애가 생물학적 또는 자연적인 현상의 결과라는 믿음, 즉 어떤 사람은 특별한 원인 없이 그저 동성애자로 태어난다는 신념은 짝을 이룬다.[10] 이런 논의에서 남는 것은 그런 타고난 욕구에 바탕을 둔 행동이 수용 가능한지, 도덕적인지를 따지는 일이다. 자유주의자들은 동성애의 자생성이 동성애가 하느님의 창조의 일부임을 나타낸다고 본다. 따라서 게이와 레즈비언은 자유롭게 욕구에 따라 행동해야 한다. 사실 많은 이들이 동성애자의 욕구가 이성애자의 욕구와 마찬가지로 하느님의 은사이며 수용되고 축하받아야 한다고 말한다. 한 감리교 신자가 말하듯이 "긍휼이 없는 하느님만이 불가능한 것을 요구하실 것"이기 때문에, 동성애적 행위들은 승인될 수 있고 성관계를 맺는 동성애자에게도 성직을 맡을 기회를 완전히 허락해야 한다.[11] 자유주의 관점에서 동성애자의 책임 있는 성관계는 기독교인의 삶의 건강한 일부로 생각될 수 있고 게이와 레즈비언은 기독교 공동체의 온전한 참여자로 인식되어야 한다.

주류 교파의 논의에 참여하는 보수주의자들은 대개 동성애자가 생물학적으로 결정된다는 생각에 동의할 뿐만 아니라 그들이 신성한 가치를 지니고 있으며 긍휼과 그리스도의 사랑을 받을 자격이 있다고 여긴다.[12] 그러나 그들은 동성애자의 행위가 죄라고 믿는다. 그래서 보수적인 주류 교인은 오직 "비실천적인" 동성애자들, 다시 말해 동성 간에 성관계를 맺지 않는 동성애자만을 지지하고 성직에 임명할 수 있다. 그들에게는 동성애가 생물학적 결과라는 사실이 자동으로 동성애가 하느님의 좋은 선물이라는 의미로 이어지는 것은 아니다. 한 감리교 신자는 이렇게 설명한다. "우리 모두에게는 긍정하거나 따라야 할 것이 아닌 저항해야 할 기질들이 있습니다. 어떤 생각 혹은 행동을 하려는 성향이 반드시 좋은 은사이거나 도덕적으로 옳은 것은 아닙니다. 문란함, 미숙함, 도박, 알코올 의존 또는 그 밖의 많은 유혹에 빠지기 쉬운 이들이 많이 있습니다. 기독교 신앙은 하느님이 의도하신 인간 행동과 반대되는 것들에 저항하는 동기일 뿐만 아니라 신성한 능력입니다."[13]

따라서 동성애자가 무거운 짐을 지고 태어난 것은 사실이지만, 비도덕적 행위들을 용납하는 방법으로 그 짐을 덜어주는 것은 교회의 관심사가 아니다. 동성애자 기독교인은 자신의 성적 감정에 따라 행동하지 않는다고 약속할 때에만 기독교 공동체에서 온전한 일원이 되고 성직에 참여할 기회를 얻을 수 있다. 다른 감리교 논평가는 이렇게 말한다. "아무도 기질 혹은 성향을 이유로 성직에서 제외되지 않습니다. 하지만 교회가 용납하지 않는 것을 실행하고자 마음먹은 이들은 스스로 자격을 박탈하는 것입니다."[14] 이와 같이 자유주의나 보수주의 주류 기독교인들은 동성애자가 자신의 욕구에 따라 행동해도 되는가를 두고 정치적으로 대립하지만 동성애자의 욕구가 의지와는 상관없고 자연적으로 혹은 생물학적으로 결정되며 영구히 안정적이라는 기본 가정은 공유한다.

그런데 새로운 학문 분야가 이 가정들에 이의를 제기한다. "퀴어 이론"

과 "퀴어사"에서는 성적 행위를 지역적이고 구체적인 역사와 문화에 내재해 있고 거기에서 의미를 부여받는 일련의 행동으로 해석한다. 퀴어 이론가들은 동성애가(실제로는 이성애도) 역사와 문화를 초월하거나, 자연적인 틀로서 존재한다고 생각하지 않는다. 즉, 우리가 동성애를 알고 있다거나 특정한 신체적 행동들이 동성애의 모두를 말해준다고 가정하지 않는다. 퀴어 이론가들은 성적 관습이 각기 다른 역사와 문화적 맥락에서 어떻게 인식되고 무엇을 의미하는지를 물으며 그로부터 섹슈얼리티를 규정하고 표현할 수 있는 더 다양한 이해로 나아간다. 그들의 연구 성과는 우리의 교파적 상황에서 자유주의자와 보수주의자의 교착상태를 푸는 데 도움이 될 수 있다. 요컨대 퀴어 이론가들은 오늘날 교파 갈등을 뒷받침하고 있는 바로 그 가정에 의문을 제기하여, 충실한 기독교적 삶이 무엇인지를 새로운 방식으로 생각해보도록 도울 수 있다.

데이비드 핼퍼린은 고대 그리스의 성적 관습을 연구하면서, 우리가 흔히 그 시대의 동성애로 거론해왔던 관습이 실제로는 우리가 오늘날 동성애로 알고 있는 것과 확연히 다름을 알아냈다. 핼퍼린에 따르면 그리스 남자들은 사랑 또는 헌신적인 감정을 섹스와 결부하지 않았다. 오히려 섹스는 당시의 정치 질서에서 자신을 나타내는 하나의 방식이었다. 핼퍼린은 고대 그리스에 "성행위"라는 단일한 인식은 없었다고 주장한다. 대신에 우리가 "성적"이라고 일컫는 모든 행동은 두 범주로 구분되었다. 그것은 능동과 수동(능동은 자신의 남근을 상대방의 항문 또는 질에 삽입하는 것을, 수동은 상대방의 남근이 자신의 항문 또는 질에 들어오는 것을 의미한다)이었다. 능동 행위를 하는 사람은 이러한 성행위로써 자신의 정치 영역에서 차지하는 우월한 지위를 보여주었다. 마찬가지로 수동적인 상대방은 그 일을 통해 자신의 열등한 지위를 확인했다. 섹스는 두 사람의 친밀한 관계를 표현하는 것이 아니라 오히려 개인들이 어떤 정치적인 질서 안에 있게 하는 수단이었다. 핼퍼린은 이렇게 말한다.

> 섹스는 당사자들을 뚜렷이 구별되고 근본적으로 반대되는 두 범주로 효과적으로 나누고 분류하며 배치한다. 어떤 시민이 잠자리에서 하는 행위는 성적 파트너와 자신의 차이를 나타내는 지위의 고하를 반영한다. 즉, 그 시민의 위신과 권위는 그가 성행위를 시작할 수 있는 권력, 성관계에서 즐거움을 얻을 수 있는 권한, 삽입 당하는 쪽이 아닌 삽입하는 역할을 전유하는 데에서 나타나는 것이다. 섹스는 서로의 공통적인 부분을 표현하는 행위와도 거리가 멀고, 성적인 상태나 정체성을 공유하는 표시도 결코 아니다. 사회적으로 우월한 자와 열등한 자의 섹스는 그들 사이의 사회적 차이를 비교하고 규정하는 일종의 축약된 드라마이다. 남색 관계에 있는 연장자와 연소자가 그것을 똑같이 "동성애"로 받아들이는 것은 표준적인 아테네 사람에게는 도둑을 "능동적 범죄자"로, 피해자를 "수동적 범죄자"로 나누고, 그 둘을 똑같은 범죄의 파트너로 이해하는 것만큼이나 이상했을 것이다. 도둑질은─그리스인이 이해했던 섹스처럼─결국 관계적인 행위가 아니다.[15]

게다가 핼퍼린이 고대 그리스를 이해하는 방식에서 볼 때 수동적인 파트너의 젠더는 주목할 만한 요소가 아니었다. 남자 시민은 수동적인 파트너로 여성이나 남성을 선택할 수 있었지만, 매번 그중 어느 한쪽만을 선택할 가능성은 없었다. 당시에는 여성과 성적으로 수동적인 남성을 구별하는 문화가 없었기 때문에 특정한 시민이 동성애자"**였다**"라고 구분하는 것은 의미가 없었다. 핼퍼린은 이렇게 말한다. "섹스 파트너는 확연히 구별되는 두 부류로 나뉘었다. 그것은 남자와 여자가 아니라 '능동적' 파트너와 '수동적' 파트너였다."16 남자가 남자를 선택하는지 여자를 선택하는지는 선택된 사람이 스스로 수동적인 존재로 이해하는 한 별로 중요하지 않았다.

그러면 고대 그리스에서 능동적인 남자와 수동적인 남자 사이에서 일어난 섹스와 오늘날 우리가 이해하는 남성 동성애자들의 성행위를 어떤 의미에서 빗댈 수 있는 것일까? 오늘날 "동성애"라는 표지 아래 하나로 뭉뚱그려지는 다양한 성적 관습은 개인의 정치적 지위와는 아무런 관련이 없다. (사실 오늘날 보편적인 견해는 섹슈얼리티가 모든 정부의 간섭에서 벗어나 사적 영역에 있고, 또 있어야 한다는 것이다.) 오늘날의 환경에서는 섹스 파트너로 남녀를 가리지 않는 남자는 동성애자가 아니라 양성애자로 분류할 것이다. 이처럼 오늘날에는 그리스 시대와 동일한 조건의 성적 관습들이 그때와는 다르게 분류되는데, 그것들을 왜 "동성애"로 불러야 할까? 오늘날 동성애자의 섹스가 경우에 따라 고대 그리스의 남자 대 남자의 섹스와 신체적 측면에서 닮았을지는 모르지만, 오늘날 많은 동성애자들은 서로의 성적 즐거움과 필요에 대단히 신경을 쓰고 있다. 이렇게 능동적, 수동적 행위 사이의 차이가 사라지거나 사소해진 상태에서 어떤 근거로 오늘날의 동성애 행위와 고대 그리스의 남성 간의 성행위를 같다고 할 수 있을까? 오늘날 에이즈 위기로 삽입 섹스를 거부하는 게이가 늘어나고 있다. 그들은 어떤 면에서 고대 그리스의 "동성애적" 형제들과 비슷한가? 마지막으로 레즈비언은 어떤가? 레즈비언들이 인공 기구를 착용하고 고대 그리스인이 했던 삽입 섹스와 비슷하게 파트너와 삽입 섹스를 할 때에만 "동성애자"일까? "동성애" 개념이 어떤 의미에서 이 모든 사람의 공통점을 드러내준다고 할 수 있을까? 그리고 어떤 의미에서 그것이 도덕적으로 또는 존재론적으로 유사하다고 생각되는 관습들을 묘사하고 있는가?

　고대 그리스는 우리와는 근본적으로 다른 방식으로 섹슈얼리티를 구성한 무수한 문화 공동체 가운데 하나일 뿐이다. 역사학자 조지 천시[George Chauncey]는 19세기 뉴욕 시를 연구하면서 남성 노동계급 가운데 나타난 성적 관습 및 성적 동일시에서 그런 차이의 주목할 만한 또 다른 사례를 발견했다. 천시에 따르면 1880년대에 "페어리[fairy]"로 알려진 "제3의 성"의 남자들이 나타났다. 이들은 여자처럼 옷을 입고 더 "사내다운" 남자에게 성관계를 졸라대면서 스스로를 다른 존재로 인식했다. 천시의 이야기를 더 들어보자.

　　20세기로 전환되던 시기에 노동계급 대다수의 사고에서 남성 성행위의 근본적인 경계선은 이성애자 남성과 동성애자 남성 사이가 아니라 남자로 간주되는 통례적으로 사내다운 남성과, 페어리 또는 팬지[pansy]로 알려지게 되는 여성적인 남성으로 나뉘었다. 후자는 사실상 여자로, 더 정확히 표현하면 남성적이고 여성적인 요소들을 모두 갖춘 "제3의 성"의 구성원으로 간주되었다. 오늘날의 지배적인 섹슈얼리티 사고방식, 즉 이성애와 동성애로 양분되는 사상은 당시의 노동계급에게는 상식적인 성 관념이 아니었다.[17]

　천시는 페어리―자신을 여자와 동일시했던―가 성관계에서 수동적인 역할을 맡았음을 보여준다. 고대 그리스에서처럼, 가장 사내다운 남성의 관점에서는 여성이 페어리를 대신하거나 페어리가 여성을 대신할 수 있었다. 성적 파트너를 선택하는 결정적 요인은 그 혹은 그녀의 생식기가 아니라 오히려 그 또는 그녀가 수동적인 역할과 자신을 동일시하는지의 여부였다. 단순히 어떤 성적 상대를 선택하는가라는 협소한 문제에만 초점을 맞추는 오늘날의 동성애 개념과는 달리, 19세기 뉴욕의 사내다운 남성들은 섹스 파트너로 여성과 수동적인 남성 모두를 선택했다. 요컨대 핵심은 생물학적 성별이 아니라 성관계 시의 특정한 역할이나 행동과 관련한 선호에 있었다.

천시의 연구는 페어리가 사회에서 근본적으로 다른 존재로 규정된 반면, 사내다운 남성들은 우리가 "동성애 행위"라 부르는 행동을 할 때조차도 정상으로 간주되고 전혀 다른 존재인 페어리를 완전히 정상적인 방식으로 상대하는 존재로 생각되었음을 보여준다. 천시는 이렇게 묘사한다.

20세기 초의 지배적인 성 문화와 우리 시대의 그것 사이에는 현저한 차이가 있다. 20세기 초의 문화에서는 남성이 다른 남성과 맺는 성관계가 용인되었다. 그들이 스스로를 또는 남들이 그들을 게이로 여기도록 하는 요구가 없었다. …… 많은 이들이 비정상적 성이라고 하면 페어리를 떠올렸기 때문에 다른 남성들은 일상적으로 남성과 소년, 그리고 무엇보다도 페어리와 성관계를 맺으면서도 자신을 비정상이라고 생각하지 않았다. 많은 남성이 남자와도 여자와도 성관계를 맺으면서 한 성별에 대한 관심이 다른 성별에 대한 관심을 막는다고 믿지 않았다. 그리고 특히 그들은 성적 관습을 이성애-동성애라는 축에 따라 이해하지도 구성하지도 않았기 때문에 그들이 남성 파트너를 상대할 때 그것이 비정상적인 "동성애"라거나 "양성애"라고는 생각하지 않았다.[18]

천시는 페어리와 남성으로 구분되는 뉴욕의 세계가 동성애자와 이성애자로 구분되는 세계로 바뀌는 이후의 과정을 연대순으로 서술한다. 천시의 연구는 오늘날 우리가 알고 있는 동성애—복장 및 문화 규범, 성관계 시 맡는 역할과는 상관없이 자연적인 것으로 여겨지는 욕구를 동성에게 표현하는 것—가 계급적, 윤리적으로 실질적인 차이들을 특징으로 하는 복잡하고 불균등한 과정에서 나타났음을 보여준다. 이 퀴어사 연구는 성적 관습을 조사하면서 우리 자신의 성적 규범들이 비교적 최근에 새로 생긴 우발적인 문화 현상임을 알려준다.

특정한 성적 규약을 초월하고 오직 섹스 파트너의 젠더에만 초점을 맞추는 성적 지향 관념은 19세기 말 미국에서 나타났다. 이는 물질 및 사상에서 일어난 여러 변화의 결과였다. 산업화로 수많은 사람이 대가족에서 벗어날 수 있었다. 미국 역사에서 처음으로 많은 사람이 농촌을 떠나 도시에서 일하며 남의 도움 없이 살아갈 수 있었고 월급으로 즐거운 여가 활동도 할 수 있었다. 동성애가 생물학적으로 타고난 자연적인 선호라는 관념이 퍼지면서 사람들은 (발생기에 있던 정체성이란 지침에 따라) 자신과 남을 공통의 관심사, 같은 욕망, 비슷한 본성을 지닌 존재로 묶어서 식별하고 분류할 수 있었다. 이와 같이 성적 선호라는 담론, 즉 "정체성"을 동성애자 또는 이성애자 중 하나에 귀속시키는 담론으로, 성애 공동체들은 젠더에 기초해 성적 상대를 선택하는 개개인으로 바뀌었다. 이브 세즈윅Eve Sedgwick는 이렇게 말한다. "20세기로 접어들면서 새로운 세계가 형성되어 갔다. 이제 특정한 개인은 누구나 마치 그들이 본질적으로 남성 또는 여성이라는 젠더로 나뉠 수 있듯이, 본질적으로 동성애 또는 이성애라는 섹슈얼리티로 분류할 수도 있다는 생각이 퍼진 것이다. 양분된 정체성에는 함축적 의미들이 가득했는데, 심지어 개인의 실존에 성적인 측면이 차지하는 비중이 거의 없다는 것이 자명한 경우에도 그랬다. 이러한 새로운 변화로 사람들은 동성애/이성애라는 강력한 규정에서 벗어날 수 없게 되었다."[19] 이 시기의 성 정체성 체계의 역사와 진화를 연구하는 학문이 계속 발전하고 있지만, 동성애를 "초역사적"이고 "자연적"인 것으로 이해하는 우리의 사고방식이 겨우 백 년 남짓 되었다는 점은 반론의 여지가 없는 것 같다.[20]

퀴어 이론가들은 우리가 사람들을 동성애자와 이성애자로 구분하는 방식이 상당히 현대적인 구성물임을 다시 한 번 일깨워준다. 20세기에는 어떤 성적 상대를 선택하느냐가 성 정체성의 근본적 요소가 되었는데, 세즈윅은 이것의 임의적 성격을 정확히 포착해낸다.

다소 놀라운 사실이 있다. 누군가의 성행위를 다른 이의 성행위와 구별할 수 있는 수많은 기준들(특정한 행동, 특정한 부분과 느낌, 특정한 신체 유형, 특정한 횟수, 특정한 복장, 특정한 세대나 권력관계, 특정한 인종, 특정한 인원수 등등에 대한 선호) 가운데 딱 하나, 즉 성적 상대의 젠더가 20세기로 전환하는 시기에 대두되기 시작해 현재 "성적 지향"의 보편적인 범주가 되었다는 사실이다. 이것은 19세기 말에는 예측할 수 없었을 변화이다. 당시에 고통 성애, 아동 성애, 자기 성애autoeroticism 등은 과도하게 쾌락을 추구한다는 문제를 가진 성적 "도착", 더 광범위하게는 "퇴폐"로 인식되었다는 점에서 동성애와 크게 구별되지 않았다.[21]

이와 같이 우리가 특정한 역사적 관습을 "동성애"와 한 묶음으로 이해하는 것―비록 그러한 관습에 참여하는 사람들이 그와 같은 용어로 자신을 인식하지 않았음에도―은 동성애자와 이성애자로 양분하는 문화―그리고 타인을 하나의 범주로 규정하는 문화―에서 우리가 살고 있기 때문이다. 대다수 교파에서 동성애를 찬성하거나 반대하는 분파들은 성경의 시대와 다른 시대에 동성애자가 수용되었는가를 두고 논쟁을 벌인다. 그런데 양측은 동성애자―오늘날 우리가 이해하는―가 늘 존재해왔다고 가정하면서 겨우 지난 100년 동안만 사용된 의미 범주에 논의를 가둬버린다. 어떠한 시대이든 그 당시에 구성된 섹슈얼리티를 이해하는 데 동성애/이성애 범주를 적용하면, 섹슈얼리티와 그 의미가 구체적인 역사적 맥락에서 형성된다는 사실이 간과된다. 오늘날의 범주들을 초역사화하는 것은 성경에서 묘사하는 (또는 다른 시대의) 사람들을 현재 동성애를 억압하고 있는 바로 그 범주에 밀어넣는 것이다.

그래서 퀴어 이론가들은 "동성애자"와 "이성애자"라는 범주의 유용성에 의문을 제기한다. 그것들이 역사적으로 오류가 있을 뿐만 아니라 억압에 이용될 여지가 있기 때문이다. 사람들을 (오직 성적 파트너의 생식기에만 기초하여) 이성애자와 동성애자로 분류할 경우에 (대개 다수인) 이성애자들이 (보통 소수인) 동성애자보다 자신을 더 "정상적"이라고 또는 도덕적으로 우월하다고 여길 위험이 있다. 사실 이것이 오늘날 미국에 해당되는 사례이다. 설령 우리의 목적이 억압을 줄이는 것이라 하더라도 어떤 성적 상대를 선택하느냐가 근본적인 또는 필연적인 차이라고 가정하는 연구는 모든 인간이 두 종류―동성애자와 이성애자라는―로 나뉜다는 생각에서 결코 벗어나지 못할 것이고, 대개의 경우 동성애자는 권력을 위임받는 다수가 되지 못할 것이다.

왜 동성애라는 범주가 미국인의 의식에 그렇게 스며들었을까? 동성애는 정확히 무엇을 의미하는가? 무엇이 모든 동성애자를 실질적으로 동일하게 만드는가? 모든 경우에 적용할 수 있는 동성애의 명확한 정의를 내릴 수 있을까? 두 남자가 함께 살지만 섹스는 하지 않는 경우는 어떠한가? 아니면 한 남성이 한 여성과 기꺼이 결혼했지만 이따금 다른 남자와 몰래 섹스를 하는 경우는 어떠한가? 감옥에 갇혀 있어 여자를 만날 수 없을 때에만 남자와 성관계를 맺는 남성의 경우는 어떠한가? 다른 남자들이 (결코 만지지는 않고) 지켜보는 곳에서만 섹스를 하는 남성의 경우는 어떠한가? 전화나 컴퓨터로만 다른 남자와 성관계를 맺는 남성은 어떠한가? 그리고 남자끼리의 성관계와 여자끼리의 성관계가 정말로 조금이라도 비슷한 점은 무엇인가? 나의 성적 파트너의 젠더가 얼마나 중요하기에 고유한 (초역사적이고 선천적인) 범주로 규정되어야 하는가?

사실 많은 이론가들은 "동성애 정체성"이 해방의 정치에 기여하는 데 한계가 있음을 지적한다. 우리는 어떤 환경에서는 파트너의 젠더를 밝힘으로써 커밍아웃할 수 있다. 하지만 그 발언으로, 우리에게 정체성과 의미를 부여하는 무수히 많은 선호, 관계, 사건, 통합, 분리에 침묵하게 된다. 에드 코헨[Ed Cohen]은 이렇게 말한다. "'우리의' 친밀함의 근거를 공동의 '섹슈얼리티'에 두면, 우리는 어느새 어떤 모순들을 탐구하지 않게 됩니다. 그것은 의심할 여지가 없는 공통성이라는 상상 속의 확실성에서 나와서, 우리가 바라는 일관성의 기반을 침식합니다."[22] 동성애라는 범주는 상상의 공동체를 떠올리게 한다. 즉, 내가 다른 동성애자들과 무엇인가가 같다고 말하는 것은 내가 성적 상대를 선택─내 선택이 본질적으로 확고하고 선천적이며 일관된 나 자신의 것이라는 가정에서─하는 일이 나의 존재와 일상에서 그것만으로 공통성과 정체성의 기초가 될 수 있을 만큼 중요하다고 가정하고 있다. 그렇지만 우리 대다수에게 이것은 사실이 아니다.

물론 주류 교파들이 동성애 개념을 확고히 하고 자연화하고 초역사화한다는 생각을 단독으로 제시하지는 않았다. 1960년대와 1970년대의 초기 동성애 해방운동도 세상에서 자신들의 자리를 요구하는 방법으로서, 즉 자신을 바꾸고 "정상"이 되게 하고 이성애자가 되게 하려는 담론과 치료법들에 저항하는 전략으로서 이러한 생각에 호소했다.[23] 초기의 해방 운동가들은 20세기 전반에 번성한 성 혁명 지하단체와 공동체들을 자연적이고 초역사적인 "동성애자 정체성"을 지닌 집단으로 생각했다. 그리고 그것은 대안적인 관습을 가시화하는 정치적 수단이었다. 사람들은 대대적으로 커밍아웃을 함으로써 미국에서 섹슈얼리티가 구성되는 방식에 변화를 가하려 했다. 그들은 자신에게 그리고 다른 사람들에게, 결혼해서 교외에서 사는 생활만이 유일한 행복은 아님을 보여주었다. 사실 확고하고 불변하는 동성애자 정체성이라는 관념은, 모든 동성애자가 성적 지향을 이성애로 바꿀 수 있을 뿐 아니라 그래야 한다고 믿는 사람들에게 저항하는 효과적인 수단으로 여전히 유효하다.

주류 보수주의자들과는 달리 (주류 교파들에 반대하는) 극우 기독교인들은 오늘날 동성애가 자연적, 초역사적이라고 생각하지 않는다. 사실 그들은 동성애가 소위 국가의 도덕적 타락으로 생긴, 그리고 거기에 기여하는 새로운 현상이라고 생각한다.[24] 그래서 이 새로운 기독교 우파는 동성애자들이 생활양식을 바꿔 이성애자처럼 살아가도록 도우려 한다. 극우파는 숱한 워크숍과 비디오, 도서, 매뉴얼, 전단을 제작하여 동성애자가 변할 수 있다는 메시지를 지속적으로 내보낸다. 〈사막의 시내Desert Stream〉,

〈엑소더스^{Exodus}〉, 〈히즈 하트^{His Heart}〉 같은 지역 단체와 "이전에 동성애자였던 사역자로 구성된 선교단체들"은 사람들이 "동성애의 생활양식에서 벗어나" "세상에서 하느님의 왕국에 다시 들어가"도록 돕는 모임들과 12단계 프로그램을 후원하고 있다.[25] 이런 선교단체를 후원하는 발간물들은 동성애를 죄와 부도덕한 마음에서 비롯된 것으로 묘사하고 하느님의 도움과 사랑을 받아 동성애자가 변할 수 있다고 제시한다. 예컨대 제리 아터번^{Jerry Arterburn}은 『엄마에게 어떻게 이야기할까?^{How Will I Tell My Mother?}』에서 어린 소년을 둔 부모들에게 "아들이 여자처럼 행동하지 못하도록 하고" "계집애 같은 애라는 딱지가 붙었을 때는 상담을 받게 하고" "성경이 무엇을 명령하는지를 분명히 알게 하라"라고 제안한다. 만약 이 일들이 잘 안되어서 자식들이 "소돔의 생활양식, 즉 동성애를 좇는다"면 가족은 그 아이들이 "똑바로 살겠다고 맹세할 때까지 말을 섞지 말아야" 한다고 이야기한다.[26] 밥 데이브스^{Bob Daives}와 로리 렌첼^{Lori Rentzel}은 『동성애에서 벗어나기^{Coming Out of Homosexuality}』에서 동성애자는 "그리스도의 은혜로 변화되고자 그분과 친밀한 관계를 맺어"야 한다고 제안한다.[27] 이성애를 기독교 신앙의 전제조건으로 요구하는 이러한 전략들을 살펴볼 때 "동성애자는 애초에 그렇게 태어났다"라는 주류 교파의 가정은 일견 진보적으로 보일 뿐만 아니라 해방적으로 보이기까지 한다.

실제로 나는 주류 교파들이 "동성애적 정체성"이라는 개념에 호소하는 부분적인 이유가, 모든 동성애자가 이성애자가 되기로 결단할 수 있다는 우파의 위험한 생각과 싸우기 위함이라고 확신한다. 그러나 그 전략의 목적이 해방에 있다 해도, "동성애적 정체성"을 해방의 토대로 삼을 때 동성애자로 지칭되는 우리는 결국 주변적인 존재가 된다. 우리는 교파의 교역자로 임명받는 기회를 얻을 수도 있을 것이고 언젠가 파트너와 결혼할 권리를 얻을지도 모른다. 그러나 이런 논리 체계에서 우리는 계속해서 동성애자로, '다른' 존재로 남을 것이며 따라서 표준에서 벗어난 자들일 것이다. 정상인들은 성직, 결혼, 군복무, 교수직에 참여하는 자격을 그들 마음대로 우리에게 주었다가 언제든지 철회할 수 있다. 초역사적이고 자연적인 동성애 개념은 극우파의 위험한 이데올로기와 싸우는 데 효과적이지만, 그 폭력적이고 모욕적인 이데올로기를 반박하면서 그것만큼이나 유해한 체계에 다시 토대를 두지 않도록 각별히 주의해야 한다.

퀴어 이론가들은 다른 길을 제시한다. 이들은 우리가 동성애자 또는 이성애자라는 범주에 "자연히" 들어맞게 된 것이 아니라, 견고하고 고정적인 두 정체성만이 존재한다고 여기게끔 하는 이데올로기로 그렇게 된 것이라고 주장한다. 그들은 우리가 오직 둘뿐인 작금의 선택지 바깥 또는 그 너머에서 삶을 살고 글을 쓰면서 억압을 끝내도록 노력해야 한다고 말하며, "동성애자"와 "이성애자"라는 고정된 범주에 대한 집착에 의문을 제기하고 정체성을 오직 두 개의 성 정체성만으로 양분하는 것에 도전하며 더 폭넓은 가능성들을 생각해보도록 우리를 자극한다.

기독교인인 우리는 자신을 하느님의 백성으로 생각하도록 부르심을 받았다. 우리는 이 세상 **안에** 있지만 이 세상에 **속한** 존재는 아니다. 우리는 우리를 더 충실한 삶으로 인도하지 않는 이 세상적인 범주들에 부지런히 또한 의식적으로 도전해야 한다. 우리는 우리를 분열시키는 것들을 무시하도록 그리고 세리, 창녀, 우리와 공유하는 것이 전혀 없는 이들—그들이 정상적인 환경에 있든 세상적인 환경에 있든—과 함께하라는 가르침을 들었다. 우리는 세례를 받아 새사람이 되었고 우리의 존재는 근본적으로 달라지고 새로워졌다. 우리는 이 세상에서 그리스도의 몸의 일부로서 생각하고 보고 행해야 한다. 기독교인이 공유하는 것은 재산도, 계급이나 지위도, 인간이 제정한 법률도, 인종적 환경이나 인종 혹은 국적도 아니다. 그것은 하느님의 본모습으로서, 우리가 기독교 교회의 구성원으로 참여함으로써 나타난다. 우리의 일차적인 신분은 기독교인이고, 기독교인이어야 한다. 어떤 정체성도 세례보다 우선하지 않도록 해야 한다. 만약 우리 모두가 기독교인으로서 충실하고 하느님이 원하시는 사람이 되고자 노력하고 있다면, 교회의 일을 꾸려나가는 데 이성애자와 동성애자라는 범주가 왜 필요할까? 이러한 용어로 서로 분열하는 것은 세상이 우리에게 요구하는 규정들, 즉 우리 모두가 타고난 지향이 있으며 그것이 우리의 삶과 일에서 성과는 관련이 거의 없는 측면에까지 영향을 미친다는 관념을 수용하는 것이다. 동성애자에게 성직을 허락해야 하는가를 묻는 것은, 한 사람이 선택한 성적 파트너의 젠더가 그 사람이 하느님의 사역에 참여하고 그것을 수행하는 일에 영향을 미친다고 가정하는 것과 같다. 이것은 틀렸다. 성직 임명의 유일한 기준은 오직 기독교인으로서의 신실함이다.

기독교인이 섹슈얼리티를 둘러싼 쟁점들을 논의하거나 인정해서는 안 된다는 말이 아니다. 사실 바로 **시작**해야 한다. 관심과 논의의 초점이 거의 "동성애"에만 맞춰진 현재의 환경에서 우리는 기독교인 모두가 도덕적 섹스를 확증하고 그것에 참여하는 방법을 알고 있다고 가정하는 실수를 저지르게 된다. 우리는 동성애자의 성직 임명 여부에 기운을 쏟기보다는 도덕적 섹스란 어떤 것인지와 기독교인이 도덕적인 섹스를 확인하고 그것에 참여하는 방법을 더 진지하게 고민해야 한다. 예컨대 우리는 친구들과 어울리기를 바라는 십대 소녀에게, 어떤 성관계가 나쁘다는 생각이 들

때 "싫어"라고 말하는 법을 가르쳐야 한다. 십대 소년에게는 섹스 말고 다른 관습으로 성년을 기념하는 방법을 알려줘야 한다. 치약부터 타이어까지 모든 상품을 팔고자 성적인 암시를 던지는 광고들에 저항해야 한다. 우리는 젊은 커플들이 꼭 성적인 매력을 통해서가 아니더라도 서로 친밀할 수 있는 법을 가르쳐야 한다. 커플들이 도덕적인 성관계를 맺을 수 있도록 열려 있고 느슨한 관계를 유지하는 방법을 알려주어야 한다. 가장 중요한 것은 하느님이 우리의 성적 실천과 관계하신다는 것을 곰곰이 생각해야 한다는 것이다. 우리는 섹스가 사람들이 개별화된 20세기에 외로움을 극복하는 많은 방법 가운데 하나임을, 또한 그리스도의 몸에 참여하는 여러 방법 가운데 하나임을 서로에게 보여주어야 한다. 나는 다음 장에서 우리의 논의가 좋은 섹스와 나쁜 섹스의 차이들에, 그리고 섹스가 언제 어떻게 연합과 생식이라는 특성 모두를 갖는지에 집중할 수 있음을 보여줄 것이며, 관념적인 분석 범주로 동성애를 논하는 것이 아닌 도덕적이거나 그렇지 못한 실천들을 이야기할 것이다.

나는 제3장 말미에서 보수 기독교인들이 자신의 구원에 대한 이해방식을 구축하고자 "동성애" 개념을 사용했음을 보여주었다. 그리고 이성애적 정체성이 동성애적 정체성에 의존한다는 것을 제시했다. 교회의 동성애 활동가 및 지지자들이 "성관계를 맺는 동성애자임을 자인하는 사람들"이라는 경직된 개념을 계속 사용하는 것은, 우파가 그것에 대립하는 정체성을 구성하고 견고하게 만들도록 돕는 범주를 영구화하는 결과를 낳는다. 우리 동성애자들이 우파에게 그들과는 다름을 보여주는 기능을 하는 한, 우파의 파괴적인 신학의 근간은 계속 이의 없이 받아들여진다. 우리는 동성애자가 성직 임명을 받을 수 있는지를 물음으로써 우파의 꾐에 넘어가지 말고 교회에서 진보적인 정치활동을 펼치는 데 더 유용한 전략을 써야한다. 그 전략은 동성애자와 이성애자의 구분, 더 나아가 성관계를 맺는 동성애자와 그렇지 않은 동성애자 사이에 불화를 일으키는 구분이 아닌 도덕적 섹스와 비도덕적 섹스의 차이들을 토대로 삼아 시작된다. 기독교적 신실함은 성 정체성이라는 최근의 기준이 아니라 연합과 생식이라는 고대의 기준에 맞추어야 하며, 이로써 기독교인들은 보수, 주류, 급진 할 것 없이 모두 하느님의 영에 더 진지하게 주의를 기울이면서 자신의 성적 행위들을 다시 생각해보게 될 것이다.

아마도 이런 제안은 자신의 동성애가 자연적인 것이라고 믿는 기독교인들과 그러한 신념에 기반을 두고 교회 안팎에서 정치 활동을 하는 기독교인들에게 위협이 될 터이다.[28] 나는 이들의 경험에 의문을 제기하려는 것이 아니라 우리 존재의 다른 중요한 측면들도 아우르면서 우리 자신을 돌아보고 표현할 수 있는 다른 방법들을 창안하려는 것이다. 현재의 체계에서 우리는 모두 동성애자와 이성애자 중 하나로 분류되고, 그러한 분류를 선천적인 것 또는 개인적인 선택 중 하나로 이해하라는 이원론적인 강요를 받는다. 우리는 개성의 다른 측면 – 예컨대 사탕을 좋아하는지, 연날리기를 좋아하는지, 영화를 보러 가는 것을 좋아하는지의 여부 – 들이 자신의 자유 의지로 결정된 것인지 아니면 자연적, 생물학적 실재에 의해 결정된 것인지 묻지 않는다. 주된 이유는 이러한 측면들이 우리의 정체성에서 일차적이고 의미 있으며 중요한 부분으로 간주되지 않기 때문이다. 왜 성적 파트너의 젠더만이 그토록 중요한 것인가? 게다가 우리 기독교인은 성적 도덕성을 가늠하기 위해 이성애와 동성애라는 범주만을 사용하면서 하느님과 관련한 도덕적 쟁점들은 논의하지 않는다. 동성애와 이성애에 입각한 이

분법적 사고는 우리가 어디서, 언제, 얼마나 자주 성관계를 맺어야 하는지, 도덕적인 섹스를 나누려면 어떤 마음가짐과 영적 상태를 지녀야 하는지에 관해 생각하지 못하게 한다. 이러한 이원론적 사고는 우리의 파트너가 지녀야 할 생리적 용품만을 처방할 따름이고, 성관계를 맺는 것이 하느님을 사랑하는 것과 어떤 관련이 있는지 결코 알려주지 못한다.

동성애/이성애 체계는 모든 사람이 분명히 남근 또는 질 가운데 하나를 가지고 있다고, 그리고 누구나 자신의 성기와 단순하고 의문의 여지가 없는 관계를 맺고 있다고, 또한 그 성기가 "우리가 정말로 누구인가"와 필연적인 상관관계가 있다고 가정한다. 동성애자와 이성애자라는 범주는 모든 사람이 남자 아니면 여자이며 그들이 그중 어떤 젠더에 속하는지는 보는 사람들에게 너무나 자명한 것이라고 가정한다. 그러나 퀴어 프로젝트의 또 다른 중요한 측면은 남성성도 여성성도 사회적으로 구성되며 종종 "남성"과 "여성" 모두에 대한 극히 불안정한 가설과 판타지를 배경으로 하고 있음을 보여주고 있다.29 억압과 싸우고자 "동성애자"에 대한 특정한 범주화를 수반하는 자연적이고 초역사적인 동성애 개념을 사용해서는 안 되는 것처럼, 퀴어 이론가들은 우리가 현대 페미니즘의 토대인 "여성" 또는 "여성의 본질적 특성"이라는 초역사적 개념에 더 이상 호소해서는 안 된다고 주장한다. 그 개념을 사용하면, 무엇보다도 먼저 억압을 만들어낸 바로 그 개념을 타당하다고 인정하는 셈이 되기 때문이다. 주디스 버틀러 Judith Burtler는 이렇게 말한다. "'여성' 해방을 위한다는 명목으로, 젠더를 구성하는 체계에 무비판적으로 기대면 분명히 자멸하게 될 것입니다."30

퀴어 이론가들은 젠더를 파악하는 완벽한 과학적 검사법은 없다고 지적한다. 즉, 피험자가 남자인지 여자인지를 모든 경우에 분명히 확신할 수 있는 호르몬, 염색체, 해부학 검사는 없다는 것이다.[31] 만약 젠더가 단순히 염색체, 유전자, 생식기, 혹은 호르몬의 문제가 아니라면 폭넓고 다양한 사회적 사건, 전략, 판타지로 형성될 수밖에 없다. 예컨대 누가 돈을 더 많이 버는지, 누가 어떤 옷을 입는지, 누가 하느님과 관계를 맺고 있는지와 같은 것들에 의해서 말이다. 동성애나 이성애와 마찬가지로 우리에게는 "남자"나 "여자" 외의 선택지는 없다. 퀴어 이론가들에 따르면 이러한 정체성의 식별은 생물학적 또는 자연적인 "사실"이 아니라, 오직 한 가지 범주에 우리를 항상 그리고 일관되게 묶어두는 문화로 구성되는 것이다. 그러므로 젠더 (그리고 특히 사람을 오직 두 젠더로만 나눌 수 있다는 생각) 또한 사회적으로 구성되는 것이다. 사람이 남자로서 행동하는가 여자로서 행동하는가는 실행의 문제—즉, 여자나 남자가 하는 행동을 하고 그럼으로써 자신을 그렇게 규정하는 문제—이지 존재론적으로 확실한 것이 아니다. 젠더는 어린아이에게조차 자신을 식별하고 소년 아니면 소녀로서 행동하게끔 가르치는 문화를 통해 확립된다. 퀴어 이론가들은 젠더가 섹슈얼리티와 마찬가지로 (문화의 일부인) 우리가 "수행하는[do]" 것이고, 우리"인[are]" 것이 아니라고 주장한다.

또한 이 이론은 젠더에 입각한 차별을 극복하기 위한 정치 전략을 제시한다. 여성이 받는 억압을 "여성과만" 관련한 분리된 사건으로 간주하고 싸우는 방법은 억압의 복잡한 양상들을 놓칠 뿐만 아니라, 잘못된 바로 그 범주를 받아들이고 사실로 상정한다. 납득이 잘 안 될 수도 있지만, 퀴어 이론가들은 전선—특히 섹슈얼리티 쟁점을 둘러싼—은 남자와 여자 사이가 아니라 오히려 진보 정치를 지지하는 사람들과 "가족의 가치"를 지지하는 사람들 사이에 있다고 말한다. 그들은 이미 존재하는 젠더의 다양성을 공개―트랜스젠더들이 스스로를 표현하는 것에서처럼―하는 것을 지지함으로써 위계적인 남/녀 체계에 우리를 가두는 이분법에 저항한다. 또한 성적 선호와 마찬가지로 젠더도 생물학적 사실이 아니라 보여주는 행위임을 상기시킨다. 젠더를 둘로만 나누는 체계를 벗어난 새로운 퀴어 세계에서 우리는 성차별도(이런 세계에서 우리가 어떻게 여자를 정의할 수 있겠는가?) 동성애혐오도(선택지가 무한히 많다면 어떻게 "동성"인 파트너라는 것이 가능할 수 있겠는가?) 경험할 수 없을 것이다. 나는 이런 퀴어 이론이 오늘날 기독교 정치를 위한 결정적인 도움이 될 수 있다고 믿는다.

앞에서 말했듯이 만약 기독교인인 우리의 일차적인 신분이 "기독교인"이어야 한다면 왜 그 이상의 규범으로서 남녀라는 범주가 필요한 것일까? 이러한 문제 제기에 대해 아이를 양육하기 위해서 서로를 "남성"과 "여성"으로 구분할 필요가 있다는 주장이 있을지도 모르겠다. 하지만 기독교인은 모든 기독교인을 교회 가족으로 더 온전히 받아들이기 위해 생물학적 관계에 대한 집착에 의문을 제기하도록 부르심을 받았다. 역사를 돌아볼 때 기독교는 기본적으로 출산이 아니라 개종을 통해 새 신자를 얻어왔다. 따라서 기독교인인 한 쌍의 성적 파트너가 생물학적으로 재생산이 가능한지의 여부는 조금이라도 문제가 되어서는 안 된다. 기독교인들이 환영받지 못하는 모든 사람을 자신의 밥상에 초대하고 모든 아웃사이더를 교회 안에 받아들이고자 하는 한, 생육하라는 기독교의 계명을 지키는 것으로 이해해야 한다. 그런 환대의 관계에서 구성원의 "젠더"는 그렇게 중요한 사안이 아니다. 퀴어 이론의 도움을 받아 우리 기독교인은 자기 자신을 특별히 환대를 소명으로 받은 자로 이해할 수 있다. 그러한 정체성은, 그것이 다름 아니라 타인을 환영하고 사랑하며 그들과 구원의 복음을 함께 나누는 가운데 세워진다는 것을 늘 상기시킴으로써, 하느님을 사랑하려는 우리의 소망을 반영할 것이다.

젠더와 성적 선호라는 정체성조차 압도하는, 기독교인이라는 이 으뜸가는 정체성이 교파적 또는 지역 교회 수준에서 곧바로 생기지 않으리라는 것은 분명하다. 우리 기독교인은 다양한 젠더 구성으로 하느님과 특정한 관계를 맺고 있다. 우리 대다수에게 젠더 정체성을 포기하는 것은 부분적으로는 그것이 젠더에 기초한 우리의 영적 생활에 위협이 되기 때문에 놀랍고 무서운 일일 수 있다. 젠더와 성적 선호를 넘어서는 삶을 시도하는 것은 처음에는 아주 지역적인 수준에서만 가능할 것이다. 우리는 부차적인 다른 정체성들 대신에 기독교적 정체성을 개발하는 데 전념하는 기독교 가정—직계 혈족으로만 구성되지는 않는—과 작은 예배 공동체들을 세울 수 있다. 이 공동체들은 젠더와 성적 선호가 충실한 기독교 신앙과 어떤 관련이 있는지 부지런히 따져봄으로써 우리 안에 깊이 숨어 있는 성차별과 동성애 혐오에 도전할 수 있을 것이다. 이 공동체에서는 ("젠더가 다른" 사람들뿐만 아니라 우리가) "젠더가 같은" (존재로 여겨왔던) 사람들이 일상적으로 망설이는 일 없이 결혼할 것이다. 그러나 이들의 혁명적인 정치 활동은 이러한 행위들이 아니라, 충실한 기독교 신앙이 으뜸가며 유일한 척도인 세계를 분별할 수 있는 능력에 토대를 둘 것이다. 이러한 집단은 도덕성을 판단하는 새로운 전략을 개발하고자 기독교 전통으로 돌아올 수도 있을 것이다. 우리는 젠더와 성적 분류를 초월함으로써, 성행위와 영성을 연결함으로써, 그리고 바울이 갈라디아서 3장 28절에서 내린 "그리스도 안에는 남자도 여자도 없다"라는 처방을 구현함으로써 신앙을 튼튼하게 할 수 있다. 오늘날 교회가 젠더 역할과 영성을 결부하는 방식으로 억압받고 있다고 느끼는 사람들에게 그런 공동체들은 등대가 될 수 있다.

19세기 중반에는 여성이 하느님과 영적, 도덕적으로 친밀한 관계를 맺는 능력을 받았다는 이데올로기가 있었다. 남자는 더 이상 영적 활동에 전념할 필요가 없었기에 공적 영역에서 물질적으로 성공하는 데 전념할 수 있었다. 남녀가 교회 활동에서 서로 다른 역할을 맡는 오늘날의 교회는 자기도 모르는 사이에 19세기의 이데올로기를 물려받았다. 진보적인 교회에서조차 남자는 보통 중요한 일, 재정 관리, 기타 공적 영역과 관련한 일을 책임진다. 반대로 여성은 음식 준비, 어린이 교육, 환자 방문과 돌봄, 사적 영역과 관련한 활동을 주로 맡는다. 비록 많은 곳에서 이런 젠더 역할에 도전하고 있지만 우리가 하느님을 섬기는 방법과 젠더가 관련이 있다는 생각은 대개 여전히 남아 있다. 젠더를 넘어서 삶을 영위하려는 이러한 영적 공동체들은 이런 이데올로기의 한계를 충분히 파악하는 데 도움을 줄 수 있다. 우리가 젠더로 우리의 가능성을 제한하지 않는 한, 이러한 공동체들은 우리의 삶이 하느님으로 충만할 수 있음을 보여줄 수 있다.

하지만 그 길에 위험이 없는 것은 아니다. 젠더와 성적 선호를 사회적 구성물로 이해하는 것이 때때로 성차별과 남성 지배를 위한 구실을 제공하는 역할을 하기도 한다. 즉, 남녀라는 이분법의 체제를 부수려다가, 원래부터 남성의 영역과 결부되어 있던 이러한 성차별과 남성 지배를 공고히 하게 되는 것이다. 세속의 퀴어 이론가들은 이렇게 둘로 양분된 세계에 도전하기보다는 여성과 관련지어지는 여러 속성을 단순히 제거하거나 조롱해왔다. 그래서 세상에서 퀴어가 된다는 것은 대개 개방적이 되고 단호해지고 공격적이 되며 "뻔뻔해"지는 것을 뜻한다. 이러한 새로운 담론은 관계, 돌봄, 영성 같은 속성을 타협적이거나 바람직하지 않은 것으로 자주 일축해버린다.

"레즈비언"이라는 범주의 역사와 내용을 놓고 오늘날 벌어지는 논쟁은 이 점을 잘 보여준다. 동성애자이자 "성 정체성이 여성인" 릴리언 페이더 먼[Lillian Faderman], 캐럴 스미스-로젠버그, 에이드리언 리치[Adrienne Rich] 같은 페미니즘 역사학자와 저술가들은 과거 여성들이 맺은 유대 관계를 바탕으로 레즈비언 경험을 이론화했다. 예컨대 스미스-로젠버그는 레즈비언을 19세기 초 미국에서 동성 친구와 정서적 유대를 깊게 맺었던 중산층 여성으로 보고, 그 유대 관계에 성적이고 관능적인 느낌이 있었다고 결론 내린다. 비록 그 당시에 그들이 자신을 지칭하기 위한 "레즈비언"이란 범주가 없었고 또한 그들이 (적어도 오늘날 우리가 규정하는) 성행위를 했다는 증거를 찾을 수 없었지만 말이다. 이들은 전형적인 중산층 여성으로서 빅토리아 시대의 사고방식을 지녔으며, 가족의 도덕적이고 영적인 필요들에 주의를 기울였고, 자신의 "특별한 본성"을 다른 여성들과 끈끈하고 강한 정서적 유대를 맺는 기회로 사용했다. 스미스-로젠버그에 따르면 여성들 사이의 이러한 유대는 아주 종종 남편과의 관계보다도 우선시되었다. 모든 세대의 페미니즘 학자에게 여성과 연애편지를 주고받는 여성이 레즈비언이라는 것은 의심할 나위없는 사실이었다. 그런데 이런 의미로 레즈비언을 부르는 것은 역사 속의 수많은 여성을 레즈비언으로 보는 것일 뿐만 아니라 그 범주가 성행위보다 더 넓은 의미를 지닌다는 것을 우리 스스로 인정하는 셈이었다.[32]

그러나 1990년대에 이르자 새로운 세대의 학자들은 본질주의에 반대하는 퀴어 담론을 제시하면서, 초기의 페미니즘 학자들이 자신이 연구한 여성들을 레즈비언으로 간주한 것을 비판했다. 그들은 오늘날의 동성애 개념이 역사적으로 독특한 것이며 우리가 생각하는 "레즈비언"과, 다른 여성과 "특별한 우정"을 맺은 19세기 여성 사이에는 공통점이 거의 없다고 지적했다. 결국 이들은 중산층 여성들이 맺은 정서적 유대를 레즈비언을 이해하는 기초로 삼은 것을 비판했던 것이다. 사실 이러한 초기 페미니즘 역사학자들은, 20세기로 바뀌는 시기에 남자같이 거친 여성성에 대한 탐닉에 기초해 관능적인 공동체를 형성한 노동계급 여성을 사실상 무시했다. 예컨대 엘리자베스 케네디[Elizabeth Kennedy]와 매들린 데이비스[Madeline Davis]는 이렇게 설명한다. 초기의 학자들은 "세기의 전환기에 성적으로 솔직하고 노골적이었던 레즈비언 공동체들에 거의 관심을 두지 않았고 그들의 [남자같이 거친 여성이라는] 정체성에 문제가 있다고 보았다."[33] 새로운 세대의 퀴어 학자들은 남자 같은 노동계급 레즈비언의 역사에 관심을 두면서, 정서와 감정보다는 성행위를 중심축으로 하여 여성 동성애를 다시 이론화한다. 이들은 "사랑과 의식儀式의 여성 세계" 대신에 "남자 같다고 자처하는 레즈비언"과 그의 여성 파트너, 즉 "화장하고 꾸미는 레즈비언"에 초점을 맞춘다.[34] 이 새로운 담론에서 여성 동성애는 젠더와 섹슈얼리티를 둘러싼 다양한 실천이고, 이 실천들은 정서 또는 가정과는 아무런 상관관계가 없다. 여성 동성애는 이제 영적 관계 또는 돌봄이 아니라 공적이면서 성적인 역할들로 규정된다.

레즈비언 역사에 대한 이 논쟁에서 핵심 쟁점은 무엇을 "레즈비언"의 섹슈얼리티로 간주해야 하느냐 하는 것만이 아니라 19세기 빅토리아 시대의 여성성과 결부된 이러한 종류의 정서를 정치적 진보주의자들이 긍정하고 보존해야 하는지, 비판하고 소멸시켜야 하는지에 대한 것이었다. 초기 페미니즘 담론을 강조하면 빅토리아 시대 여성의 복잡하고 강렬한 영성과 정서를 되찾고, 이러한 여성성을 오늘날 페미니즘의 표지로 삼게 된다. 반대로 새로운 퀴어 연구는 이러한 여성성을 억압적이고 섹스와 무관한 관념으로 보고 의심하며 거부한다. 대신에 그것은 가정이란 감옥에서 벗어나게 하고 공적 영역에서 자신을 명확하게 성적인 존재로 인정하는 여성의 능력을 지지한다.

나는 "레즈비언" 개념이 아무런 의미가 없었을 시대에 그 개념을 끌어들이고 싶지 않다. 하지만 현대 퀴어 담론이 공적 영역의 활력, 발전, 공격성을 지지하면서 사적 영역의 가정, 정서, 영성을 사실상 일축하는 점이 심히 걱정스럽다. 나는 이 점에서 세속의 퀴어 이론에 반대한다. 그것이 젠더를 해체하기 때문이 아니라, 종종 협소하게 규정된 "공적" 생활에 참여하는 것을 암묵적으로 해방과 등치시키기 때문이다. 이 새로운 퀴어 담론은 섹슈얼리티를 터놓고 논의─이 부분에는 갈채를 보낸다─하면서도 종교, 하느님, 영적 유대에 대한 욕구는 사실상 배제해버렸다. 초기의 페미니스트들은 여성의 영적 본성(이라 간주하는 것)과 성적 감각(또는 적어도 관능적 특성)이 본질적으로 얽혀 있다고 분명히 밝혔다. 퀴어 이론가들은 이런 여성성 관념을 거부하면서 하느님 이해라는 열망 또는 필요도 함께 내던져버렸다.

사적 영역과 결부되는 활동을 늘 주목해야 하는 이유는 이 일들이 사람들 대부분에게 일상생활을 재생산하는 활동이기 때문이다. 요리, 청소, 세탁, 양육, 심부름, 선물 구입, 마트 가기는 직장과 정치활동이라는 공적 생활을 유지하기 위해서는 반드시 해야 하는 일이다. 누군가는 이 일을 해야 하고 특별한 경우가 아니라면 여성이 할 것이다. 만약 스스로 특별하게 여기는 "여성들"이 그 일들을 하지 않기로 한다면 유색 인종 여성이

나 특별한 정체성이란 호사를 누릴 형편이 안 되는, 소외된 다른 이들이 그런 일을 할 것이다. 일상생활을 사회적으로 재생산하는 것은 힘든 일이고, "사람들이 바라지 않고" 볼품없는 이런 일들을 우리 문화에서는 (아주 적은 보수로) 소수자들에게 그리고 (무보수로) 여성에게 떠넘겼다. 퀴어 이론은 삶의 공적이고 정치적인 부분은 긍정한 반면 가정과 결부된 일들은 무시했다. 이는 종종 성차별주의뿐만 아니라 인종 차별과 노동계급 착취라는 결과로 이어지기도 했다.

여성이 일상생활의 사회적 재생산 및 가정과 역사적으로 결부되어 있다는 사실로 인해, 많은 여성—그리고 특히 많은 페미니스트—이 공적 영역에서 정치적으로 조직화하는 데 온건한 방식을 택했다. 퀴어 이론과 관련한 공격적이고 대담한 조직화 방식은 역사적으로 주로 남성과 결부되고 남성들이 유지해온 방법이다. 결국 (퀴어 담론이 진행되면서) 게이들은 물적 자원과 정치권력에 이르는 수단을 얻을 기회가 더 많아졌다. 오늘날의 투쟁에서 왜 이런 자원이 사용되지 않겠는가? 그래서 이 새로운 퀴어 연합은, 우리가 "여성"이라 부르는 사람들이 "남자"라 부르는 사람들과 합류함으로써 정치적으로 더 잘 조직화해왔다는 신념을 견지한다. 세라 슐먼 Sarah Schulman 은 『나의 미국사 My American History』에서 이 점을 분명히 보여준다.

〈액트 업〉 이전에 레즈비언들은 효율적이고 고무적인 전술을 찾거나 성취 가능한 구체적인 목표를 설정하기가 쉽지 않았다. 또한 조직화를 위한 노력으로 누구에게 영향을 줄 수 있을지를 분명히 알기 어려웠다. 확실한 형태가 없고 구체성이 결여된 우리의 정치활동에는 패배할 수밖에 없는 무언가가 있었다. 그런데 [우리는] 오직 〈액트 업〉을 통해서 정치활동의 순서를 배열하는 법을 배웠다. 첫째, 실현할 수 있는 요구사항을 만들라. 그리고 그것을 훌륭한 방법으로 제시하라. 반응이 없을 경우에는 직접 행동에 나서라. 상대가 압력을 받을 때까지 계속하라. 당혹스럽게 하거나 어떤 방식으로든 대응할 필요를 느끼도록 하라. 그러고는 그 요구가 실현되도록 그들과 함께 일하라. 가능할 때면 언제든지 이렇게 하라. 이런 집중 전략으로 당신은 궁극적인 목표에 가까이 갈 수 있을 뿐만 아니라 동료 활동가들에게 긍정적이고 만족스러운 경험을 줄 수도 있고, 정치적 변화를 위한 전략을 짜는 일에 동기를 얻을 수도 있다. 시위자들이 정부 기관을 점거한 〈액트 업〉 데모에 참여했던 첫날을 나는 기억한다. 그때 나는 깨달았다. 1980년대 초의 페미니즘 운동 진영이 미국 국방부 건물 펜타곤을 둘러싸기는 했어도 한 번도 펜타곤 현관을 통과해 들어가지는 않았다는 것을 말이다.[35]

숄먼의 이야기가 잘 보여주듯이 무성적 존재가 되는 것과 남성적 존재가 되는 것 사이에는 의도하지 않은 연대가 자주 생긴다. "여성"에게 젠더의 해체란, 남성 우위의 세계에서 "반드시 패배할 수밖에 없는" 여성 기반 이데올로기들에 더 이상 "구속받지" 않으며, (남성 우위의) 공적 공간과 (남성 지향적인) 정치권력에 접근할 수 있음을 의미한다.[36]

기독교는 퀴어 이론을 차용하면서 세속의 퀴어 이론가들이 저지른 실수, 즉 이전에는 사적 영역과 결부되었던 하느님, 종교, 영적 생활에 대한 요청을 내던져버리는 실수를 반복해서는 안 된다. 우리는 모두 19세기의 후손이어서, 오늘날 미국에서는 대개 여성이 종교적인 일을 담당하곤 한다. 곧 "여성"은 하느님과 관계를 맺는 사람, 기독교를 유지하는 필요조건을 충족하는 사람을 뜻하는 것이다. 우리는 "남성"과 "여성" 개념을 해체하면서 역사적으로 여성의 영역과 결부된 것들―예컨대 종교―을 부인해서는 안 된다. 우리는 전통적으로 여성이 맡아온 종교적 과제를 진지하게 받아들이고 보존해야 한다. 그리고 이것이 **모든** 기독교인이 지금 꼭 참여해야 하는 일임을 이해해야 한다. 기독교인인 우리는 일상생활을 사회적으로 재생산하는 일이 단지 몇몇 사람만이 감당해야 할 하찮은 일이라고 생각해서는 안 된다. 나는 지난 세대에 우리 대부분이 어머니 세대보다 자녀들과 더 즐겁게 보내는 법을 (그리고 좀 더 지저분한 집에서 사는 법을) 배우지 않았나 생각한다. 우리는 공적, 사적 생활을 모두 즐길 수 있도록 균형 잡는 일에 능숙해졌다. 만약 새로운 기독교 공동체들이 21세기에 진정으로 강해지길 바란다면 편안하고 안전한 거주 환경 만들기, 남을 위한 식사 준비, 아이들 가르치기, 환대하기, 기도하기, 성경 읽기, 도덕적인 삶이 어떤 것인지 고민하기, 교회 활동 꾸리기 같은 일을 긍정해야 한다. 이런 일들은 모든 기독교인이 젠더와는 상관없이 반드시 해야 할 소명으로 이해해야 한다. 우리 기독교인에게는 "남자"와 "여자"라는 존재론적 범주가 필요 없지만, 역사적으로 여성의 영역에 할당된 일들을 되찾고 소중하게 여길 필요가 있다. 만약 우리가 새로운 퀴어 기독교에서 "여성의 역할"을 적극적으로 재창조하지 않는다면 우리는 하느님과의 관계를 상실할지도 모른다.

어떤 관점에서는 이런 전략은 모순적인 것처럼 보인다. "여성" 또는 여성의 영역이 우리가 벗어나고자 애쓰는 바로 그 범주라면 왜 그것에 집중하는가? 하지만 우리는 당분간 이 모순과 함께할 필요가 있다. 우리는 새로운 퀴어 기독교가 여성을 차별하고 무시하는 또 다른 속임수가 되지 않도록 보호하고 현실과 괴리되지 않는 영성을 지키기 위해 여성**에게** 그리고 여성 **너머**에 모두 초점을 맞춰야 한다. 퀴어 이론은 정치적으로 진보적이고 젠더화되지 않은 세계라는 흥미로운 관점을 보여줄 수 있지만 오직 우리가 페미니즘의 분석 또한 필요하다는 것을 인식할 때에만 그럴 수 있다. 만약 우리가 섹슈얼리티, 젠더, 영성을 더 신뢰할 만한 방법으로 생각하기를 바란다면 교회는 퀴어와 페미니즘의 분석 모두에 주의를 기울여야 한다. 퀴어 담론은 신실함을 판별하는 데 근본적으로 도움이 안 되는 범주들을 없애는 일에 도움이 될 수 있다. 우리는 더 이상 영성을 젠더에 기초할 필요가 없다. 즉, 더 이상 남자인지 여자인지에 기초해 하느님과 특정한 관계를 맺을 필요가 없다. 남성/여성 이분법을 넘어서는 것은, 교회라 불리는 공동체에서 우리가 근원적이고 삶을 좌우하는 자격 외에는 우리 존재의 다른 어떤 측면에도 신경 쓰지 않고 하느님의 사랑을 받을 수 있도록 우리를 자유롭게 할 것이다. 그러한 움직임은 동성애를 둘러싼 주류 교파들의 갈등도 말끔히 해결해줄 것이다. 우리에게 젠더라는 개념이 없었다면 누군가가 "동성애자"인지 "이성애자"인지를 어떻게 알 수 있었겠는가? 하지만 페미니즘도 필요하다. 그것은 영성과 도덕에 속한 "여성의 일"을 우리가 새로운 퀴어 기독교 담론에서 의식적으로 중심 관심사로 삼도록 도와줄 것이다. 교회는 "여성"으로 구성된 사람들을 적극 기억해야 한다. 그들이 여러 세대에 걸쳐 우리가 하느님을 더 온전히 알도록 도와주었던 중요한 일들을 상기시키기 때문이다.

앞 장에서 나는 기독교인 동성애자 활동가들이 동성애자 결혼 합법화 투쟁 이상의 것을 지향해야 한다고 주장했다. 결혼이라는 이성애적 관습이 대개 우리를 가족 단위 안으로 밀어넣고 공동체적 생활과 그리스도 안에서의 삶에 집중하지 못하게 하기 때문이다. 이 장에서 나는 동성애자

활동가들이 동성애자의 성직 임명 이상을 바라봐야 한다고 제안했다. 우리가 "동성애자"라는 범주—젠더 역할을 본질적인 것으로 가정하는—에 계속 의존하는 한 "동성애자"와 "이성애자"라는 위계는 존속할 것이고 동성애자는 항상 주변적인 존재로 남을 것이다. 그렇다면 동성애 기독교인 활동가들과 동성애에 우호적인 기독교인들은 교회를, 새로운 창조를 위한 하느님의 비전과 더 잘 어울리는 곳으로 만들기 위해 무엇을 해야 할까? 오늘날의 교회에서 진보적인 기독교 정치활동을 수행하는 가장 좋은 방법은 성 윤리를 주제로 진지하고 깊이 있는 논의를 시작하는 것이다. 오늘날 정치관이 다양한 기독교인 모두가 섹스를 하느님과 아무런 관련이 없는 개념으로 영속화하고 있다. 기성 교회들은 도덕적 섹스라는 주제에 거듭거듭 침묵하도록 하는 거짓의 체제 혹은 관계망으로 기능하고 있다. 교회나 교파들이 우리가 성적 파트너(그들의 성기)에 관한 특정한 측면을 공개적으로 인정하는 것을 허락할 때조차 결코 발언을 허락하지 않는 사안이 있다. 그것은 우리가 성관계를 맺는 중에 우리의 영혼 또는 우리와 하느님과의 관계에 무슨 일이 일어나는가 하는 것이다. 그들은 우리가 섹스와 영성의 관련성을 말하는 것을 좀처럼 허락하지 않는다. 즉, 가장 진보적이고, 약자를 용납하며, 갈등을 중재하는 교회들조차 "동성애자"와 "이성애자" 모두가 그런 주제에 침묵하여 숨어버리는 밀실로도 쓰이는 것이다. 요컨대 현대 기독교 정치활동의 중심 문제는 "동성애자에게 성직을 허락해야 하는가?"나 "동성애자에게 결혼을 허락해야 하는가?"가 아니라 "어떠한 성적 실천이 기독교적 삶과 관련이 있는가? 섹스가 우리와 하느님의 관계, 그리고 우리와 기독교 공동체의 관계에 어떤 영향을 미치는가?"가 되어야 한다.

제6장
진보적인 성 윤리를 향하여

우리 모두가 잘 아는 이야기가 있다. 두 사람—한 남자와 한 여자—이 에덴동산이라는 지상낙원에서 살았다. 그들이 한 나무—선악을 알게 하는 나무—의 열매를 따 먹지 않는 한 즐겁고 풍요로운 세계는 영원히 자신들의 것이었다. 오늘날 우리 대부분이 받아들이고 있는 해석에 따르면, 선악과를 먹는 것은 성적인 무엇인가를 하는 것을 의미한다. 아담과 이브가 뱀에게 이끌려 그 금단의 열매를 먹자 갑자기 또한 이상하게도 성행위가 본질적으로 수상쩍은 행위가 되어버렸다. 그들은 더 이상 에덴동산에서 벗은 채로 행복하게 돌아다닐 수가 없었고 하느님이 보실까, 서로 볼까 두려워 벗은 몸을 감추었다. 그들이 죄를 지은 결과로 우리도 성욕을 선한 것이 아니라 반드시 억제해야 할 위험한 충동으로 이해해야 함을 배우게 되었다. 우리에게 그 열매는 우리 육체의 타락에 대한 상징이 되어왔다. 우리는 악을 피하는 것을 중심으로 성 윤리를 사고한다. 그리고 성관계를 맺을 때도 그런 사고방식에 따라 행동한다.

제5장에서 나는 우리가 성 도덕을 이야기하는 오늘날의 방식에서 섹스는 하느님과 아무런 관련이 없다고 주장했다. 하지만 사실 더 넓은 관점에서 볼 때 섹스는 전적으로 하느님과 관련해 있다. 즉, 여러 세대에 걸쳐 기독교 윤리학자, 윤리신학자, 종교 지도자들은 어떤 경우에 섹스가 도덕적인지 아닌지를 고민하는 데 시간과 노력을 많이 쏟아왔다. 이러한 섹슈얼리티에 대한 몰두는 기독교인이 수용 가능한 성행위에 대한 아주 세부적인 규정을 잔뜩 만들게 했다. 이것은 교회 안의 차이를 박해하는 토대로 기능하기도 했다. 이 마지막 장에서 나는 기존의 성 윤리 체계들과 그 체계 이면에 놓인 섹슈얼리티에 대한 생각들을 검토한다. 비록 교회의 가르침 중 일부는 여성과 동성애자의 자리를 없애버렸지만 우리의 성행위가 언제, 어떻게 하느님을 기쁘게 하는지에 중요한 통찰을 주는 다른 가르침들이 있다. 이 장은 그러한 전통을 면밀히 검토하면서 하느님께 초점을 맞춘 성 윤리를 구성하는 데 유용한 점은 살리고, 성 정체성과 젠더 정체성을 근본적으로 낡고 억압적인 위계에 구속할 수밖에 없는 것들은 버릴 것이다.

나는 제1장에서 자유주의 기독교인 대다수가 성적 선호를 관용의 문제로 취급한다는 것을 이야기했다. 관용이란 철학 개념은 인간의 많은 갈등과 고통을 줄이는 데 자주 도움이 되었지만 그 자체가 기독교의 핵심 메시지인 것은 아니다. 자유주의는 우리에게 서로 관용하라 하고 곤란하게 하지 말라고 하지만 우리의 차이들을 가로질러서 기독교 공동체를 건설하는 방법을 알려주지는 않는다. 또한 함께 살면서 평화와 행복을 찾는 법도 가르쳐주지 않는다. 짐 월리스는 『정치의 정수^{The Soul of Politics}』에서 이렇게 말했다. "자유주의는 이 같은 도덕적 가치, 즉 중요한 사회 변혁 운동을 뒷받침해야 할 도덕적 가치를 제대로 표현하거나 설명할 수 없다. [왜냐하면] 개인의 행위와 사회 변화 사이의 중대한 연결고리를 놓치고 있기 때문이다."[1] 관용만으로는 충분하지 않다. 복음은 우리에게 그저 서로 인내하고 받아들이는 것뿐만 아니라 서로 잘 알고, 서로에게서 기쁨을 찾고, 서로의 필요를 돌아볼 것을 요구하고 있다. 기독교인인 우리는 서로의 차이, 예컨대 인종, 젠더, 계급, 성적 선호에 눈감아서는 안 된다. 무엇이 우리 형제자매들을 다르게 하는지와 이러한 차이에 기초해 더 튼튼한 기독교 공동체를 건설하는 방법을 배워야 한다.[2]

　　1960년대의 자유주의와 진보성은 여성, 흑인, 게이, 레즈비언, 기타 소수자들의 선지자적인 목소리가 교회에 다시금 활력을 불어넣을 수 있게 했다. 그러나 그 이후에 진보적인 기독교인은 진보성과 활력을 상실해갔다. 1960년대 진보주의 및 자유주의 기독교인에게는 바람직한 사회에 대한 분명한 비전—예컨대 세계평화와 인종 통합—이 있었던 반면 오늘날 자유주의 기독교인은 의심의 여지가 없는 사회적 선을 기술하는 일에 확신이 별로 없다. 1960년대의 자유주의 기독교인은 기독교 공동체라는 구체적인 비전을 위해 힘썼고 다원주의는 자연스럽게 뒤따라 오도록 했다. 반면 오늘날의 자유주의 기독교인은 다원성과 관용을 위해 노력하면서 공동체는 어찌어찌하다 보면 뒤따를 것이라고 희망한다. 1960년대 사회운동들이 교회를 갱신하는 기초로 이바지하기는 했지만 그 기획은 멈추고 말았다. 그 운동의 목표들이 온전히 실현되지 않은 것이다. 나는 이 장에서 섹슈얼리티에 관한 기독교 전통의 도덕관과 그 뿌리로 돌아갈 것을 제안한다. 이는 우리 삶에서 섹슈얼리티의 역할과 중요성을 명확하게 하도록 도와줄 뿐만 아니라 복음의 급진적인 요구를 상기시켜줄 것이다. 우리는 기독교의 가르침을 포기하지 않으면서도 새로운 유형의 성적 관계들을 확언할 수 있고 또한 확언해야만 한다. 바로 그러한 가르침이 우리 앞에 놓인 새로운 환경에서 겪을 수 있는 비윤리적인 성적 만남을 피하도록 도와줄 수 있기 때문이다.

여기서 나는 오늘날 신학과 성서 연구에서 치열하게 논의되는 쟁점들을 다루지는 않는다. 고대 세계가 성서의 이야기들에서 나타나는 것처럼 육체에 적대적이었는지 아니면 초대 교회가 혐오했던 쾌락을 사랑하는 세계였는지는 여기서 나의 관심사가 아니다. 마찬가지로 섹슈얼리티를 고대 이스라엘에서 그 자체로 죄로 간주했는지 또한 아담과 이브와 타락 이야기에 대한 해석이 더 나중에, 즉 교부들의 가르침으로 등장한 것인지에 대한 논쟁도 피하고자 한다. 나는 기독교 전통에서 섹슈얼리티를 어떻게 부정적으로 보아왔는지를 조사하는 일에 흥미가 없으며 그 반대로, 즉 섹스의 모든 형태와 행위가 본질적으로 선하고 하느님께 속하는 것이라고 단언하지도 않는다. 오히려 나는 섹스가 우리가 살아가면서 하는 다른 대부분의 활동과 마찬가지로 선할 수도 나쁠 수도 있다는 자명한 관념에서 출발한다. 섹스는 좋기만 한 것도 아니고 나쁘기만 한 것도 아니다. 또한 본질적으로 도덕적이거나 악한 것도 아니다. 오히려 성적 행위의 의미와 도덕성은 그것을 둘러싼 조건과 환경에서 나온다. 나의 과제는 선한 것과 나쁜 것의 차이를 구별하게 하는 이러한 조건과 환경들을 논의하는 것이다.

기독교인으로서 우리는 일상생활의 많은 측면이 기독교적 맥락에서 특별한 신학적 의미를 지닌다고 믿는다. 예컨대 식사를 함께 나누고 빵을 쪼갤 때 우리는 우리 자신이 하느님의 영을 구하고 있다고 이해한다. 마찬가지로 우리는 자녀를 기르고 그들에게 세례를 주면서, 우리가 돌보는 아이들이 우리가 아닌 하느님께 속한 존재라고 생각한다. 섹스도 이와 다르지 않을 것이다. 섹슈얼리티에 관심을 둔 많은 윤리학자들이 신앙과는 상관없이 모든 사람에게 적용할 수 있는 성 윤리 체계를 개발하고자 애써온 반면, 나는 기독교인이 섹스와 하느님 모두를 이해하고 경험하는 방법에 관심이 있다. 기독교인들은 어떤 조건에서 섹스를 좋은 행위로 생각할까? 반대로 비도덕적인 섹스의 표지는 무엇일까? 이러한 질문을 숙고하는 데 기독교 역사의 어떤 부분들이 도움이 될까? 또 어떤 부분들이 고대 세계의 여자 증오, 육체 혐오와 같은 측면을 반영하고 있을까?

스티븐 사이드먼을 비롯한 여러 사람이 주장해왔듯이 모든 세대의 모든 사람을 관리하려는 성 윤리는 그 무엇이라도 권위주의적이고 위험하다. 사이드먼은 그의 저작에서 역사 속의 그리고 동시대의 다양한 문화에서 섹슈얼리티가 다르게 구성됨을 보여준다.[3] 어떤 이들에게 섹스는 낭만을 의미하고, 엄격하게 규정된 젠더 역할에 의존한다. 다른 이들에게 섹스는 그러한 역할들에서 벗어날 수 있는 기회이다. 어떤 공동체에서 섹스는 소유의 표시이고 다른 공동체에서는 철저한 평등의 표시이다. 내가 여기서 개괄적으로 제시하려는 생각은, 21세기로 전환하는 시기에 있는 미국의 기독교 지역 공동체와 스스로가 교회임을 인정하는 독자를 1차 대상으로 한다. 이들은 섹슈얼리티와 관련해 의견이 충돌하는 세계를 물려받았다. 예컨대 이런 것들이다. 우리의 몸은 좋은 것이기도 하고 나쁜 것이

기도 하다. 섹슈얼리티는 하느님이 주신 선물이지만 하느님을 알 수 있는 가장 좋은 방법은 독신이다. 하느님은 우리를 레즈비언, 게이, 양성애자, 성전환자로 만드셨지만 우리가 이성애적 결혼이라는 방식으로 살아가기를 바라신다 등등……. 바로 지금 우리의 지역 교회와 교파들은 도덕적인 섹스는 어떠해야 하는지에 대해 아주 혼란스러운 상태이다. 이 장은 우리 전통의 가르침들을 재발견하고 재해석하며, 그것을 오늘날 교회를 압박하는 쟁점들에 적용한다.

기독교 전통 안에 있는 우리 대부분에게 섹스는 생식 행위일 뿐만 아니라 상징적 행위이기도 하다. 이는 우리가 고립된 섬이 아니며 육체관계에서 타인을 받아들이도록 창조되었다는 사실을 시사한다. 낯선 이들끼리 우연히 성적 관계를 맺을 때조차 아주 종종 만남 그 자체가 하나의 공동체를 형성하거나 관계를 맺는 이들에게 의미를 남긴다. 보통 우리는 섹스를 하면서 개인의 경계를 잠시나마 잊는다. 그리고 우리가 누구인지와 우리가 바라는 것들이 변화하면서 타인과 연합하게 된다. 섹스가 설명할 수는 없지만 아주 깊이 우리를 타인과 연결하기 때문에 우리는 섹슈얼리티의 도덕성을 생각해야만 한다. 성 윤리는 친교와 소속의 신비를 규명하고자 하는 시도이다.

20세기에 지식인들은 기독교인의 생활에서 성관계가 어떤 역할과 기능을 하는지 규명하고자 노력해왔다. 아우구스티누스와 크리소스토무스 Chrysostomus 같은 초기 기독교 교부의 권고에서 아퀴나스 같은 중세 스콜라 철학자를 거쳐 최근 로마가톨릭 학자들이 내놓은 발표들에 이르기까지, 많은 기독교 사상가들은 섹스가 연합과 생식이라는 조건 모두를 충족할 때에만 도덕적이라고 단언해왔다. 이 두 조건이 섹스가 언제 또 어떻게 도덕적이 되고 하느님을 기쁘게 하는지를 판단하는 데 도움을 주고 전통 안에서 긴 역사를 가지고 있기 때문에, 그 의미를 깊이 탐구하는 작업은 가치가 있다.

연합은 친밀함, 변함없음, 한 몸을 의미한다. 성행위의 연합적인 특성으로 두 사람은 하나가 된다. 각 개인의 경계가 문자 그대로도 또 은유적으로도 흐릿해진다. 즉, 각 개인은 일시적으로나마 자기 자신보다 더 큰 무엇인가의 일부가 된다. 빈센트 제노베시는 이렇게 설명한다. "성행위는 자아를 조금의 거리낌도 없이 완전히 내준다는 표시입니다. [섹스 중에] 각 개인의 개성은 다른 자아와의 상호침투로 소멸합니다."4 섹스 중에 사람들은 변화하는데 다른 사람의 육체와 정신에 융합되기 때문이다. 루이스 스미디스Lewis Smedes는 이렇게 말한다. "섹슈얼리티는 친밀한 교감을 바라는 인간의 열망입니다. 그것은 한낱 가려운 곳을 긁고 싶은 육체적 욕구 이상으로서, 우리에게 타인을 경험하고 믿고 그의 신뢰를 얻고 그의 몸을 끌어안음으로써 그의 삶에 들어가라고 강권합니다."5 마찬가지로 제임스 넬슨은 이렇게 말한다. 연합은 "인간이 자아와 관련한 강렬한 감각들을 경험하면서 몸, 정서, 정신, 영적 감정이 하나가 되는 것입니다. 성적 즐거움—성관계에서의 오르가슴 또는 유아에게 모유 수유를 할 때의 깊은 감각적 경험—에서는 몸 자체가 깊이 하나 되는, 자기에게서 나와서 타인에게 들어가는 느낌을 받습니다. …… 거기에는 자기 포기가 있습니다. 자아가 자신을 통제하던 무엇인가를 포기하는 것입니다".6

개인주의와 고립을 깨뜨리는, 다른 영혼들과의 이러한 연합은 꼭 섹스 중에만 일어나는 것은 아니다. 이러한 연합은 기독교 공동체의 주춧돌이다. 성경은 반복해서 우리에게 그리스도의 몸의 일부가 되기 위해 개별적인 자아를 포기하라고 말한다. 우리는 그리스도 안에서 서로 사랑하라는 소명을 받았다. 그 사랑으로 대가를 치르더라도 말이다. 필립 터너는 이렇게 말한다. "그리스도 안에서 교인들은 외로움을 피하고자 결혼해야 할 필요가 더 이상 없다는 것을 믿습니다. 그리스도 안으로 들어가는 세례는 한때 결혼만이 주었던 것을 제공하는데, 그것은 부분적으로 초기 기독교인들이 독신이 결혼만큼이나 명예로우며 어쩌면 더 좋을 수도 있다는 미증유의 조치를 취했기 때문입니다. 일단 세례를 받은 각 사람에게는 가족과 친구가 생깁니다. 하느님의 가족에 편입됨으로써 인간의 끔찍한 문제인 외로움을 극복하게 되는 것입니다."[7] 이와 같이 우리는 자신의 경계들을 초월해 더 큰 무언가, 즉 하느님의 일부가 될 때에만 그리스도의 몸을 이룰 수 있다. 당신의 일부가 타인 안에 존재한다고 느낄 때 타인에게 항상 더 깊이 헌신할 수 있음을 전통은 우리에게 가르쳐준다. 로완 윌리엄스는 이렇게까지 말한다. 연합은 타인의 일부가 되기를 바라는 문제일 뿐만 아니라 타인이 우리의 일부가 되기를 바라도록 하고, 원하는 사람과 원함을 받는 사람이 그들 스스로 합치도록 하는 감정의 문제이기도 하다는 것이다. "이러한 변화는 많은 부분에서 사람들이 자신을 중요하고 누군가가 원하는 존재로 인식하느냐에 달려 있습니다."[8] 그러므로 연합은 그저 지극히 가벼운 결합이나 두 자아의 친밀한 관계 같은 것이 아니다. 오히려 연합은, 우리가 도덕적 성찰을 개별적인 인간 주체가 아닌 전체, 공동체, 그리스도의 몸과 함께 시작한다는 것을 의미한다. 요컨대 연합은 우리의 삶이 더 큰 교우 공동체의 일부이며 또한 그 공동체가 우리의 삶을 원한다는 의미이다.

이러한 연합에는 거절, 포기, 상실이라는 위험이 따른다. 일단 우리가 위험을 무릅쓰고 자신 밖으로 나와서 타인의 영혼에 삶의 의미를 부여하면, 우리는 더 이상 우리 자신의 운명을 통제할 수가 없다. 우리의 삶이 문자 그대로 타인의 삶으로 둘러싸이는 것이다. 캐런 레바츠Karen Lebacqz는 이렇게 말한다. "적절한 취약성, 즉 적당한 수준에서 자신을 개방하는 것이 연합을 나타내는 것일 수도 있습니다. 상처 입는 것을 두려워하고 기꺼이 자신을 열지 않는다면 연합이란 있을 수 없습니다. 성경에서 아주 종종 성적 만남을 묘사할 때 사용되는 용어, 즉 '알려지는known' 것이란 연약해지고 노출하며 개방하는 것입니다. 그러므로 섹슈얼리티는 취약함의 한 형태이고 그렇게 평가해야 합니다. 섹스, 성애, 열애는 통제 상태에 있기를 바라는 또는 타인을 지배하려는 인간의 죄에 대한 해독제입니다."[9] 이와 같이 연합을 통해 우리는 자신의 삶과 타인의 삶을 통제하려는 욕망을 극복하고 더 통합된 인간성을 나타내게 된다. 연합은 우리가 결코 혼자가 아니며 늘 사회적 맥락에 의해, 사회적 맥락 안에서, 사회적 맥락을 위해 만들어진다는 의미이다.

전통적인 기독교 사상에서 연합 개념만으로는 성행위가 도덕적이고 하느님을 기쁘게 하는 것임을 보장할 수 없었다. 연합적인 섹스 그 자체는 하느님과 관련이 없을 수도 있기 때문이다. 예컨대 우리와 종교가 다른 사람들도 종종 섹스의 연합적 속성을 우리와 다르지 않게 느끼고 표현했다. 기독교인의 섹스가 고유한 것이고 유일하게 기독교적인 결과를 낳는다는 것을 무엇이 보장할 수 있었을까? 생식이라는 도덕적 관념이 이러한 필요를 충족했다. 생식성은 기독교인의 모든 성행위가 새로운 생명이 잉태하는 것에 열려 있어야 함을 말한다. 자연법의 영향으로 생식성은 성행위의 논리적이고 객관적이며 지배적인 목표이자 이유로 간주되었다.[10]

비록 모든 성관계가 출산으로 이어지는 것은 아니지만 기독교 전통에서 모든 성행위는 그것이 도덕적인 것임을 공인하는 한 가지 방식으로서 출산을 기꺼이 받아들일 것이었다. 섹스가 임신에 열려 있는 한 그것은 하느님과 공동체에 아이, 즉 새로운 신자를 드림으로써 하느님의 은혜에 참여하는 경로가 되었다. 초대 교회가 새로운 교인을 모으는 데 출산보다는 개종에 훨씬 자주 의존하기는 했지만, 이와 같이 성적 도덕성을 판단하는 기준으로 생식성을 사용한 것은 모든 성행위가 정말로 하느님을 기쁘게 하는 것임을 보장하는 방법이었다. 비록 연합이라는 주관적인 기준이 모든 기독교 성 윤리 체계의 한 부분을 차지하고 있었지만, 생식성 때문에 섹스의 연합적인 기능은 출산에 열려 있다고 하는 객관적인 조건에서 이루어져야만 했다.

그래서 1968년 말에 로마가톨릭교회는 이렇게 단언했다. "부부 사이의 모든 행위는 생명의 전달에 반드시 열려 있어야 합니다. 성행위의 중요성과 목적을 부분적으로라도 파괴하는 것은 하느님의 계획과 뜻에 위배됩니다."[11] 로마가톨릭은 낙태뿐만 아니라 콘돔을 비롯해 피임약, 질외사정 등 모든 형태의 피임을 규탄해왔다.[12] 이러한 가르침은 현대 교회의 많은 분파에게서 혹독한 비판을 받았다. 몇몇 비평가는 생식에 초점을 맞추는 것은 교회 지도자들이 동반자 간의 애정을 평가절하하고 섹스의 연합적 측면들을 폄하하며 성관계를 맺는 사람들을 (그들이 원하지 않은 아이들을 받아들이라고 요구함으로써) 벌주는 방법이라고 주장한다. 많은 페미니즘 비평가들은 재생산에 초점을 맞추는 전통이 여성을 계속 임신한 상태에, 그리고 억압적인 상태에 머물게 하기 위함이라고 주장한다. 생식에 초점을 맞추는 것은 오늘날의 문화에서 대개 이렇게 부정적으로 기능한다. 하지만 생식 이면에 있는 의도는 육체를 경시하거나 여성을 억압하려는 것이 아니라 더 큰 교회의 일원이 될 자녀를 낳음으로써 섹스를 특별히 기독교적인 것으로 만드는 것이다. 이러한 가르침 이면에 있는 의도가 하느님과 전 교회 공동체를 모든 성행위와 관련시키려는 것임을 기억한다면, 이후 이러한 희망에 충실한 윤리를 재구성하는 데 도움을 얻게 될 것이다.

　그러나 더 객관적인 생식에 초점을 맞추는 것은 종종 연합을 향한 더 주관적인 지향을 흐릿하게 한다. 규칙을 엄격하게 적용하고 남용하면서 생식은 모든 성행위의 도덕성을 판단하는 잣대가 되어버렸다. 수정될 가능성이 있는 성행위는 받아들였고 그렇지 않은 경우에는 수용하지 않았다. 이에 따라서 이러한 가르침이 아주 심하게 왜곡되는 경우에는 간통, 강간, 근친상간이 (임신이 가능하기 때문에) 자위, 동성애, 이성애자의 피임보다 더 받아들일 만하다고 간주되었다. 최근 몇 년 동안 많은 윤리신학자들은 연합을 생식과 똑같이 중요하게 또는 더욱 중요하게 간주함으로써 이런 왜곡을 바로잡고자 했다. 경우에 따라서―제2차 바티칸 공의회의 가르침에서처럼―는 핵심은 연합과 생식 모두를 성행위의 동등한 목적으로 그저 인정만 하는 데 있었다. 이에 따라서 가톨릭의 현재 가르침에서는 연합과 생식 모두가 모든 성행위에서 똑같이 중요한 목적이다. 이런 식으로 강간이나 근친상간 같은 연합적이지 않은 성행위는 생식을 막는 성행위와 거의 같은 정도로 비도덕적인 것이 되어버린다.

　다른 학파에서는 생식성을 협소하게만 해석하지 않았다. 생식을 생물학적 재생산에 열려 있는 상태 이상의 것으로 간주한 것이다. 지난 60년 동안 다양한 윤리학자가 생식성이라는 철학적 개념을 오직 수정에만 제한해서는 안 된다는 데 동의했다. 영국 성공회가 피임기구를 많은 경우에 사용하도록 허락한 1930년 램버스 회의^{Lambeth Conference}(영국 국교회를 모체로 하는 전 세계 성공회 주교회의-옮긴이)를 시작으로 기독교 지도자 다수는 섹스가 도덕적인지를 판단하는 기준으로 생물학적 재생산을 이전보다 중요하게 생각하지 않게 되었다. 로마가톨릭 윤리학자 제임스 하니건^{James Hanigan}은 이렇게 말했다. "[도덕적인 성적 관계에서] 탄생하고 나누어야 할 새로운 삶과 사랑을 무엇보다도 태어날 아이와 그 아이에 대한 부모의 사랑으로 이해해서는 안 됩니다. 오히려 결혼한 부부 자신들의 새로운 공동의 삶과 사랑으로 먼저 여겨야 합니다. 기독교적 가르침에서 이것은 신성한 사랑의 삶에 참여하는 것입니다."[13] 그래서 하니건의 관점에서 생식은 자녀를 임신하는 것뿐만 아니라 성적 사랑에서 비롯되는 친밀함으로도 해석할 수 있다. 영국 성공회 윤리학자 로완 윌리엄스는 다음에 동의한다. "만약 우리가 성경이 진정으로 제시하는 성 윤리를 알기를 바란다면 아이를 낳는 섹스가 규범이라는 가정에서 멀어지는 것이 낫습니다."[14] 마찬가지로 복음주의 윤리학자 루이스 스미디스는 이렇게 강조한다. "재생산을 섹슈얼리티의 본질이자 궁극적인 목표로 간주하는 것은 하느님의 창조를 깔아뭉개는 것입니다. …… 그것은 마치 섹스가 그저 생식을 위한 도구에 지나지 않고, 그 자체로 고유한 선물이 아니라고 하는 것과 같습니다."[15] 리사 소울 카힐^{Lisa Sowle Cahill}은 이렇게 말한다. "생식을 위한 섹스라는 낡은 생물학적인 기준은 …… 인간의 풍부한 섹슈얼리티 경험과는 맞지 않다고 널리 생각되어왔습니다."[16]

생식성의 해석에 관한 이러한 새로운 합의는 서로 다른 많은 자료에서 볼 수 있다. 다른 무엇보다도 많은 윤리학자들이 현대의 삶에서 가족이 자녀를 많이 낳기 어렵다는 것을 인식하고 있다. 자녀가 네다섯 이상인

가족은 종종 경제적으로 심각한 곤란을 겪는다. 둘째로 오늘날의 윤리신학자 대다수는 연합을 위하다 보면 때때로 생식의 목적과 충돌한다는 것을 알고 있다. 즉, 교회가 모든 성행위가 출산에 열려 있어야 한다고 요구할 경우 많은 이성애 부부는 가족의 규모를 제한하고자 성관계의 유익을 포기해야 한다. 이러한 섹스 없는 결혼은 종종 배우자가 자신을 원한다는 느낌을 동반하는 친밀감을 차단한다. 부부가 아이를 원하지 않을 때에 갖는 섹스도 선하다는 생각은 때때로 재생산과 결부되는 부담들을 덜고 부부가 연합이라는 목적을 성취하는 데 도움이 된다. 현대 사회에서 피임이 널리 수용되면서, 사랑하는 커플 사이에서 커지는 연합의 긍정적인 측면들을 훨씬 더 분명히 보게 되었다. 임신의 걱정 없이 성적 친밀함을 누릴 기회가 많아지면 일반적으로 관계도 더 가까워진다.

셋째로 지난 50년 동안 양육에 대한 관심이 커지면서 윤리학자들은 새로운 생명을 **만드는** 능력과 그 생명을 **양육하는** 능력을 구별하게 되었다. 우리는 육아가 생물학적 활동일 뿐만 아니라 정서적이고 영적인 활동이기도 함을 배웠다. 따라서 단지 부부가 생물학적으로 아이를 낳을 수 있다는 것이 그들이 좋은 부모가 된다는 것을 보장하지는 않는다.

마지막으로 새로운 생식 기술로 신체적, 성적 접촉 없이도 생식이 가능해졌다. 오늘날 정자와 난자는 일상적으로 배양 접시에서 결합한다. 실제로 임신이 어려운 부부들은 시험관을 이용한 체외 수정을 신뢰하고 의존할 수 있는 방법으로 생각한다. 배아—정자나 난자와 마찬가지로—는 나중에 사용하거나 불임 부부 또는 개인에게 판매하고자 냉동된다. 대리모는 몸이 임신을 견딜 수 없는 (또는 임신을 하지 않으려는) 여성을 위해서 태아를 품고 다닌다. 성행위를 아이를 얻기 위한 유일한 수단으로 생각하는 것은 더 이상 사리에 맞지 않다. 따라서 모든 성행위가 생물학적 재생산에 열려 있어야 한다는 것도 더 이상 사리에 맞지 않다.

현대의 일부 윤리학자들은 생식성과 결부된 억압을 깨고자, 그것을 더 유연한 개념인 상호보완으로 바꿨다. 상호보완은 남녀가 서로 다른 속성을 갖고 있으며 하느님이 서로 보완하도록 그렇게 만드셨다는 개념이다. 그래서 서로 사랑하고 연합을 추구하는 남녀에게 섹스는 이러한 차이를 결합함으로써 하느님의 신학적인 계획을 성취한다. 비록 로마가톨릭 지도자들은 이런 가르침을 거부하지만 많은 보수적인 개신교도와 가톨릭교도들이 이를 받아들였다. 예컨대 도미니크회의 윤리학자 개러스 무어 Gareth Moore는 그러한 명제 이면에 있는 은유적인 사상을 이렇게 표현한다.

한 남자와 한 여자가 상호보완적이라면 그들은 함께 있는 것이 어울린다. 그들은 함께 있을 때 즐겁고 적절한 전체를 이룬다. 이러한 더 큰 전체는 파트너 한 명이 없다면 불완전해진다. 이는 마치 딸기와 크림의 관계와 같다. 사람들은 딸기와 크림이 서로 보완한다고 생각한다. 딸기와 크림 각각의 특성이 잘 어울리면서 서로의 특성을 살리면서도 만족스러운 전체가 되기 때문이다. 크림은 딸기의 강한 맛을 줄여주고 반대로 딸기는 크림의 단조로운 느끼함을 줄인다. 딸기 없는 크림 또는 이와 비슷한 뭔가는 좀처럼 생각하기 어렵다. 크림 없이 딸기가 나온다면 뭔가 허전하다. 딸기만 먹어도 맛있지만 뭔가 부족한 것이다. 하지만 딸기가 불완전하거나 그 자체의 일부가 결여되어 있다는 말은 아니다. 딸기에는 뭔가 다른 것―크림―이 부족하거나 필요하다. 크림이 없어도 딸기가 불완전한 과일은 아니지만 음식으로서는 …… 남녀가 상호보완적이라는 말은 그들이 함께 있을 때 하나의 전체를 이룬다는 것이다.[17]

이와 같이 무어는 남녀의 상호보완이 각 개인보다 더 크고 더 온전한 전체로 이어진다고 생각한다. 제임스 하니건은 그러한 온전성을 기독교인의 소명으로서 여기고 성취하려는 열망을 이야기한다. 즉, 하니건은 남녀가 연합하여 성취되는 온전함이 하느님 안에 있는 새로운 삶으로 이어지게 된다고 본다. 그래서 상호보완은 연합과 함께 이루어질 때 두 육체가 하나가 되고 전체를 이루어 하느님께 더 가까이 가도록 함으로써 성적 도덕성을 보장한다.[18]

상호보완에 대한 이런 주장들은 이성애자 기독교인이 출산이라는 기준에서 자유로워지고자 고안되었다. 상호보완과 함께, 더 이상 모든 성적 연합이 반드시 출산에 열려 있어야 한다고 가정할 필요가 없게 되었다. 남녀의 성적 결합 각각은 하나의 전체, 즉 둘을 한 몸으로 만듦으로써 하느님의 은혜에 참여하는 일이 되었다. 이전에 가족의 규모를 염려했던 많은 기독교인에게 성 윤리의 객관적 척도가 출산에서 상호보완으로 바뀐 것은 극히 해방적인 일이었다. 이 새로운 틀이 형성되면, 연합과 상호보완의 목적들이 서로 부딪치는 일은 좀처럼 없을 것이었다. 그리고 이성애 부부는 임신에 열려 있어야 한다는 압박감이 없이 그들의 욕구에 따라 성적으로 결합할 수 있을 것이었다. 또한 상호보완은 섹스-그리고 육체 그 자체-가 악하다는 생각과 싸우는 데도 도움을 준다. 게다가 그것은 오랫동안 출산과 양육에 매여 있어야 했던 기독교 여성들이 거기에서 해방되어 자녀 출산이 아닌 연합 그 자체로서 충족될 수 있는 성관계를 누리게 한다. 상호보완으로의 이동 덕분에 연합이라는 목적은 아주 종종 훨씬 더 쉽게 달성할 수 있게 되었다. 원치 않는 임신을 걱정하지 않고서도 성관계를 추구할 수 있게 된 것이다.

여기서 인용한 예가 현대의 사례이기는 하지만 상호보완의 토대는 19세기 말 초기 자본주의와 산업화라는 경제적 변화의 결과로 나타났다. 19 19세기 후반에 여성과 여성의 본성은 남성과는 근본적으로 다르고 상호보완적인 것으로 이해되었다. 당시의 산업구조에서 작업장에 들어갈 노동력은 비#이민 백인 인구 가운데 대략 절반만이 필요했기 때문이다. 여자는 집에 있어야 한다는 (그리고 아이를 키우고 집안일을 해야 한다는) 이데올로기는 여성이 들어갈 직장이 없다는 사실과 나란히 등장했다. 상호보완 이데올로기—또는 내가 말한 "젠더화된 신학"—는 노동시장에 노동력을 공급하면서 동시에 가족 구성원을 하느님께 인도하는 효율적인 방법이었다.

생식에서 상호보완으로의 변화에서 유지된 것은 하느님에 대한 관심이다. 기독교 우파 단체들을 포함하여 젠더화된 신학에 입각한 공동체들에서 무엇보다 중요한 관심사는 하느님과의 관계를 보장하려는 욕구였다. 상호보완을 뒷받침하는 생각은, 하느님께서 남녀가 성적으로 결합하도록 의도하셨고 그러한 성적 연합으로 그들은 하느님과의 일체감과 친밀감을 얻게 된다는 것이다. 상호보완의 관점에서 볼 때 하느님은 남녀가 함께 살도록 계획하셨다. 남자와 여자로 성관계를 맺는 사람들은, 성관계를 맺지 않는 남녀나 동성 간에 성관계를 맺는 이들이 하지 못하는 방식으로 하느님의 계획을 성취한다. 생식을 규범으로 삼을 때와 마찬가지로 여기에서 추구하는 것은 하느님이다.

반면 생식에서 상호보완으로 바뀌면서 교회 공동체에 집중하지 않게 되었다. 상호보완은 기독교인에게 하느님을 지향하는 섹스가 필요하다는 점을 상기시키지만 섹스가 더 큰 공동체와 관련되거나 혹은 그것을 지향한다는 희망에는 관심을 기울이게 하지 못한다. 상호보완이 제시하는 비전에서 남녀는 함께 있는 것으로 완전하고 하나님과 관계를 성취하기 위해 교회 공동체를 필요로 하지 않는다. 이러한 체계에서 온전함은 그리스도의 몸이 됨으로써가 아니라 핵가족과 이성애적이며 단혼제적인 짝을 재생산함으로써 성취된다. 사실 우리가 살펴보았듯이 가족 가치 운동 이면에 있는 사상인 상호보완성 또는 젠더화된 신학은 이성애자 핵가족이 오늘날 기독교인이 수용할 수 있는 유일한 생활방식이라는 관념을 지지한다.

상호보완에 기초한 기독교가 수반하는 문제는 다양하다. 섹스에서 연합은 생식성보다는 상호보완성으로 더 쉽게 성취할 수도 있을 것이다. 하지만 기독교인이 수용할 수 있는 유일한 생활방식이 이성애자의 단혼제적인 결혼이라는 생각은 공동체와 독신 모두를 긍정하는 우리의 많은 전통과는 충돌한다. 상호보완 이데올로기가 오늘날의 교회에 커다란 영향을 미친 결과로 우리는 독신을 종종 수상쩍게 여긴다. 공동체의 정치학에 기초한 기독교가 없기 때문에, 교회에는 젠더가 반대인 사람과 성적 관계를 맺지 않는 사람들을 위한 공간이 거의 없다. 독신은 미완의 상태로, 즉 결혼이라는 궁극적인 선을 향해 가는 길에서 빚어지는 일종의 정체상태로 간주된다.

기독교 전통에서 생식의 목적은 하느님이 보시기에 부부가 완벽해지는 것이 아니라 그러한 성적 행위가 하느님과 공동체를 기쁘게 할 것이라는 기대에 방점을 두고 있었다. 그러나 기준이 생식에서 상호보완으로 바뀌면서 윤리적인 요구들은 섹슈얼리티 영역을 훨씬 넘어서 남녀란 무엇이어야 하는가에 대한 주장으로까지 확대되었다. 이런 식으로 이 상호보완성이라는 새로운 윤리에서는, 비록 모든 섹스가 도덕적이기 위해 생식적일 필요는 없지만 모든 사람이 기독교 공동체의 온전한 성원이 되기 위해서 한 쌍의 이성애자로서 살아갈 필요가 있다. 연합과 생식이라는 더 전통적인 가르침에서는, 비록 성행위가 도덕적이려면 생식에 열려 있어야 하지만, 어떤 기독교인이라도 독신을 선택하여 성관계를 피하는 것이 쉬웠다. 독신은 신앙적이고 명예로운 생활양식으로 간주되었다. 상호보완성은 초점을 공동체 생활에서 결혼생활로 옮겼기에 오늘날 많은 교회들이 독신생활을 타당한 선택지로 간주하지 않는다. 상호보완에 기초한 윤리에서 개인은 이성애적 결혼생활에 참여할 때에만 완전하다. 비록 몇몇 윤리신학자가 독신생활의 위상을 상호보완과 나란히 두려고 하지만 그러한 결론은 설득력이 없다. 이성애적 연합으로만 온전함을 달성할 수 있다는 주장과 독신생활도 그 자체로 바람직한 상태라는 주장이 양립할 수는 없기 때문이다. 제임스 넬슨은 이렇게 말한다. "독신자들은 파트너가 없다는 이유로 온전하지 못한 존재로 빈번하게 간주됩니다. …… 사실 자발적인 독신생활이란 어쩐지 기독교인답지 않은 것 같습니다."[20] 나는 이러한 이유로 많은 교회에서 독신들이 안식처를 찾기가 갈수록 어려워지고 있다고 믿는다.

더구나 상호보완성에 초점을 맞추면서 섹슈얼리티는 인간이 하느님과 관계를 맺는 결정적인 요소가 되었다. 이는 우리의 신학이 생식기에, 또한 그것이 "반대로" 분류되는(이런 것들이 종종 명확히 구분되지 않는 어떤 범위나 연속체로서 존재한다는 사실을 과학이 우리에게 알려줌에도) 누군가와 성관계를 원하거나 나누는 것에 좌우됨을 의미한다. 상호보완 이데올로기에서 우리는 자신을 오직 하느님의 은혜로 공동체에서 함께 온전함을 성취하는 그리스도의 몸의 제한적인 일부로 이해하지 않는다. 오히려 온전함과 하느님과의 관계를 위해 각 여성은 남성을, 각 남성은 여성을 필요로 한다. 우리가 기독교 우파에게서 이미 보았듯이 이런 사고는 강력한 본질주의로 이어진다. 이 사조는 오늘날 신학과 일상생활에 만연하며 여성은 기본적으로 가정과 자녀를 둘러싼 활동들, 남성은 공적 영역의 일들을 담당하도록 태어났다고 간주한다. 이러한 배치 속에서 섹슈얼리티는 인간 존재를 규정하고 제한하는 특징이다. 기독교인은 하느님을 향한 신앙을 표현하는 데 교회도 공동체도 필요하지 않다. 오직 강력한 결혼과, 어떻게 남자 또는 여자처럼 행동할 것인가에 대한 분명한 지침만이 필요할 따름이다.

상호보완에 초점을 맞추면서 동성애를 직접적으로 비난하는 결과가 나오게 되었다는 것은 놀랄 만한 일도 아니다. 만약 남녀가 함께하는 것이 하느님과의 관계와 구원을 상징한다면 동성애자는 기독교적이 아닌 모든 것을 상징하는 기호가 된다. 제임스 하니건은 상호보완의 논리를 사용하여 이렇게 말한다. "동성애자 개개인은 둘이 한 몸을 이루라는 부르심을 받지 못합니다. 그들은 그런 식의 연합을 할 수가 없기 때문입니다. 형식적으로든 실질적으로든, 즉 성행위 안에서도, 또한 사랑의 연합과 남녀의 차이에 기초하여 새로이 함께하는 삶에서도 한 몸을 이룰 수 없습니다. …… 동성애적 관계는 그리스도와 교회의 연합을 나타내는 '둘이 한 몸'을 이루는 능력을 결여하고 있기 때문에 기독교 전통에서는 그것을 자폐적이고 이기적이며 소명을 거부하는 삶의 방식으로 생각해왔습니다."[21] 비록 상호보완이 이성애자가 성관계를 더 편하게 할 수 있도록 만들어 연합에 기여했지만, 이와 같이 그것은 이성애와 고정된 젠더 역할의 중요성을 강화하기도 했다. 상호보완성은, 우리를 하느님과 교회 모두와 더 가까워지게 하는 섹스가 존재하는 어떤 궁극적인 귀결 대신에, 젠더를 매개로 만나는 어떤 하느님과 사실상 필요가 없는 어떤 교회로 인도했다. 게다가 그것은 게이와 레즈비언 커플, 다른 성 소수자들, 독신자들을 온전치 못한 존재의 영역으로 공공연히 추방한다.

　이런 억압적인 경향을 뒤엎는 일에 관심을 둔 해방신학자 및 윤리학자들은 주로 또는 전적으로 연합 개념 위에 세워진 성 윤리 체계에 대응해왔다. 해방운동가들은 기독교 성 윤리를 위한 규범으로서 생식성과 상호보완성 모두를 폐기하고 성인이 상호 합의한 성적 행위는 도덕적이라고 본다. 상호 합의한 섹스가 우리를 서로 그리고 하느님과 가깝게 하고 모든 환경에서 우리가 서로 존중하도록 장려하여 정의를 실현할 수 있는 조건을 만들기 때문이라는 것이다. 예컨대 카터 헤이워드는 상호성^{mutuality}이라는 개념을 사용하면서, 섹스가 하느님과 정의 둘 다와 관계된다고 제시한다. 그의 정의에 따르면 상호성은 "우리가 하느님을 아는 통로로 기능하는 관계적 특성과 협력을 실천하는 방식"이다.[22] 연합에 대한 전통적인 설명보다 더 광범위한 개념인 상호성은 하나됨과 억압으로부터의 해방 모두를 가져온다. 헤이워드는 이렇게 말한다. "상호성이 늘 행복한 느낌이나 낭만적인 애정관계를 수반하는 것은 아닙니다. …… 이는 우리가 서로를 창조하고 자유롭게 하는 과정입니다."[23] 헤이워드에 따르면 이렇게 상호성에 초점을 맞추어 섹슈얼리티 영역에서 통제와 억압을 없앤다면, 섹스는 서로를 위한 존중과 정의라는 조건을 창출하는 동등한 개인들의 상호 합의하에서만 이루어지게 된다. "우리가 이 세계에서 서로 얽히고설킨 관계망에서 살고 있다는 가정, 또한 우리가 상호적인 관계에서 살기 위한 공통의 대답/능력을 갖고 있다는 가정은 페미니스트/우머니스트[페미니스트는 백인 서구문화를 배경으로 하며 우머니스트는 흑인 문화에서 사용하는 '여성답다'는 의미의 '우머니시womanish'에서 유래한 용어이다—옮긴이] 해방신학에 자극제가 됩니다."[24] 이와 같이 섹슈얼리티와 함께 시작하는 이러한 윤리는 더 공정하고 윤리적인 세계를 위한 본보기를 설정한다.

비슷한 맥락에서 앤 길슨Anne Gilson은 성관계가 상호적일 때에만, 곧 폭력과 억압에서 완전히 자유로울 때에만 하느님이 현존하신다고 말한다. 그는 상호 간에 원하여 맺는 성관계로 달성되는 연합이 우리가 하느님을 이해하는 방법이 된다고 생각한다. 그는 이렇게 말한다. "에로스, 즉 성애는 자기 자신과, 서로와, 더 넓은 세계와, 그리고 하느님과 연결되는 기회를 제공합니다. 우리는 성애적 능력을 이용하고 재규정하는 가운데 우리가 속한 관계망에 다가가게 됩니다. 우리는 성애의 힘으로 일상의 공동체에서 하느님을 육화하며 여러 겹으로 쌓인 자아혐오를 벗겨낼 수 있습니다. 성애의 힘을 통해 우리는 삶을 부인하는 불의한 권력에 맞서 싸울 수 있습니다."[25] 이런 식으로 성애—또는 성애적 사랑—는 섹슈얼리티가 도덕적인지를 판단하고 하느님을 알게 되는 독특한 토대가 된다. 게다가 성애는 정의의 기반, 즉 억압을 깨부수는 계기가 되기도 한다. 우리는 성애를 매개로 서로 연결되면서, 자유를 주시는 하느님의 사랑을 경험한다. 섹스가 성애와 상호성에서 기인하는 한 그것은 우리가 더 온전해지고 하느님과 더 가까워지게 한다.

헤이워드와 길슨의 체계가 연합이라는 전통적인 개념에 기초하면서 상호성이라는 해방 중심적이고 억압이 없는 체계를 포함하는 방향으로 확장된 반면, 크리스틴 구도프Christine Gudorf는 기독교 전통이 섹슈얼리티를 심

하게 왜곡해왔기 때문에 성 윤리에 관한 전통적인 설명─연합을 포함해─
을 모두 폐기하고 도덕성을 오직 상호성 자체에만 기초해야 한다고 주장
한다. 그는 이렇게 제시한다. "기독교 공동체는 신학적이고 윤리적인 전
통의 굴레에서 자유로워지고 더 평등하고 친밀한 결혼생활, 사회에서 더
인간적인 성 역할, 그리고 성적 즐거움의 정당성을 누려야 합니다." 여기
서 새로운 윤리는 전통에서 자유로운 상호성의 느낌과 협력감에 전적으
로 의존한다. 구도프는 이를 이렇게 이론화한다. "기독교적 성 윤리는 성
적 즐거움 안에 있는 상호성을 규범으로 삼아야 합니다."26

　(연합과 관련이 있든 없든) 이렇게 상호성을 강조하는 것은 우리의 일상생
활 대부분을 지배하는 권력관계에서 섹슈얼리티를 분리해내려는 시도로
보인다. 나는 이러한 목표에 반대하지는 않지만 그것의 실현 가능성에는
낙관적이지 않다. 모든 관계는 특정한 파트너를 매력적으로 만드는 권력
의 배치에 달려 있다. "당신은 이곳에 어울리는 사람입니다"라고 말하는
것, 소중한 순간을 타인과 함께하는 것, 어떤 것은 성적인 것으로 또 다른
것은 성적이지 않은 것으로 규정하는 것, 심지어 권력자가 성적 만남을 제
시하는 것 등이 권력이든 아니든 간에 권력은 모든 성적 만남의 모든 순간
에 영향을 미친다. 자신의 의지로 이러한 권력에서 벗어나는 것은 불가능
하기까지 하다. 사실 권력은 한편으로 관계를 제한하지만 다른 한편으로
는 그것을 가능하게 한다. 우리가 섹스에서 (또는 일상생활의 어떠한 영역에
서든지) 정치를 분리할 수 있다고 생각하면, 많은 해방운동에서 분명히 주
장한 것들, 곧 "권력은 도처에 있다", "개인적인 것이 정치적인 것이다"와
같은 핵심을 놓치게 된다.

　상호성을 기독교 윤리를 위한 규범으로 선택할 때 나타나는 두 번째 문

제는 모든 사람이 자신들이 언제 성관계를 맺고 싶어 하는지를 알고 강압이나 영향력에서 완전히 자유로울 수 있다고 가정하는 것이다. 그러한 사람들은 단순한 방식으로 자신의 욕구를 판단하기 위해서 공동체, 상황, 담론을 초월해야 할 것이다. 나는 반대로 생각한다. 우리는 우리의 욕구들 ―특정한 성행위에 동의하거나 거절하고자 하는 욕구를 포함하여― 을 형성하는 체계에서 살고 있다. 경험에 대한 우리의 인식이나 해석과 마찬가지로 문화는 우리가 세계를 보고 경험하도록 한다. 예컨대 한 공동체에서 폭력으로 느끼는 것을 다른 공동체에서는 희생으로 느낄 수도 있다. 요컨대 섹슈얼리티가 무엇인지를 말해주는 근본적인 인간 경험은 없다. 오히려 그것이 무엇이어야 하는가에 관한 서로 다른 경합하는 해석이 있을 따름이다.

기독교적 관점에서 윤리적 탐구의 과제는 이러한 욕구 중 어떤 것이 우리에게 유익하고 하느님을 기쁘게 하는지 어떤 것이 그렇지 않은지를, 또한 그 이유를 탐구하는 것이다. 동의만이 어떤 행동과 조건의 가치를 결정하는 기준이 될 수는 없다. 보통 우리는 우리에게 유익하지 않을 수도 있는 것에 동의하기도 하고, 반대로 우리의 영혼을 살찌우는 것들을 스스로 거부하기도 한다. 사실 윤리적 사고가 필요한 이유는 인간의 의지가 어떤 영향도 받지 않는 독립체가 아니라 오히려 좋은 이데올로기와 나쁜 이데올로기 모두에 조종당하기 쉽기 때문이다. 우리에게는 이정표, 곧 도덕적 지침이 필요하다. 기독교인에게 이런 지침들을 만들어내는 일은 한쪽 눈으로는 성경과 전통의 긍정적인 공헌들을 주시하고 다른 한쪽 눈으로는 하느님이 우리를 위해 계획하신 세상에 대한 비전을 주시하는 것을 뜻한다. 우리는 과거와 현재라는 이러한 두 지평에서 기독교적 성 윤리를 위한 표지들을 찾아낸다. 그런 지표들이 있기 때문에 우리는 어떤 행동이 도덕적인지 아닌지를 판별하기 위해 의지나 욕구에 전적으로 의존할 필요가 없고, 객관적인 확실성을 위해 올바르게 해석된 가르침들에 기댈 수 있다.

신학 및 윤리학에서 동성애에 우호적인 다른 연구들은 또 다른 개념에 토대를 두고 있다. 즉, 게이, 레즈비언, 양성애자, 트랜스젠더들은 하느님을 특별하게 이해하고 있고 동성애에는 필연적으로 독특한 영적 지향이 따른다는 생각이다. 이러한 입장의 신학자들은, 억압받는 자에게 "인식론상의 특권"을 부여하기를 바라는 해방운동가들처럼, 게이와 레즈비언이 전통에 의해 수용되어야 한다고 주장할 뿐만 아니라 동성애자의 영적 기질과 타고난 본성이 이성애자의 그것에 비해 하느님을 더 분명히 알도록 해준다고 말한다.[27] 이들은 동성애자의 영적 본성을 인정하면 그들을 더 많이 받아들이고 이해하게 되리라고 믿는다. 그래서 이들은 교회 안팎에서 동성애자의 독특한 영적 기여들을 추적한다. 기독교적 관점에서 게이와 레즈비언은 교회 전체에 유익한데, 그들이 우리 모두를 하느님과 더 가까워지게 할 수 있기 때문이다. 이런 류의 주장은 극히 위험하다. 나는 게이나 레즈비언이나 여타의 성 소수자가 어떤 면에서 이성애자나 독신자는 갖지 못한 영적인 성향을 갖는다는 생각에 반대한다. 왜냐하면 그런 단언들이 바로 내가 여기서 이의를 제기하는 것과 같은 차별에 의존하고 있기 때문이다. 다시 말해 동성애를 혐오하는 기독교의 가장 큰 실수는 성적 선호를 유일한 근거로 삼아 레즈비언과 게이가 교회에 기여한 것이 아무것도 없다고 생각해왔다는 데 있다. 그러나 반대의 명제, 즉 게이, 레즈비언, 양성애자, 트랜스젠더가 본성의 결과로 하느님과 본질적으로 특별한 연관을 맺고 있다는 것도 똑같이 본질주의적이며 문제가 있다. 이는 이러한 집단 중 하나에 속하는 사람은 누구나 그와 같은 영적인 일에 필수적인 경험들을 한다고, 또한 우연적인 성격을 갖는 섹스와 젠더가 도덕적 특성을 결정한다—이는 동성애를 혐오하는 집단이 가정하는 것과 정확히 동일한 가정이다—고 추정하는 것이다. 이는 또다시 "동성애자들"을 다른 존재로서 구별하는 것이다.

게다가 성적 선호와 젠더 그 자체는 자명하고 그 자체로 해석이 가능한 범주가 아니다. 오히려 어떤 이에게는 봉사하고 다른 누군가는 억압하는 담론 또는 체제로 구성된다. 어떤 관점에서 보더라도 그러한 체제에 참여하는 것은 비도덕적이다. 설령 그 의도가 그러한 위계를 전복하려는 것일 때조차도 그렇다. 나는 우리가 새롭고 이전과는 다른, 세상이 생식기와 선호에 의해 분열되는 오늘날의 방식에 도전하는 체제를 만들고 그것에 참여해야 한다고 제안했다. 나의 제안은 동성애자와 이성애자 또는 남자와 여자 사이에 놓인 구분선을 교회와 세상 사이에 재정렬하자는 것이다. 나는 우리가 남성/여성 또는 동성애자/이성애자라는 낡고 억압적인 구분을 적극적으로 무시하면서 교회/세상이라는 새로운 구분을 지지하는 성 윤리 체계를 추구하기를 제안한다. 우리는 우리를 명백하게 기독교인으로 만들고 아울러 도덕적 섹스와 비도덕적 섹스의 차이를 분명하게 구별하는 성 윤리와 성관계를 맺는 방식들을 찾아야 한다.

최근의 일부 종교 연구는 그러한 윤리적 방법을 얻고자 초기의 퀴어 이론에서 희망을 찾고 있다. 퀴어 이론은, 성적 선호와 젠더 정체성이 구성되는 특성임을 깨닫게 해주며 이러한 정체성 식별 방식을 뛰어넘도록 도와주지만 윤리에 관한 통찰은 거의 주지 못한다. 원칙적으로 퀴어들은 어떤 성적 행위에 대한 판단을 내리는 어떠한 윤리 강령도 반대한다. 경멸적인 의미의 "퀴어 같음^{queerness}"은 늘 어떤 특정한 도덕 규칙과 부정적인 관계로 규정되어왔기 때문에 오늘날의 새로운 퀴어 이론가들은 이제 모든 도덕 규정이 야기하는 장벽들을 무너뜨려야 한다고 주장한다. 게일 루빈^{Gayle Rubin}은 이렇게 말한다.

> 섹스에 대한 담론은 대부분 종교적, 정신의학적, 통속적, 정치적이다. 이 담론들은 인간의 성적 능력에서 극히 작은 부분만을 신성하고 안전하며 건강하고 성숙하고 합법적이고 정치적으로 올바르다고 규정한다. [하나의] "기준선"이 다른 모든 성애적 행위에서 이것들, 곧 악마적이고 위험하며 정신병적이고 유치하며 정치적으로 비난받을 짓으로 간주되는 것들을 구별한다. …… [이 대신에] 우리는 성행위를 판단할 때 파트너가 서로 대하는 방식, 서로 배려하는 수준, 강압의 여부, 그것으로 얻는 즐거움의 양과 질을 기준으로 삼아야 한다. 성행위에서는 동성애적인지 이성애적인지, 둘이 하는지 집단으로 하는지, 속옷을 입었는지 벗었는지, 돈을 주고받는지 아닌지, 비디오 촬영을 하는지 아닌지가 윤리적 관심사가 되어서는 안 된다.²⁸

본질적으로 퀴어들은 윤리의 구속에서 완전히 자유로운 전위적인 성적 표현을 위한 공간을 만들고 싶어 한다. 섹스를 선하게 만드는 것은 더 이상 생식, 상호보완, 연합과 관련이 없으며, 오직 우리를 기분 좋게 하는 것, 우리에게 즐거움을 주는 것, 우리 서로가 원하고 동의하는 것과 관련된다. 그래서 퀴어 문화의 많은 양태들은 다른 성적 실천들, 예컨대 가학피학성애, 포르노그래피, 소년애에 관심을 크게 보이고, 모든 경우에 도착적이고 혼란스럽고 비전통적인 것에 우호적이다. 섹스를 제한하고 규제하는 모든 윤리적 격언은 지배적인 이성애 문화가 가진 권력의 일부이기 때문에 도전해야 한다. 이런 식으로 퀴어 이론은 "표준"으로서의 남녀라는 구성물에 도전할 뿐만 아니라 섹슈얼리티에 어떤 "표준적인" 지침들이 있다는 관념에도 이의를 제기한다. 이들의 관점에서 볼 때 섹스는 그 자체로 탐구되고 장려되어야 할, 섹슈얼리티를 표현하는 해방적이고 혁신적인 새로운 방식이기 때문이다. 스티븐 사이드먼은 이렇게 말한다. "퀴어 이론은 어떤 성적 상대를 선택하느냐를 성적, 사회적 정체성의 핵심 범주로 삼는 것에 도전하면서, 대안적인 정체성, 공동체, 정치를 구성하기 위한 토대로서 성적 선호가 아닌 욕구를 인정하고 정당화할 것을 제안합니다. 이런 이유로 퀴어 이론은 비관습적인 섹슈얼리티를 지지합니다."[29] 이와 같이 퀴어 이론은 성적 즐거움의 변경에 있는 것들, 예컨대 가학피학성애, 소년애, 그룹 섹스, 복장 도착, 레더바leather bar(동성애자 및 기타 성 소수자들이 가죽옷을 입고 모이는 술집 또는 그 하위문화를 말한다—옮긴이), 기타 성애적 하위문화와 관련한 주제와 관습에 느슨하게 연계된다. 퀴어 이론은 성행위 자체만이 아니라 젠더의 구성에서도, "표준"이라는 지배적 관념에 도전하는 이러한 공동체들과 연계하는 데 관심이 있다.

이와 같은 많은 연구가 여러 동성애 쟁점에 크게 이바지했지만 그들이 변호하는 의제는 이 점에서 기독교적 전통과 양립할 수 없다. 윤리학자 퍼트리샤 정과 랠프 스미스는 이렇게 말한다. "기독교인들은 개인의 욕구가 적절한 행동을 판단하는 유일한 기준이 되는 공동체에서 우리가 살아갈 수 없다는 것을 현명하게 가르쳐왔습니다."[30] 나는 기독교인으로서 우리의 과업이 섹슈얼리티에 윤리가 필요함을 부인하는 것이 아니라 어떻게 하면 우리의 도덕 체계가 하느님께 더 충실해지고 하느님의 백성 모두를 아우를 수 있는지 강구하는 것이라고 믿는다. 만약 우리의 목표가 동성애자와 이성애자, 남성과 여성 같은 불필요한 다른 정체성 식별 방식과 싸우고자 우리 자신을 기독교인으로서 구별하는 것이라면, 우리는 이것을 성취하게 도와주는 윤리를 지향해야 한다.

오늘날 교회에 필요한 것은 성 윤리에 대한 초대 교회의 신조들 이면에 있던 의도들을 다시 포착할 수 있는 방법이다. 그러한 신조의 가장 초기의 표현 속에서 연합과 생식은 기독교 공동체의 섹슈얼리티에 관한 공식적 입장을 내놓기 위해 고안된 것이었다. 기독교인에게 섹스는 그 행위를 하는 사람이 서로 가까워지게 하는 무엇일 뿐만 아니라 하느님과 예배 공동체 전체와도 가까워지도록 하는 무엇이어야 했다. 상호보완에 대한 호소는 원하지 않는 출산과 관련한 몇몇 문제는 해결해주지만 성행위를 더 큰 공동체와 연결하려는 욕구를 차단하고 이성애자 커플 자체를 목적으로 만들어버린다. 해방운동가들이 연합 하나에만 호소하여 성적 억압과 결부된 문제 대부분에 접근하는 반면, 상호성이나 성애는 그것이 공동체와 전통, 둘 중 어느 것에도 묶이지 않은 독립적이고 전지한 주체에 의존하는 한 우리를 하느님과도, 또한 기독교 공동체와도 연결해주지 못한다. 그렇다면 우리는 하느님과 그리스도의 몸이라는 더 큰 공동체와 더 충분히 관계를 맺기 위해 섹스라는 사건을 어떻게 사용할 수 있을까?

아담과 이브 그리고 선악과 이야기가 우리의 성행위가 하느님을 기쁘게 하는 것이라는 생각 이면에 있는 원동력이라면, 아마도 같은 책의 또 다른 이야기가 이 문제를 푸는 데 도움을 줄 수 있을 것이다. 아담과 이브 이후 오랜 세월이 지나고 세상에는 선인도 있고 악인도 있다. 낯선 땅을 여행하던 두 남자는 타락한 도시로 알려진 곳에 부지불식간에 들어서게 된다. 한 선한 주민이 그들을 집으로 데려가서 음식을 대접한다. 하지만 이웃 사람들은 외지인이 머물고 있는 그 집을 가만두지 않는다. 이웃의 불한당들은 그 외지인들이 자신들의 땅에 들어오지 말았어야 했다고 생각한다. 그들은 고함치기 시작한다. 그들은 이 낯선 사람들을 집 밖으로 끌어내어 때리고 강간하고 싶어 한다. 그들은 자신들의 영역에 이런 자들이 머물면 어떻게 되는지 따끔한 맛을 보여줘야 한다고 믿는다. 결국 하느님이 개입하셔서 그들에게 지옥불과 유황을 쏟으신다. 하지만 그것은 그들의 악함이 선한 이웃의 아내마저 타락시킨 후였다.

이 이야기—물론 소돔 이야기이다—는 어떻게 하면 우리가 하느님을 기쁘게 할 수 있는지에 대해 많은 것을 알려줄 수 있다. 우리 대부분이 아담과 이브 이야기가 성과 원죄에 관한 것이라고 배웠던 것처럼 소돔 이야기도 특정한 성의 죄악, 즉 동성애에 관한 것이라고 배웠다. "소돔사람들"은 나쁘고 비도덕적인데, 그 이유는 방문자들을 강간하고 싶어 했기 때문이다. 그러나 이 이야기를 더 면밀히 읽어보면 소돔의 죄악은 결코 성적인 죄가 아니라 냉대, 곧 환대하지 않은 죄임을 알 수 있다.[31] 사실 구약 에스겔서의 기자도 이 점을 확증해준다. "네 동생 소돔의 죄악은 이러하다. 소돔과 그의 딸들은 교만하였다. 또 양식이 많아서 배부르고 한가하여 평안하게 살면서도, 가난하고 못사는 사람들의 손을 붙잡아주지 않았다"(에스겔 16 : 49). 예수 또한 이렇게 경고한다. "누구든지 너희를 영접하지 않거나 너희의 말을 듣지 않거든, 그 집이나 그 고을을 떠날 때에, 너희 발에 묻은 먼지를 떨어버려라. 내가 진정으로 너희에게 말한다. 심판 날에는 소돔과 고모라 땅이 그 고을보다는 견디기가 쉬울 것이다"(마태복음 10 : 14~15). 요컨대 소돔의 죄악은 사회적 불의이고 이방인을 환대하지 않은 것이다. 성경은 소돔을 악의 상징으로 자주 사용하지만 그중 어떤 것도 동성애를 언급하지는 않는다.

아담과 이브 이야기도 소돔 이야기도 성 윤리를 직접 언급하지는 않지만 그것들은 아마 섹스에 대한 기독교인의 생각에 성서의 다른 어떤 이야기보다 많은 영향을 끼쳤을 것이다. 우리가 이 이야기들에 성적 의미를 부여해왔다는 사실은 흥미로운데, 그것은 이 이야기들이 진보적인 교회를 위해 성 윤리와 관련한 새로운 의미들을 담지할 수 있기 때문이다. 아담과 이브 이야기는 섹스가 인간의 일상생활의 많은 측면과 마찬가지로 도덕적인 것도 비도덕적인 것도 될 수 있음을 가르쳐줄 수 있다. 소돔 이야기는 섹슈얼리티와 관련하여 궁극적으로 하느님을 기쁘게 하는 것은 환대임을 알려준다. 만약 성적 관계가 길 잃은 나그네와 도움이 필요한 이방인에게 우리의 가슴과 집을 열어주도록 돕는다면 그것은 선한 것이다. 반면 우리가 외부인에게 공격적으로 텃세를 부리고 폭력적으로 행동하게끔 한다면 그것은 악이다. 환대는 성행위의 도덕성을 판단하는 새로운 기준이 될 수 있다. 우리는 생식이라는 기준에 따라 또는 상호보완이라는 기준에 따라 도덕성을 판단하는 대신, 이제 우리의 성적 만남이 우리가 하느님과 함께 이방인을 교회와 우리의 삶 안으로 기꺼이 받아들이는 일에 얼마나 도움이 되는지를 살핌으로써 성적 도덕성을 판단할 수 있다. 섹슈얼리티에 대한 윤리적 가르침들의 근본적인 의도는 신앙 공동체에 새로운 성원이 들어오도록 개방함으로써 섹스가 하느님을 기쁘게 하도록 보장하는 데에 있어야 한다. 의심할 여지없이 이것은 출산뿐만 아니라 환대로도 성취될 수 있다.

나는 낯선 이들이 섹스 그 자체를 통해서 환영받아야 한다는 의미에서 환대를 제안하는 것이 아니다. 기독교적 환대의 사례는 우리 도처에 있다. 여기에는 가톨릭 인권보호단체와 지역 교회들이 쉼터를 후원하는 것에서부터 지역 개신교 예배에서 새 신자를 공식적으로 환영하는 것까지 포함된다. 동성애자 기독교 활동가 로버트 고스^{Robert Goss}는 친밀한 관계가 어떻게 낯선 이를 환대하도록 하는지를 보여준다. 그는 이렇게 말한다.

일반적으로 동성 커플은 자신들의 사랑의 결실을 다른 사람과 나누고자 하는 욕구를 느낀다. 그들의 사랑은 타인을 포함하고자 한다. …… [내 애인 프랭크와 나는] 서로 사랑할수록, 도움이 필요한 사람들을 더 아낌없이 섬기게 되었다. 우리는 우리의 가정 목회에 사회에서 내던져진 사람, 발달 장애자, 소외된 게이와 레즈비언, 에이즈라는 고통스러운 현실과 함께 살아가는 사람들을 받아들였다. 우리는 세상에서 소외되고 권리를 박탈당한 사람들을 위한 사랑의 공동체를 만들었다.

또한 우리 관계의 성적 다산성은 나아가 HIV 양성인 사람들, 혹은 이들의 연인과 친구를 위해 에이즈 관련 공동체를 형성하는 데까지 이르렀다. HIV에 감염된 가난한 사람들에게 식사와 영양제를 제공하는, 세인트루이스에 위치한 규모 있는 에이즈 봉사 기관인 푸드 아웃리치^{Food Outreach}가 그것이다. 우리의 언약적인 결합과 동반자 목회의 특징은 정의를 위한 열정과 긍휼이었다. 프랭크가 HIV 양성 진단을 받았을 때 나는 자연스럽게 〈액트 업〉, 〈퀴어 네이션〉, 그리고 게이/레즈비언/양성애자/트랜스젠더들이 시민권을 얻도록 하기 위해 투쟁하는 여러 단체에 참여하게 되었다. 너무나 많은 내 친구가 HIV 관련 합병증으로 죽었고 성적 지향을 이유로 폭력, 조롱, 차별의 표적이 되었다. 사회에 헌신하면서 성장하겠다는 우리의 약속이 사랑과 정의의 〈액트 업〉과 게이/레즈비언 시민권 운동으로 이어진 것은 자연스러운 귀결이었다.

　게이/레즈비언/양성애 공동체에서 우리의 관계는 특이한 예가 아니다. 나는 장기적으로 안정된 관계를 맺고 있는 수많은 커플을 개인적으로 알고 있다. 그들은 자신들의 사랑을 표현하려는 욕구를, 더 큰 공동체의 온정적인 자원 봉사활동이나 정의를 위한 열정적인 헌신에서 충족시켰다. 그들의 사랑은 수많은 에이즈 봉사 단체, 게이/레즈비언/양성애자/트랜스젠더 공동체를 넘어서 자원봉사활동, 시민권 투쟁에까지 흘러넘친다. 그들의 사랑은 온정적인 봉사활동과 정의를 위한 헌신으로 이어졌다.[32]

이 글에서 고스는 그리스도 안에 있는 우리의 삶이 타인을 양육하고 돌보는 일에 열려 있어야 한다는 생각을 포착한다. 그의 삶에서 초점은 생식과 상호보완에서 환대로, 그저 한 사람과의 연합에서 자신의 공동체 그리고 하느님과의 거룩한 연합으로 바뀌었다.

　연합과 환대는 개별화된 주체보다 더 큰 틀에서 인간의 삶을 이야기하는 방법인 것 같다. 연합과 환대는 전체, 공동체, 민중, 그리스도의 몸과 함께 시작하는 도덕적 방법론을 우리에게 제공하며 각 개인을 그러한 재료로 삼는다. 연합과 환대라는 틀에서 우리는 견고하고 침투할 수 없는 경계를 가진 자족적이고 독립적인 주체가 아니다. 오히려 우리는 사회적 존재, 더 큰 창조의 일부이다. 우리는 오직 전체와 관련하여 그리고 그 일부로서만 우리 자신을 이해한다. 기독교적 맥락에서 연합과 환대라는 도덕적 지표는 어떤 개성도 그리스도의 몸을 구성하는 자격에서 부차적인 역할밖에 하지 않음을 일깨워준다. 연합과 환대는 오직 온전한 기독교적 전체성에서 나오며, 섹슈얼리티는 우리가 자신의 바깥으로 나오도록 구체적으로 영향을 미치는 많은 계기 가운데 하나이다. 이와 같이 성적 행위—그것이 연합과 환대의 성격을 띨 경우에—는 두 "자아"의 결합이 아니라 전체성의 또 다른 예이자 영적 공동체를 소망하는 우리 마음에 대한 긍정이다.

신앙 공동체는 이 새로운 윤리를 승인할 수 있다. 왜냐하면 그것이 오늘날의 교회가 서 있는 새로운 문화적 환경들에 주의를 기울이면서도 초대 교회가 취한 방법들의 의도를 견지하기 때문이다. 환대하라는 명령은 그리스도의 복음을 세상에 전파하라는 대사명의 일부로 생각할 수 있다. 진보적인 성 윤리를 재구성하는 일에서 우리의 과제는 권력을 부인하거나 회피하는 것이 아니라 오히려 하느님의 권세에 다른 사람들을 초대하는 것이고, 세상을 재편하며 급진적으로 변혁하는 힘에 그들을 기꺼이 받아들이는 것이며, 남성이나 여성이 아닌, 동성애자나 이성애자가 아닌, 부자나 빈자가 아닌 기독교인으로 서로 바라보는 것이다. 새로운 기준인 환대는 도움이 필요한 모든 사람과의 연합을 지지하고, 이런 식으로 다시 새로운 생명을 공동체에 되돌려 보낸다. 환대를 우리의 삶에 적용하면 동성애는 비난될 수 없다. 동성 또는 이성이라는 관념 자체가 기독교인이라는 우리 공동의 신분으로 말미암아 사라질 것이기 때문이다. 게다가 내가 공동체적 섹스로 묘사한 것을 비난할 방법도 없어질 것이다. 왜냐하면 기독교인으로서 우리 모두가, 환대의 특성을 지닌 섹슈얼리티라면 (단혼제적이든지 공동체적이든지) 선하다고 이해할 것이기 때문이다. 사실 게이와 급진적 성 공동체들은 공동체적 삶과 섹스에서 분명히 기독교적인 "실험들"의 본보기가 될지도 모른다.

기독교 우파의 세계에서 젠더화된 신학은 모든 참여자가 하느님과 관계 맺는 것을 보장해준다. 이 철학은, 하느님은 힘써 알아야 할 분이고 진정한 문제는 신학이라는 중심 전제 위에서 복잡하게 균형을 유지한다. 이러한 젠더화된 신학은 우리가 그것의 한 가지 목적도 변경해서는 안 된다고 말하며 그 전체 체계가 도전받지 않은 채로 남아 있기를 기대한다. 우리는 밖에서 일하는 여성, 젠더 평등, 심지어 동성애자의 삶을 그저 단순히 받아들일 수는 없다. 늘 집에 머무는 여성 없이 어떻게 하느님께 다가가고 그분과의 관계를 유지할 것인지를 고심하지 않은 채 말이다. 여성의 종교적 역할은 이 체계의 다른 어딘가에 재배치해야 한다. 환대가 그 해답이다. 환대와 함께할 때 모든 기독교인은 낯선 이를 기꺼이 맞이하는 일을 하느님을 더 잘 알기 위한 자신의 과업으로 이해하게 된다. 환대와 함께할 때 하느님을 아는 일과 외부인을 맞이하는 일은 더 이상 여성의 영역으로 제한되지 않으며, 자신을 기독교인으로 생각하는 모든 이가 담당하게 된다.

게다가 연합과 환대라는 새로운 윤리는 역사적으로 공과 사를 구별해 온 것에 이의를 제기한다. 여성은 더 이상 집과 가정에 결부되지 않을 것이며, 남성은 공적 영역 및 직업과 결부되지 않을 것이다. 이 새로운 윤리는 우리가 공적 영역과 사적 영역을 완전히 양분하는 사고방식을 넘어서 하느님의 나라를 향해 분투하는 한 영역을 생각하게끔 한다. 우리가 외부인에게 가정을 열고 이방인을 그곳에 초대하면 우리 가정은 그 자체로 교회라는 더 공적인 공간이 된다. 반대로 우리를 둘러싼 세상이 공동체를 건설하고 증거하는 터가 될 때 한때 우리 가정 바깥에 있던 것들이 이제는 우리 모두의 일부가 된다. 여성이 유지하는 내적 영역과 남성들이 서로 경쟁하는 외적 세계도 더 이상 없다. 더 정확히 말하면 모든 젠더는 기독교인에게서 붕괴되고, 모든 기독교인은 하느님의 과업을 균일하게 수행하는 것이다. 새로운 윤리에서 구별은 공과 사, 남성과 여성, 동성애자와 이성애자 사이가 아니라 새로운 창조를 향하여 힘쓰는 사람들과 그렇지 않은 사람들 사이에 이루어진다. 연합과 환대에 기초한 새로운 윤리로 우리는 전통의 가장 좋은 측면들—파트너, 하느님, 공동체와의 연합에 초점을 맞추는—을 유지할 수 있다. 반면 이와 동시에 생식 및 상호보완과 관련한 억압적인 경향들은 사라질 것이다.

어떤 이들은 내가 여기서 이야기하는, 남성과 여성, 동성애자와 이성애자 사이에 어떤 구별도 짓지 않는 교회 같은 것은 역사적으로 기독교와 관련이 거의 또는 전혀 없다고 주장할 것이다. 이에 대한 내 대답은 이렇다. 기독교 교회는 변화하는 기관이다. 내가 다니는 더럼 시 도심에 위치한 지역 연합감리교회는 남북전쟁 이전에 노예들이 출석하던 교회와 공통점이 거의 없다. 그리고 그 노예 교회는 소작농이 중심이던 중세의 교구와 공통점이 거의 없으며, 그 교구는 콘스탄티누스 황제 이전의 가정 교회와 공통점이 거의 없다. 하지만 한 가지는 이어져 왔다. 이 기관 각각이 하느님께 충실하기를 희망했다는 것이다. 각 교회는 자신의 시대와 정치적 환경에 매여 있다. 그렇지만 우리를 부르시고 우리의 삶에서 활동하시는 하느님께 최선을 다해 응답했다. 우리 기독교 교회는 역사적 과거 안에서뿐만 아니라 미래에 구속이 임하리라는 희망 안에서도 살아간다. 우리는 이 희망을 향해 나아갈 때 변화한다.

지금 많은 교파들은 여성 증오, 동성애 혐오, 에이즈와 투쟁하고 있는 게이, 레즈비언, 양성애자, 트랜스젠더, 여성주의 공동체들과 힘을 합쳐야 하는 특별한 위치에 있다. 하지만 여기에는 대가가 따를 것이다. 우리는 구성원의 자격을 잃을 것이고, 우리의 가정은 분열할 것이다. 심지어 우리가 예배에 참석하는 일이 어렵고 위험해질 수도 있다. 하지만 우리 대부분은 이런 교회—증오, 차별, 학대, 오해에 맞서 담대히 선지자적 입장을 견지하는 교회—를 갈망한다. 이제는 우리의 섹슈얼리티가 하느님을 사랑하는 것 그리고 교회가 되는 것과 정확히 어떤 관련을 맺고 있는지를 검토해야 할 때이다. 이로써 우리는 새 창조의 도래를 알리는 일에 보다 잘 준비하게 될 것이다.

註

서문

1 James Findlay, *Church People in the Struggle: The National Council of Churches and the Black Freedom Movement, 1950-1970* (New York: Oxford University Press, 1993), p. 28에서 재인용.

2 섹스는 두 가지 방식으로 출산과 점차 분리되어왔다. 첫째, 피임이 더욱더 용인되었고, 미국의 많은 가톨릭 교인에게도 역시 그러했다. 둘째, (남편 혹은 기부자가 정자를 제공해) 체외 인공수정으로, 곧 섹슈얼리티의 영역 바깥에서 태어나는 아이들이 늘어났다.

제1장

1 Robert Wuthnow, *The Restructuring of American Religion* (Princeton, N.J.: Princeton University Press, 1988), p. 35.

2 James Davison Hunter, *Culture Wars: The Struggle to Define America* (New York: BasicBooks, 1991), p. 44, 118.

3 Robert Wuthnow, *Restructuring of American Religion*, p. 138.

4 "Religious Right Goes for Bigger Game," *U.S. News and World Report*, November 17, 1980, p. 42.

5 Beverly LaHaye, radio talk show broadcast, April 17, 1992.

6 이 캠페인에 관한 학문적인 평가는 다음을 참조. John Green, "Pat Robertson and the Latest Crusade: Religious Resources and the 1988 Presidential Campaign," *Social Science Quarterly* 74, no. 1(March 1993), pp. 157~168.

7 Bob Burtman, "Onward Christian Solders: Are Fundamentalists Waging War in Wake's Political Arena?" *The North Carolina Independent*, September 22, 1993, p. 11에서 재인용.

8 *New York Times*, October 27, 1992에서 재인용.

9 주류 언론이 몇 차례 이 잠행 전략을 보도했지만, 이런 기사는 연속해서 보도하기

에 적절하지 않았다. 그 전략들은 일단 알려지자 더 이상 "뉴스"가 되지 않았다. 이렇게 하여 주류 언론은 의도하지 않게 기독교 우파의 "잠행 침투"를 돕는 셈이 되어버렸다. 예컨대 이런 보도 양상과 1991년과 1992년 여름에 〈구조 활동Operation Rescue〉을 광범위한 언론이 보도한 것을 비교해 보라. 참고로 그렇게 〈구조 활동〉에 대한 보도가 많이 나간 것은 낙태를 반대하는 사람들을 조직화하는 데 도움이 크게 되었다.

10 Erin Saberi, "From Moral Majority to Organized Minority: Tactics of the Religious Right," *Christian Century*, August 11-18, 1993, p. 781.

11 *New York Times*, October 27, 1992.

12 Tim LaHaye, "Whatever Happened to the Religious Right?" *Christianity Today* 33 (December 15, 1989), p. 44에서 재인용.

13 Jeffrey Haden and Charles Swann, *Prime Time Preachers: The Rising Power of Televangelism* (Reading, Mass.: Addison-Wesley Publishers, 1981).

14 Erin Saberi, "From Moral Majority to Organized Minority," p. 784.

15 Grant Wacker, "Searching for Norman Rockwell," in *The Evangelical Tradition in America*, (ed.) Leonard Sweet (Macon, Ga.: Mercer University Press, 1984), p. 307.

16 예컨대 다음을 보라. Robert Booth Fowler, "The Failure of the Religious Right," in *No Longer Exiles: The Religious New Right in American Politics*, (ed.) Michael Cromartie (Washington, D.C.: Ethics and Public Policy Center, 1992), pp. 57~79; Michael Lienesch, *Redeeming America: Piety and Politics in the New Christian Right* (Chapel Hill, N.C.: University of North Carolina Press, 1993).

17 Marc Cooper, "God and Man in Colorado Springs," *Nation*, January 2, 1995, p. 8에서 재인용.

18 Donna Minkowitz, "The Wrong Side of the Rainbow," *Nation*, June 28, 1993, p. 901에서 재인용.

19 Marc Cooper, "God and Man in Colorado Springs," p. 9에서 재인용.

20 "Payback Time: Conservative Christian Support GOP 'Contract'," *Christianity Today*, March 6, 1995, p. 43에서 재인용.

21 James Davison Hunter, *Culture Wars*, p. 114.

22 제임스 핀들레이James Findlay는 차별 정책을 반대하는 활동이 대중화되지 않은 시점에서 전미기독교교회협의회가 선구적으로 차별에 저항하면서 보여준 용기를 탁월하게 묘사했다. 제임스 핀들레이가 저술한 『투쟁하는 교인들Church People in the Struggle』

을 보라.

23 Jim Wallis, *The Soul of Politics* (Maryknoll, N.Y.: Orbis, 1994), pp. 44~45.

24 이 부분은 오코너^{June O'Connor}가 도로시 데이를 페미니즘과 관련해 기술한 부분에서 도움을 받았다. 오코너는 도로시 데이가 당대의 페미니즘과 어울리는 많은 덕목—예컨대 상호의존과 평등 모두를 지지하는 신념—을 보여주었지만 1차(1920) 또는 2차 페미니즘을 지지하지 않았다는 것을 설득력 있게 주장한다. 왜냐하면 도로시 데이는 중산층 여성은 억압을 받지 않는다고 생각했기 때문이다. 그래서 도로시 데이의 "페미니즘"은 대체로 가난한 여성에게 적용되었다. June O'connor, *The Moral Vision of Dorothy Day: A Feminist Perspective* (New York: Crossroad, 1991).

제2장

1 미국의 TV와 라디오에서 매주 방송하는 프로그램으로, 600만 명 이상이 시청하는 것으로 추산된다―옮긴이.

2 Linda Nicholson, *Gender and History: The Limits of Social Theory in the Age of the Family* (New York: Columbia University Press, 1986), p. 3.

3 정치 분석(정치 이론)에서도 연구 대상이 가족 구조에서 공적 경제 영역으로 바뀌었다. 이 때문에 사람들을 가족 안에 가둬 온 활동 및 이데올로기들을 밝히는 연구가 어려워졌다. 이 새로운 경제구조에서는 사적 영역의 활동과 정책이 의문시되지 않는다. 특히 가족을 변하지 않게 그대로 유지하는 것들이라면 더 그렇다. 이 이데올로기 체계는 여성이 "자신의 고유한 위치에 있을" 때에만 제대로 작동할 수 있었다. 여성이 정해진 역할에 도전하면 격렬한 반발에 직면한다는 것은 본문에서 설명할 것이다.

4 다른 학자들은 다른 방법들로 영역 분리의 역사를 추적한다. 예컨대 다음을 보라. Constance Buchanan, *Choosing to Lead: Women and the Crisis of American Values* (Boston: Beacon Press, 1996).

5 이 과정을 탁월하게 설명한 연구는 다음을 보라. Ruth Schwartz Cowan, *More Work for Mother: The Ironies of Household Technology from the Open Hearth to the Microwave* (New York: BasicBooks, 1983).

6 William Chafe, *Women and Equality: Changing Patterns in American Culture* (New York: Oxford University Press, 1977), p. 22.

7 많은 여성주의 문학 비평이 이러한 대중 여성문학의 기능과 가치를 다루었다. 19

세기 여성문학이 여성의 새로운 목적의식과 힘을 발산하는 배출구였다는 주장을 지지하는 분석은 다음을 보라. Jane Tompkins, Sensational Design: *The Cultural Work of American Fiction, 1790-1860* (New York: Oxford University Press, 1985). 다른 입장의 논의는 다음을 보라. Nancy Armstrong, *Desire and Domestic Fiction: A Political History of the Novel* (New York: Oxford University Press, 1987). 낸시 암스트롱은 감상적인 여성문학이 당시의 여성의 상황을 고착시키는 기능을 했다고 주장한다. Ann Douglas, *The Feminization of American Culture* (New York: Doubleday, 1988). 더글러스는 감상적 경향이 여성성과 기독교 사상 모두를 훼손했다고 주장한다. 각주 17을 보라.

8 Barbara Welter, "The Cult of True Womanhood: 1820-1860," *American Quarterly* 18 (summer 1966), pp. 151~174.

9 Carl Degler, *At Odds: Women and Family in America from the Revolution to the Present* (New York: Oxford University Press, 1980).

10 Nancy Cott, *The Bonds of Womanhood: "Woman's Sphere" in New England* (New Haven: Yale University Press, 1977).

11 Carroll Smith-Rosenberg, "The Female World of Love and Ritual: Relations between Women in Nineteenth-Century America," *Signs* 1 (autumn 1975), p. 2.

12 이 시기의 문헌을 역사적으로 검토한 것은 다음을 참조하라. Linda Kerber, "Separate Spheres, Female Worlds, Woman's Place: The Rhetoric of Women's History," in *Journal of American History* 75 (June 1988), pp. 9~39.

13 19세기에 흑인, 빈민, 소수민족 여성이 처했던 곤경을 더 자세히 다룬 분석은 다음을 보라. Ellen Carol DuBois and Vicki L. Ruiz, eds., *Unequal Sisters: A Multi-cultural Reader in U.S. Women's History* (New York: Routledge, 1990).

14 나는 여기서 자유방임주의를 지지하는 경제적 보수주의자보다는 사회적, 정치적 보수주의자를 이야기하고 있다. Rebecca Klatch, *Women of the New Right* (Philadelphia: Temple University Press, 1987)는 다음을 탁월하게 설명했다. 이 두 보수집단에게 공통점이 있기는 하지만 성 혁명을 바라보는 입장을 비롯한 여러 이유로 갈린다는 것이다. 경제적 보수주의자는 페미니즘의 부상을 긍정적인 변화라고 생각한다. 노동력이 더 풍부해지고 시장이 강해지기 때문이다. 내가 이 책에서 검토하는 사회적 보수주의자들은 여성의 경제적 독립과 발전보다는 젠더 역할과 관련한 사회구조에 집중한다.

15 물론 여성을 완벽하고 온전한 기독교인으로 생각하지는 않았다. 왜냐하면 여성을 남성보다 고결한 존재만이 아니라 더 나약하고 의존적이며 수동적인 존재로도 생각했기 때문이다. 바버라 웰터는 「진정한 여성성에 대한 예찬」에서 이런 특성

들과 관련해 반론을 제시했다.

16 William T. Ellis, *Billy Sunday: The Man and His Message, with His Own Words which Have Won Thousands for Christ* (Philadelphia: John C. Winston Company, 1914), p. 229에서 재인용.

17 더글러스의 『미국 문화의 여성화The Feminization of American Culture』에 따르면 종교는 여성과 관련되었고 남성과는 덜 연관되었다. 이 논리가 자유주의 기독교인 일부의 주장과 근거였을지는 모르겠다. 그런데 복음주의자와 보수 기독교인에게 이 논리는 정확히 반대로 작용했다. 다시 말해 종교가 아주 중요했기 때문에 (기질적으로 도덕적이고 영적이라고 간주되는) 여성에게 종교적 역할을 맡긴 것이다. 우리가 잘 알듯이, 여성이 스스로 그런 역할에서 벗어나려 하자 보수주의자와 복음주의자들은 강력히 대응했다.

18 많은 구성원의 영적 생활을 일부 집단에만 위임하려는 조치는 기독교 역사에서 새로운 것이 아니다. 로마가톨릭교회는 오랫동안 그런 권위를 교도직教導職(교회에서 복음을 가르치고 성도를 하느님께로 이끄는 권한을 행사하는 직책—옮긴이)에 두었다. 이 교도직은 가톨릭교도 모두를 대표해 도덕적, 영적 행동을 판별하는 권한을 지닌다. 영적 위임이라는 전례를 예수 그리스도의 이야기에서 찾을 수 있다는 주장도 있다. 우리가 스스로 할 수 없는 것을 그리스도가 모든 인류를 대신해 했다는 것을 근거로 말이다. 여하튼 그런 권한과 희생이 19세기에는 여성성에 각인되었다.

19 Jeanne Boydston, Mary Kelley, and Anne Margolis, *The Limits of Sisterhood: The Beecher Sister on Women's Rights and Women's Sphere* (Chapel Hill, N.C.: University of North Carolina Press, 1988), p. 5.

20 다음을 보라. Nancy Cott, Bonds of Womanhood; Barbara Epstein, *The Politics of Domesticity: Women, Evangelism, and Temperance in Nineteenth Century America* (Middletown, Conn.: Wesleyan University Press, 1981): and Ann Douglas, Feminization of American Culture. 더글러스는 여성과 조직화된 종교가 연계되어 미국 기독교의 영향력이 감소했다고 주장한다. 다음도 보라. Mary Ryan, *Cradle of the Middle Class: The Family in Oneida Country*, New York, 1790-1865 (Cambridge: Cambridge University Press, 1981). 메리 라이언은 남녀 모두가 사회생활을 위해 자발적인 단체들에 참여하면서 영역 분리가 완전히 이루어지지는 못했다고 말한다. 여성과 어머니는 19세기 사회화의 핵심 도구였던 자발적 단체들의 발사대에 지나지 않았다. 마찬가지로 낸시 휴잇은 남북전쟁 전에 여성들의 활동이 주로 가정에만 국한되었다는 생각에 반론을 제기한다. Nancy Hewitt, *Women's Activism and Social Change: Rochester, New York, 1822-1872*

(Ithaca, N.Y.: Cornell University Press, 1984). 이 책에서 휴잇은 공적 영역에서 여성 활동이 젠더에 좌우되듯이 계급에도 영향을 크게 받는다는 것을 보여준다.

라이언과 휴잇은 공사 영역이 많이 겹쳐 있었다고 설득력 있게 주장한다. 하지만 가정이라는 확고한 영역이 여성과 관련되었다는 것은 분명하다. 게다가 여성이 집 밖에서 임금노동이나 자원봉사를 할 때도 대개 그 일은 가정에서 해온 것들과 비슷했다. 예컨대 간호직, 교직, 빈민 구제 같은 것이었다. 비록 여성들의 많은 활동이 결국 공적인 "복지"의 영역으로 넘어갔지만, 그런 활동의 기원은 여성 및 그들이 집안에서 했던 일과 깊이 얽혀 있었다.

21 가정 예찬 문화가 나타나기 전에는 남편 및 아버지가 가족을 대표했고 가장으로서 발언했다. 아내 및 어머니의 의사는 남편의 투표 및 대의행위^{代議行爲}로 적어도 추상적으로나마 드러났다. Linda Nicholson, *Gender and History*를 보라. 그러나 가정 예찬 문화가 나타난 후에는 남자는 (개인으로서) 자신만을 대표했고 여자는 이러한 구조에서 존재하지조차 않았다. 가족생활은 정치와 관련이 없었고 여성은 공식적인 대의제도에 참여할 기회와 권한이 없었기 때문이다. 알다시피 여성이 이런 상황을 깨닫고 저항하기까지는 오래 걸리지 않았다.

22 Jane Tompkins, *Sensational Designs*, pp. 127~128.

23 이 장에서 나는 특정한 교파 혹은 종교적 운동을 보수 기독교와 역사적으로 짝짓고 있는 것이 아니다. 몇몇 학자가 이미 설명했듯이 자칭 복음주의자들에서조차 다양한 정치 입장이 존재한다. 이렇듯 많은 복음주의자와 일부 근본주의자들조차 내가 "보수적 기독교"로 구분한 관념에 동의하지 않을 수도 있다. 나는 특정한 근본주의자들 혹은 복음주의자들의 정치적 견해를 규정하기보다는, 거대하고 형태가 불분명한, 그중의 많은 사람이 주로 대중매체를 통해 종교에 참여하는 어떤 기독교 집단을 조직하고 그에 의해 공유되는 이데올로기의 기원과 함의를 상세히 설명하고자 한다. 복음주의와 근본주의의 서로 다른 정치적 성향은 다음을 보라. Margaret Lamberts Bendroth, "The Search for 'Women's Role' in American Evangelicalism, 1930-1980," in *Evangelicalism and Modern America*, ed. George Marsden (Grand Rapids, Mich.: Eerdmans, 1984), p. 122~134; Grant Wacker, "Uneasy in Zion: Evangelicals in Postmodern Society," in *Evangelicalism and Modern America*, 17-28; and Idem, "Searching for Norman Rockwell."

24 낸시 암스트롱^{Nancy Armstrong}은 『욕망과 가정 소설^{Desire and Domestic Fiction}』에서 가정 이데올로기가 대중 소설에서 영향을 받고 조정되었다고 주장한다. 즉, 여성이 소설의 인물과 자신을 동일시해 새로운 사회적 역할을 학습했다는 것이다. 그래서 소설 연구에 정치사 연구를 끌어오면 안 된다고 암스트롱은 말한다. 대중소설 그 자체가 그런 변화들을 만들어내고 조절했기 때문이라는 것이다. 특히 진정한 여성

성이라는 문화가 어떻게 발전했는가를 이해하려면 여성이 읽은 소설을 연구해야 한다고 암스트롱은 주장한다. 나는 암스트롱의 분석에 동의하고 덧붙여 신학의 젠더 구성도 가정 이데올로기를 낳고 영속화했다고 생각한다. 남녀 모두 재해석을 많이 거친 성경과 기독교사를 통해 새로운 문화적 역할을 배우고 받아들였다. 영역 분리를 기독교인의 자연스러운 생활방식으로 묘사하는 19세기 기독교인들의 이야기가 설교, 주일학교, 소책자를 통해 유포된 것이 가정 예찬 이데올로기를 형성하고 강화하는 데 기여했다.

25 Mary Ryan, "The Power of Women's Networks," in *Sex and Class in Women's History*, ed. Judith Newton, Mary Ryan, and Judith Walkowitz (Boston: Routledge and Kegan Paul, 1983), pp. 167~186.

26 Ann Douglas, *Feminization of American Culture*.

27 다음을 참조하라. Eleanor Flexner, *Century of Struggle: The Woman's Rights Movement in the United States* (New York: Atheneum, 1970).

28 예컨대 다음을 보라. Boydston, Kelley, and Margolis, *Limits of Sisterhood*.

29 Carroll Smith-Rosenberg, *Disorderly Conduct: Vision of Gender in Victorian America* (New York: Oxford University Press, 1985), p. 245.

30 Kathy Peiss, *Cheap Amusements: Working Women and Leisure in Turn-of-the-Century New York* (Philadelphia: Temple University Press, 1986).

31 *King Business* 12 (February 1921). 다음에서 재인용했다. Betty DeBerg, *Ungodly Women: Gender and the First Wave of American Fundamentalism* (Minneapolis: Fortress, 1990), p. 43.

32 여성 참정권론자와 초기 페미니스트가 근본주의자들을 상세히 비판한 내용은 다음을 보라. Margaret Lamberts Bendroth, *Fundamentalism and Gender* (New Haven: Yale University Press, 1993).

33 "Christianity and Woman," *Bible Champion* 32 (June-July 1926), p. 310. 다음에서 재인용했다. DeBerg, *Ungodly Women*, p. 45. 근본주의자들이 영역 분리를 복원하고자 했다는 논지를 설득력 있게 뒷받침하는 1차 자료들을 철저히 검토하는 내용은 다음을 참조하라. 특히 DeBerg, *Ungodly Women*, chapter 2, "Conservative Protestantism and the Separate Spheres." 다음도 참조하라. Randall Balmer, "American Fundamentalism: The Ideal of Femininity," in *Fundamentalism and Gender*, ed. John Stratton Hawley (New York: Oxford University Press, 1994), pp. 47~62.

34 사실 디버그가 주장했듯이 근본주의자들은 다시 영역을 분리하고자 분투했다. 그래서 여성이 교회에서 직책을 맡는 것이 금지되었다. 여성을 오직 가정으로 쫓

아버리고 영역들의 차이를 구체화하려는 것이었다. 그런데 여러 역사학자가 근본주의에서의 여성 활동에 대한 디버그의 해석에 이의를 제기하고 있다.

35 다음을 보라. David Moberg, *The Great Reversal: Evangelism and Social Concern* (Philadelphia: Lippincott, 1977).

36 George Marsden, *Understanding Fundamentalism and Evangelicalism* (Grand Rapids, Mich.: Eerdmans Press, 1991), p. 67. 그런데 마스던과 다른 이들이 지적했듯이 근본주의자들의 사회로부터의 완전한 분리가 아니라 다만 "근본주의자 가운데 대다수가 주류 교파에서 나오는 절반의 분리를 의미했다"(p. 67). 다시 말해서 근본주의자들은 교파를 초월한 방송망과 단체에 의지했다. 이들은 라디오 같은 매체를 폭넓게 사용했고, 이는 20세기 후반에 텔레비전을 통해 기독교가 강력히 부활할 수 있는 조건이 되었다.

37 Alice Kessler-Harris, *Out to Work: A History of Wage-Earning Women in the United States* (New York: Oxford University Press, 1982). 이 책에서는 남자들이 떠나 남은 일자리가 적어도 350만 개였다고 추산한다.

38 Wini Breines, *Young, White, and Miserable: Growing Up Female in the Fifties* (Boston: Beacon Press, 1992), pp. 10~11.

39 Gary Bauer, *Our Journey Home: What Parents Are Doing to Preserve Family Values* (Dallas: World Publishing, 1993), p. 33, 46.

40 Wini Breines, *Young, White, and Miserable*, p. 8.

41 Betty Friedan, *The Feminine Mystique* (New York: Dell Books, 1963), p. 7.

42 대개 프리던이 중산층 백인 여성의 특정한 현상을 이야기한다는 점을 지적해야 한다. 비록 프리던 자신은 결코 인정하지 않았지만 말이다. 후기 페미니스트들은 프리던의 협소한 관점을 비판해왔다. 다음을 보라. Alice Echols, *Daring to Be Bad: Radical Feminism in America* (Minneapolis: University of Minnesota Press, 1989).

43 Betty Friedan, *Feminine Mystique*, pp. 13~14.

44 같은 책, p. 326. 자기 이해라는 해방 전략은 프리던의 두 번째 주요 저작인 『두 번째 단계The Second Stage』(New York: Summit Books, 1981)로 이어진다. 내가 보기에 이 연구는 변형된 가정 이데올로기를 잘 설명했다. 글로리아 스타이넘Gloria Steinem은 베스트셀러인 『안에서 시작하는 혁명Revolution from Within』(Boston: Little, Brown, 1992)에서 프리던의 전략과 유사한 자아 존중을 통한 해방 전략을 고안했다. 흥미로운 사실은 페미니즘 전략인 자신감과 자아 존중이 우파가 사용하는 수사와 대체로 흡사하다는 점이다. 예컨대 베벌리 라헤이는 이렇게 주장한다. "여성으로서 우리는 중요한 존재이고 이 세상에서 의미 있는 위치에 있다는 것을 깨닫기를

원한다. 또한 우리가 누군가에게 중요한 존재이고 우리의 삶이 다른 이들의 삶에 영향을 미치며 영혼도 보듬을 수 있다는 것을 잘 알기를 원한다." Beverly LaHaye, *The Desires of a Woman's Heart: Encouragement for Women When Traditional Values Are Challenged* (Wheaton, Ill.: Tyndale House Publisher, 1993), p. 20. 나는 페미니즘 분석이 더 실질적이고 구체적이어야 한다고 생각한다. 프리던의 두 번째 저작에 대한 비평은 다음을 보라. Ellen Willis, "Peace in Our time: The Greening of Betty Friedan," in *No More Nice Girls: Countercultural Essays* (Hanover, N.H.: Wesleyan University Press/University Press of New England, 1992), pp. 56~64.

45 프리던은 전미 여성 기구National Organization for Women 설립에 자발적으로 참여했고 주류 페미니즘 진영과도 협력했다. 『여성의 신비』를 탁월하게 비평한 저작은 다음을 보라. Zillah Eisenstein, *The Radical Future of Liberal Feminism* (Boston: Northeastern University Press, 1981), pp. 177~200.

46 Betty Friedan, *Feminine Mystique*, p. 15.

47 19세기에도 그랬듯이 보수 기독교인을 화나게 한 것은 페미니즘 이론이나 지도자가 아니라 미국인의 삶에서 일어나는 거대한 변화였다. 특히 여성이 일터에 나가는 현상이 그러했다. 1960년대의 이론가들은 여성들이 일하는 (그리고 그 결과 남자들은 일터 밖으로 내몰리게 된) 새로운 미국적 생활방식으로 나아가는 길을 닦았다. 요컨대 근본주의 운동의 두 번째 물결은, 여성주의 이론가가 아니라 변화하는 생활양식을 공격한다.

48 Marabel Morgan, *The Total Woman* (New York: Pocket Books, 1973), p. 36.

49 같은 책, p. 67.

50 *Chicago Tribune*, October 20, 1991.

51 Bruce Bauer, *Our Journey Home*, p. 36.

52 "The Maternal Imperative," interview with Brenda Hunter, *Christianity Today*, March 7, 1994, pp. 15~17.

53 현대의 보수적인 기독교인의 글은 종종 여성이 일을 해야겠다는 생각이 들 때 선택해야 할 직종을 규정하기도 한다. 대개의 경우 이러한 추천직업들은 여성이 집에서 하는 일을 재생산한다. 예컨대 교육, 돌봄, 사회 복지 업무 등이다.

54 Susan Faludi, *Backlash: The Undeclared War against American Women* (New York: Crown, 1991), p. 402.

55 사실 레베카 클래치는 『신우파의 여성Woman of the New Right』에서 이런 물질적 이해관계가 훨씬 더 강력하다고 말한다. "현재 여성이 소유한 가장 유용한 재산권 중 하나는 남편에게서 제공된다. 페미니즘(특히 남녀평등 헌법 수정안(ERA)은 이 권리를

없앨 것이다. 남편이 책임을 등한시할 때 현재 주부에게는 확실한 구제 방법, 예컨대 남편의 신용카드로 물건을 사고 그 대금은 남편에게 청구하게끔 할 수 있다. 그런데 페미니스트는 그런 선택지들을 없앨 것이다"(p. 136). 클래치가 보수 여성을 이해하는 관점에서 이런 법적 보호책들은 중요했다. 그 이유는 "남성의 근원적 이미지에는 통제할 수 없는 욕구가 있을 뿐 상식과 충실함은 거의 없기 때문이다. 도덕과 법의 권위만이 남자의 야만적 본성을 억제할 수 있다"(p. 138). 남성에 관한 이런 시각은 영역 분리 이데올로기가 지배하던 산업화 초기에 구성되었다.

56 Phyllis Schlafly, *The Power of the Positive Woman* (New York: Jove Publications, 1977), pp. 72~73에서 재인용.

57 Beverly LaHaye, *The Desires of a Woman's Heart* (Wheaton, Ill.: Tyndale House Publishers, 1993), p. 7.

58 같은 책, p. 21.

59 Pat Robertson, "The Family and the Law," speech presented at the Family Forum II Conference, Washington, D.C., July 27, 1982.

60 Beverly LaHaye, *The Desire of a Woman's Heart*, pp. 32~33.

61 Margaret Lamberts Bendroth, *Fundamentalism and Gender*, p. 11. 여성이 보수적인 종교 공동체에 참여하는 이유를 다르게 설명한 글은 다음을 보라. Susan Rose, "Women Warriors: The Negotiation of Gender in a Charismatic Community," *Sociological Analysis* 48, no. 3 (1987), pp. 245~258; Carol Virginia Pohli, "Church Closets and Back Doors: A Feminist View of Moral Majority Women," *Feminist Studies 9* (fall 1983), pp. 529~558; Mary McClintock Fulkerson, "Contesting Feminist Canons: Discourse and the Problem of Sexist Texts," *Journal of Feminist Studies in Religion 7* (fall 1991), pp. 53~73; Rebecca Klatch, *Women of the New Right*.

62 Bruce Bauer, *Our Journey Home*, p. 104.

63 이 논리로 몇몇 보수적 대형 교회는 결혼하지 않은 신도들에게 컴퓨터를 이용한 교제 및 중매 서비스를 제공한다. 주류 교파의 "독신자 모임들"도 봉사단체나 사회단체라는 역할을 그만둘 때는 오직 미혼 교인이 짝짓기를 위해 만나는 모임으로 기능할 뿐이다.

64 Linda Nicholson, *Gender and History*.

65 우파가 발간한 대중 서적을 보면 하느님을 "아버지"라 부른다. 하지만 이 표현과 관련한 폭넓은 논쟁이 있다는 것을 분명히 인식하지 못한 채 사용한다는 것을 알 수 있다. 이는 우파가 라디오와 텔레비전 프로그램에서 하는 발언을 확인해도 마찬가지이다. 비록 이 매체들에서 간혹 하느님이 "창조주"나 "전능하신 주"로 불리

232

Sex and the Church

기는 하지만 여성적 속성에 기초해 하느님을 언급하는 것을 결코 들어본 적이 없다. 우파가 하느님을 남성적 표현으로 묘사하는 일을 학문적으로 또 세련되게 변론한 글은 다음을 참조. Alvin Kimel, Jr., ed., *Speaking the Christian God: The Holy Trinity and the Challenge to Feminism* (Grand Rapids, Mich.: Eerdmans, 1992). 포괄적인 표현으로 하느님을 기술하는 일을 신학적으로 변론한 글은 다음을 보라. Elisabeth Schussler Fiorenza, *In Memory of Her: A Feminist Reconstruction of Christian Origins* (New York: Crossroads, 1983); Rosemary Radford Ruether, *Sexism and God-Talk: Toward a Feminist Theology* (Boston: Beacon Press, 1983).

66 페미니스트들은 남성과 하느님의 이러한 관련성에 관심을 많이 보이며 이 관계를 분석했다. 특히 다음을 보라. Mary Daly, "The Qualitative Leap Beyond Patriarchal Religion," *Quest* 1 (1974), p. 21. 그는 "하느님이 남성인 한 남성은 하느님이다"라고 선언했다.

67 Jay Adams, *Christian Living in the Home* (Phillipsburg, N.J.: Presbyterian and Reformed Press, 1972), p. 89.

68 Susan Foh, *Women and the Word of God: A Response to Biblical Feminism* (Grand Rapids, Mich.: Baker, 1979), p. 159.

69 Ruth Tucker and Walter Liefeld, *Daughters of the Church: Woman and Ministry from New Testament Times to the Present* (Grand Rapids, Mich.: Zondervan, 1987), p. 258.

70 Bonnidell Clouse and Robert Clouse, *Women in Ministry: Four Views* (Downers Grove, Ill.: InterVarsity Press, 1989), p. 20.

71 Margaret Lamberts Bendroth, *Fundamentalism and Gender*, p. 3.

72 Michael Hamilton, "Women, Public Ministry, and American Fundamentalism, 1920-1950," in *Religion and American Culture* 3 (summer 1993), p. 174.

73 James Schaffer and Colleen Todd, *Christian Wives: Women behind the Evangelists Reveal Their Faith in Modern Marriage* (New York: Doubleday, 1987), p. 87, 146.

74 Texe Marrs, *Big Sister Is Watching You* (Austin, Texas: Living Truth Publishers, 1993), p. 12, 18. 마스가 언급하는 정부 관리들은 이렇다. 법무장관 재닛 "조니" 르노Janet "Johnny" Reno(입각할 당시 레즈비언이었다-옮긴이), 공중위생국장 조이슬린 엘더스Joycelyn Elders, 대통령 취임식에서 시를 낭송한 시인 마야 앤절로우Maya Angelou, 보건부 장관 도나 샐레일라Donna Shalala, 주택도시개발부 차관보 로버타 "밥" 악텐버그Roberta "Bob" Achtenberg(레즈비언임을 공개적으로 드러낸 첫 고위 공무원-

옮긴이), 대법관 루스 배더 긴스버그[Ruth Bader Ginsburg]······. 마스가 이들을 반대하는 주요한 이유는 이 여성들이 모두 경계를 넘어 남성의 영역에 침범했기 때문이다.

75 예를 들면, 론 리[Ron Lee]는 『고단한 남편이 행복한 남편[A Scruffy Husband Is a Happy Husband]』(Pomona, Calif.: Focus on the Family Publications, 1991)에서 남자가 겪는 어려움을 기술한다. 남자는 집안에 있는 것이라면 무엇이든지 고칠 수 있다는 기대 같은 것 말이다. 잭 볼스윅[Jack Balswick]의 『기로에 선 남성: 전통 역할과 현대의 선택지를 넘어서[Men at the Crossroads: Beyond Traditional Roles and Modern Options]』(Downers Grove, Ill.: InterVarsity Press, 1992)도 보라. 남성에게 기대되는 상[像]과 문화가 바뀌면서 이에 대처하는 기독교인의 활동을 다룬다. 보수적 기독교 문화에서 남성의 역할 변화와 관련해 다음도 보라. Grant Wacker, "Searching for Norman Rockwell," p. 305. 사회에서 변하는 남성의 역할을 세속의 관점에서 개관한 내용은 다음을 보라. Lynne Segal, *Slow Motion: Changing Masculinities, Changing Men* (New Brunswick, N.J.: Rutgers University Press, 1990).

76 앤 더글러스는 『미국 문화의 여성화』에서 19세기 기독교와 관련해 이런 주장을 펼쳤다.

제3장

1 Dan Quayle, *Standing Firm: A Vice-Presidential Memoir* (New York: Harper-Collins, 1994), p. 322, 326.

2 Rush Limbaugh, *The Way Things Ought to Be* (New York: Pocket Books, 1992), p. 188.

3 Bruce Bauer, *Our Journey Home*, p. 98.

4 같은 책, p. 99.

5 예컨대 다음을 보라. James Dobson ed., *Focus on the Family* magazine, May 1994, 10.

6 Tim LaHaye, *Against the Tide: How to Raise Sexually Pure Kids in an "Anything-Goes" World* (Sister, Ore.: Multnomah Books, 1993), p. 13, 15.

7 "Teens Say 'No' to Pre-Marital Sex," in *Christian America* 5 (September 1994), p. 10. 더 큰 단체와 관련한 정보를 확인하려면 다음 자료를 보라. True Love Waits, The Sunday School Board of the Southern Baptist Convention, 127 Ninth Avenue North, Nashville, TN 37234. 다음도 참조. L. A. Kauffman, "Virgins for Christ: Young, Hot and Herded to Purity in a Pop Evangelical Extravaganza,"

Nation, September 26, 1994, pp. 306~309.

8 여성과 피임에 대한 이 시기의 관념을 축약한 역사 자료는 다음을 참조. Degler, *At Odds*.

9 Steven Seidman, *Embattled Eros: Sexual Politics and Ethics in Contemporary America* (New York: Routledge, 1992), p. 24.

10 Steven Seidman, *Romantic Longings: Love in America, 1830-1980* (New York: Routledge, 1991), p. 58.

11 James Dobson, *Love for a Lifetime: Building a Marriage that Will Go the Distance* (Sisters, Ore.: Multnomah Books, 1993). 다른 애정 지침서들을 몇 개 추려 소개하면 다음과 같다. Larry Crabb, *Men and Women: Enjoying the Difference* (Grand Rapids, Mich.: Zondervan, 1991); Norman Wright, *Holding onto Romance* (Ventura, Calif.: Regal Books, 1992); Ed Young, *Romancing the Home: How to Have a Marriage that Sizzles* (Grand Rapids, Mich.: Zondervan, 1990).

12 로잘린드 페체스키Rosalind Petchesky가 말하듯 "보수 이념이 단순히 성행위와 성 표현에 반대하는 것은 아니다. 요컨대 섹스를 전적으로 억압하는 것이 아니라 섹슈얼리티를 가부장적, 합법적 틀에 맞춘다. 이런 틀은 이성애자의 결혼 생활과 모성애를 강화한다." Rosalind Petchesky, *Abortion and Women's Choice* (Boston: Northeastern University Press, 1984), p. 263~264.

13 Stephanie Coontz, *The Way We Never Were: American Families and the Nostalgia Trap* (New York: BasicBooks, 1992), p. 23. 사실 이 연속극들에서 어린 가족 구성원의 결혼은 중요한 사건인데, 이것은 결혼이 그 이데올로기가 섹슈얼리티를 다루는 유일한 방식이기 때문이다. 쿤츠가 주장하듯이 "아이들은 '아니오라고 말하기'를 배우지 않는다. 단지 손에 결혼반지를 낄 뿐이다"(p. 39).

14 Daniel Nicholas, "Pat Robertson: A Profile," *Religious Broadcasting*, February 1986, p. 65.

15 1950년대 방송들을 거의 독점적으로 재방송하는 데 주력했던 케이블 채널 니컬로디언Nickelodeon Channel(5센트짜리 영화극장이란 뜻이다—옮긴이)은 1982년에 전국 방송망을 획득했다. 그런데 바로 그때는 기독교 우파가 벌이는 가족 운동이 모습을 갖춰가고 있을 때였다. 이는 우연의 일치가 아니다. 니컬로디언 및 기타 "가족 채널들"과 기독교 우파 사이에 재정 관계가 없었다 하더라도 이들이 1950년대의 "전통주의"로 돌아간 결과로 시청자를 얻었다는 점은 거의 틀림없다.

16 Susan Faludi, *Backlash*, p. 230에서 재인용.

17 다음을 유의해 보라. the Family pamphlet, *The Year Was 1954 and We Were All Very Young* … (Colorado Springs, Colo.: Focus on the Family, 1994).

18 George Marsden, *Religion and American Culture* (New York: Harcourt, Brace, Jovanovich, 1990), 262.

19 *New York Times*, September 23, 1980에서 재인용.

20 *Time*, October 21, 1991.

21 예컨대 다음을 보라. Dr. James Kennedy, Mass Mailing letter, January 29, 1994. Coral Ridge Ministries, P.O. Box 407132, Fort Lauderdale, FL 33340-7132.

22 Petchesky, *Abortion and Woman's Choice*, p. 265에서 재인용.

23 Steven Seidman, *Embattled Eros*, p. 72.

24 *Time*, August 21, 1991, p. 28.

25 *Hotline*, August 26, 1991.

26 Dr. James Kennedy, Mass Mailing letter, April 15, 1994. Coral Ridge Ministries, P.O. Box 407132, Fort Lauderdale, FL 33340-7132. 강조는 원문.

27 기독교인과 미국 이데올로기의 관계를 학문적이고 기독교적 관점에서 검토한 연구는 다음을 참조하라. Mark Noll, Nathan Hatch, and George Marsden, *The Search for Christian America* (Colorado Springs, Colo.: Helmers and Howard, 1989). 이 학자들은 기독교의 특성이 미국에 영향을 미쳐왔고 앞으로도 미칠 것이지만 정부를 운영하는 일을 요구해서는 안 된다고 주장한다.

28 Jerry Falwell, *Listen America* (New York: Bantam, 1980), pp. 104~105.

29 Randall Balmer, *Mine Eyes Have Seen the Glory: A Journey into Evangelical Subculture in America* (New York: Oxford University Press, 1989), p. 122.

30 섹슈얼리티와 젠더 구성이 다른 애국주의를 어떻게 형성하는지를 상세히 분석한 연구는 다음을 보라. Andrew Parker et al., eds., *Nationalism and Sexualities* (New York: Routledge, 1992).

31 오늘날 보수 기독교인 다수가 전천년왕국설과 근본주의 모두를 신봉하지만 이 둘은 역사가 서로 다르다. 전천년왕국설은 예수 그리스도가 살았던 시대부터 기독교의 여러 갈래로 존재해왔다. 반면 근본주의는 더 최근의 현상인데, 19세기의 복음주의자들과 모더니즘에 반대하는 이들이 특히 성경 해석에 관해 함께 염려하면서 나타났다. 요컨대 전천년왕국설을 믿는 사람들은 근본주의가 태동하기 전부터 있었다. 마찬가지로 오늘날의 근본주의자 다수는 성경이 종말의 시기를 어느 때로 보는지에 관심이 없다. 그러나 현대 기독교 우파의 지도자 대부분은 전천년왕국설과 근본주의 모두를 신봉한다.

32 전천년왕국설에는 서로 다른 유형이 많이 있다. 각 분파는 그리스도가 재림하는 사건의 정확한 일시와 순서를 두고 의견을 달리한다. 이 차이를 상세히 설명하는 자료는 다음을 보라. Timothy Weber, *Living in the Shadow of the Second*

Coming: American Premillennialism, 1875-1982 (Chicago: University of Chicago Press, 1983, 1987); Stanley Grenz, *The Millennial Maze: Sorting Out Evangelical Options* (Downers Grove, Ill.: InterVarsity Press, 1992).

33 Hal Lindsey, *The Late Great Planet Earth* (Grand Rapids, Mich.: Zondervan, 1970).

34 Pat Robertson, *The New World Order* (Dallas: Word, 1991).

35 Robert Van Kampen, *The Sign* (Wheaton, Ill.: Crossway Books, 1992).

36 Stanley Grenz, *Millennial Maze*, p. 215.

37 Dr. James Kennedy, Coral Ridge Ministries, P.O. Box 407132, Fort Lauderdale, FL 333407132.

38 우파는 동성애를 비난하면서 서로 다른 두 전략을 쓴다. 첫째, 게이가 시민권의 보호를 받으며 "특권"을 추구한다고 비난한다. 〈코럴 리지 미니스트리즈Coral Ridge Ministries〉의 설립자 제임스 케네디가 처음 표현한 이 주장에 따르면 동성애자는 소수자가 받는 특권을 추구해서는 안 된다. 동성애자는 합법적인 소수자가 아니기 때문이다. (케네디는 그들이 소수자가 아닌 것은 동성애 때문이라고 주장한다. 동성애는 인종, 민족성, 젠더와는 달리 변하기 쉬운 특성이라는 것이다. 그리고 동성애자가 경제적 차별을 당하거나 정치적으로 취약하다는 증거도 없다고 주장한다.) "특권" 반대 운동은 동성애에 반대하는 주민 법안을 발의하기 위해 흑인 교회와 여타 지지를 모으는 데 아주 성공적이었다.

　우파의 두 번째 전략은 성경의 몇 구절이 동성애를 직접적으로 금한다고 주장하는 것이다. 성서학자들은 이 주제와 관련해 풍부한 정보와 지식을 제공해왔다. 예컨대 다음을 보라. Robin Scroggs, *The New Testament and Homosexuality* (Philadelphia: Fortress Press, 1983), John Boswell, *Christianity, Social Tolerance, and Homosexuality* (Chicago: University of Chicago Press, 1980). 소위 반동성애 구절이라는 본문의 해석을 보면, 성경 그 자체는 동성애에 관해 결정적이고 단호한 윤리적 견해를 내놓지 않는 것이 분명하다.

　내 생각에는 "특권"과 성경 모두 우파가 동성애를 반대하는 근본적인 이유가 아니다. 오히려 사람들이 섹슈얼리티와 하느님을 지향하는 방식과 태도에 더 근원적인 이유가 있다고 생각한다. 나는 이 장 나머지 부분에서 이런 지향의 논리를 상세히 설명하고자 한다.

39 Gregg Albers, *Plague in Our Midst: Sexuality, AIDS and the Christian Family* (Lafayette, La.: Huntington House, 1988), p. 17.

40 Patrick Buchanan, *New York Post*, May 24, 1983.

41 F. LaGard Smith, *Sodom's Second Coming: What You Need to Know about the*

Deadly Assault (Eugene, Ore.: Harvest House Publishers, 1993), p. 211, 215.

42 George Grant and Mark Horne, *Legislating Immorality* (Chicago: Moody Press, 1993), 131. 같은 저자의 다음 책도 참조하라. *Unnatural Affections: The Impuritan Ethic of Homosexuality and the Modern Church* (Franklin, Tenn.: Legacy Press, 1991).

43 Michael Fumento, *The Myth of Heterosexual AIDS* (New York: BasicBooks, 1990), p. 118; *The American Spectator*, February 1992에서 재인용했다.

44 Spenser Hughes, *The Lambda Conspiracy* (Chicago: Moody Press, 1993), p. 31.

45 Stanley Monteith, *AIDS: The Unnecessary Epidemic: America under Siege* (Sevierville, Tenn.: Covenant House Books, 1991), p. 20, pp. 25~26.

46 Gregg Albers, *Plague in Our Midst*, p. 34.

47 Paul Cameron, speaking on *California Tonight* television show, January 16, 1987.

48 *New York Native*, August 14, 1983, p. 9; July 12, 1983, news conference with Jerry Falwell에서 재인용.

49 Spenser Hughes, *Lambda Conspiracy*, p. 23, 25.

50 George Grant and Mark Horne, *Legislating Immorality*, p. 60, 64.

51 이 점과 관련해 특히 다음 영화를 참조하라. *One in Ten: The Kinsey Percentage, The Hidden Agenda*, 1993, distributed by Manhattan Center Studios, 311 West 34th Street, New York, NY 10001.

52 F. LaGard Smith, *Sodom's Second Coming*, p. 15.

53 the film *The Gay Agenda in Public Education* (1992), published and distributed by The Report, T. Y. and Jennett Beeson, founder, 1-800-462-4700.

54 다음을 보라. Lisa Duggan, "Queering the State," *Social Text* 39 (summer 1994), p. 1~14.

55 John Ankerberg and John Weldon, *The Myth of Safe Sex: The Tragic Consequences of Violating God's plan* (Chicago: Moody Press, 1992), p. 15.

56 Stanley Monteith, AIDS: *The Unnecessary Epidemic*, p. 15.

57 George Grant and Mark Horne, *Legislating Immorality*, p. 75.

58 Connie Marshner, *Decent Exposure: How to Teach Your children about Sex* (Franklin, Tenn.: Legacy Press, 1993), p. 31.

59 Jerry Falwell, *Listen America*, p. 158.

60 사실 역사학자 존 보스웰John Boswell은 삽입되는 공포가, "성적 수동성이 일반적으

로 정치적 무능력과 연관되었던" 고대 로마에서 기인한다는 것을 보여준다. 그는 이렇게 설명한다. "성관계에서 수동적인 역할을 맡았던 이들은 주로 소년과 여성과 노예였다. 이들은 모두 권력구조에서 배제된 자들이었다. …… 성행위에서 무력한 역할을 자발적으로 맡았던 남자는 지위가 열등했다." 보스웰에 따르면 이 수동적 역할에 대한 혐오는 신학자 및 교회 지도자들의 저작을 통해 기독교 전통으로 옮겨졌다. 보스웰은 3세기 신학자 크리소스토모스의 말을 대표적인 예로 인용한다. "[수동적인 역할을] 맡는 이들이 자신이 당하는 것을 잘 이해했다면 그 일을 계속 맡느니 수십 번이라도 죽는 편을 택했을 것이다. 그 이유는 그러한 역할로 인해 여자로 만들어지고 더 이상 남자가 아니게 된다 하더라도, 천성이 전혀 여성으로 변하지도 않고 기존에 지닌 남성으로서의 본성도 유지하지 못하기 때문이다." Boswell, *Christianity, Social Tolerance, and Homosexuality*, p. 74, 157.

61 the film *The Gay Agenda in Public Education*.

62 Beverly Wildung Harrison, "Misogyny and homophobia: The Unexplored Connection," in *Making the Connections: Essays in Feminist Social Ethics* (Boston: Beacon Press, 1985), p. 135.

63 F. LaGard Smith, *Sodom's Second Coming*, p. 245.

제4장

1 Jean Bethke Elshtain, *Public Man, Private Woman: Women in Social and Political Thought* (Princeton, N.J.: Princeton University Press, 1981).

2 Barbara Dafoe Whitehead, "Dan Quayle Was Right," *Atlantic* 271 (April 1993), p. 48.

3 Judith Stacey, "Scents, Scholars, and Stigma: The Revisionist Campaign for Family Values," *Social Text* 40 (fall 1994), p. 53.

4 Mary Stewart Van Leeuwen, *Gender and Grace* (Downers Grove, Ill.: Inter-Varsity Press, 1990), pp. 173~174, p. 171, 213.

5 Rebecca Merrill Groothuis, *Women Caught in the Conflict* (Grand Rapids, Mich.: Baker Book House, 1994), p. 1, 110.

6 Kath Weston, *Families We Choose: Lesbians, Gays, Kinship* (New York: Columbia University Press, 1991); Laura Benkov, *Reinventing the Family: The Emerging Story of Lesbian and Gay Parents* (New York: Crown, 1994); Phyllis Burke, *Family Values: A Lesbian Mother Fights For Her Son* (New York: Vintage, 1993).

7 사실 1960년대와 1970년대에 세속의 초기 페미니스트들은 여성 해방이 가정생활 및 가사 영역의 가치를 긍정하는 것과는 양립할 수 없다고 주장했다. 케이트 밀렛 Kate Millet은 다음과 같이 강하게 주장했다. "가부장제의 핵심 제도는 가족이다. 가족은 더 큰 사회를 반영하는 거울이자 연결 통로이다. 즉, 전체 가부장제를 구성하는 가부장적 단위인 것이다. 가족은 개인과 사회구조 사이를 매개하면서, 정치와 여타 권위가 비어 있는 곳에서 사람들이 통제받고 순응하도록 영향을 끼친다. 가족은 더 큰 사회의 대리자로 기능하면서, 가족 구성원에게 복종과 순응을 권장할 뿐만 아니라 가장들을 통해 시민을 지배하는 가부장적 국가 정권의 한 부서로 기능한다." Kate Millet, *Sexual Politics* (New York: Simon and Schuster, 1969), p. 33.

8 Rodney Clapp, *Families at the Crossroads* (Downer's Grove, Ill.: InterVarsity Press, 1993), p. 35, 35, 37.

9 같은 책, p. 65.

10 Janet Fishburn, *Confronting the Idolatry of Family: A New Vision for the Household of God* (Nashville, Tenn.: Abingdon Press, 1991), p. 51.

11 다음을 보라. S. S. Philip Keane, *Sexual Morality: A Catholic Perspective* (New York: Paulist Press, 1977); Vincent J. Genovesi, S. J., *In Pursuit of Love: Catholic Morality and Human Sexuality* (Collegeville, Minn.: Liturgical Press, 1987).

12 비율주의에 대한 보수적인 비판가들은 비율주의의 논리를 조금 다르게 정식화했다. 즉, 동성애자들의 헌신적 관계는 차악일 뿐이라고 주장하면서, 비율주의자들이 사실상 악을 용납했다고 말한 것이다. 비율주의자들은 헌신된 단혼 관계를 지지하는 동성애자들의 행위가 악이 아니라 선이라 주장했다. 그 관계로 연합이라는 부분적인 선이 생기고 난혼亂婚과 문란이라는 악을 피하기 때문이라는 것이다.

   또 지적할 부분이 있다. 비율주의자들은 섹슈얼리티의 역사에서 꽤 최근에 개발된 방법론에 기대고 있다. 즉, 어떤 이들은 성적 실천 여부와는 별도로 "동성애 정체성"을 지니고 있으며, 성적 만남 이전에 그리고 그것과 관계없이 동성애자가 존재한다는 입장이다. 그래서 이러한 텍스트들은 동성애자가 이성애자가 되려고 애써야 한다고 주장하지 않는다. 대신에 동성애자가 독신으로 지낼 수 없다면 지속적으로 사랑하는 관계 속에서 살아야 한다고 말한다. 문란함과 같은 더 큰 죄악을 피하기 위해 말이다. 고정된 동성애 정체성이 성적 실천과 관계없이 작동한다는 관념은 다음 장에서 비판하겠다.

13 폴 램지Paul Ramsey는 피임을 정당화하는 근거로서 생식성을 해석하는 이러한 설명을 처음으로 발전시켰다. 그는 이렇게 말한다. "부부가 성관계에서 피임을 하더라도 개인적인 사랑의 영역과 생식의 영역을 구분하지는 않는다. 또한 서로 사랑

하는 유대관계를 키워가는 사람과 출산이 일이 될 수도 있는 사람으로 구분하지
도 않는다." 그래서 성관계를 맺는 사람들이 단혼제적 관계에 동의하는 한, 즉 다
른 사람과의 사이에서 아이를 갖지 않는 한 피임을 허용할 수 있다고 램지는 주장
한다. Paul Ramsey, *One Flesh: A Christian View of Sex Within, Outside, and
Before Marriage* (Nottingham, England: Grove Books, 1975), p. 4.

14 Patricia Beattie Jung and Ralph Smith, *Heterosexism: An Ethical Challenge*
(Albany, N.Y.: State University of New York Press, 1993), p. 146, 218. 정과 스
미스는 이렇게 설명한다. "게이에게는 인공수정을 위해 대리모가 필요하며 게이
커플 가운데 한 명의 혹은 둘 모두의 정자를 사용한다. 레즈비언 커플의 경우 한
명이 혹은 둘 모두가 인공수정으로 아이를 가질 수 있다. 이런 방식으로 동성 커
플이 아이를 가지면 입양과는 달리 커플 중 한 명은 아이와 생물학적으로 연관된
다. …… 분명 대리모는 현대 의술의 결과인 것만은 아니다. 성경은 아내가 불임
일 때 다른 여성이 아이를 낳을 수 있었고 또 그렇게 했다고 증언한다. 아브라함
과 사라와 하갈의 이야기가 대표적인 예이다"(p. 218).

15 같은 책, p. 183.

16 John Shelby Spong, *Living in Sin: A Bishop Rethinks Human Sexuality* (San
Francisco: Harper, 1988), p. 216.

17 Sidney Callahan, "Two by Two: The Case for Monogamy," *Commonweal*, July
15, 1994, p. 7.

18 이런 그룹들은 동성애를 인정하는 주류 교파 기관들에 속했다. (각각 연합감리교
회, 그리스도연합교회, 루터교, 장로교)

19 J. Michael Clark, "Men's Studies, Feminist Theology, Gay Male Spirituality," in
Sexuality and the Sacred: Sources for Theological Reflection, ed. James Nelson
and Sandra Longfellow (Lousiville, Ky.: Westminster John Knox Press, 1994),
p. 227.

20 Frank Browning, *The Culture of Desire: Paradox and Perversity in Gay Lives
Today* (New York: Crown Publishers, 1993), p. 77~78.

21 Paul Monette, *Becoming a Man: Half a Life Story* (San Francisco, Harper, 1992),
p. 274.

22 이런 공동체를 경험한 레즈비언의 사례는 다음을 보라. Pat Califia, *Public Sex:
The Culture of Radical Sex* (San Francisco: Cleis Press, 1994). 이성애자의 관점은
다음을 참조. Lynne Segal, *Straight Sex* (Berkeley, Calif.: University of California
Press, 1994).

23 Steven Seidman, *Romantic Longings*, p. 186.

24 Frank Browning, *Culture of Desire*, pp. 80~81.

25 J. Michael Clark, "Men's Studies, Feminist Theology, Gay Male Spirituality," p. 217.

26 Bruce Bawer, *A Place at the Table: The Gay Individual in American Society* (New York: Poseidon Press, 1993), p. 33, 254.

27 다음을 보라. Larry Kramer, *Reports from the Holocaust* (New York: St. Martin's Press, 1994). 사실 이 두 행동양식 사이의 차이가 늘 분명하지는 않을 수 있다. 예컨대 단혼제적 커플 가운데 한 명이 그런 집단에 들어가고자 파트너와의 관계 및 계약을 변경하고 싶어 할지도 모른다. 우리는 내가 공동체적 섹스라 부른 것과 "거짓말", "속임수"로서 간주할 수 있는 부도덕한 실천 사이의 차이들을 생각해봐야 한다. 이 주제들에 대한 논의는 우리가 성적 도덕성을 보다 잘 이해하도록 이끌 수 있다.

28 Philip Turner, "Limited Engagements," in *Men and Women: Sexual Ethics in Turbulent Times*, ed. Philip Turner (Cambridge, Mass.: Cowley, 1989), p. 83.

29 Gabriel Rotello, "The Battle for Gay Marriage: What We Have to Lose," in *Out*, October 1994, p. 107.

30 Laura Benkov, *Reinventing the Family*, p. 7.

31 Rowan Williams, "The Body's Grace," Michael Harding Memorial Address, Oxford University, July 2, 1989. (Published by LGCM, Cambridge, England, 1989), p. 4.

제5장

1 Jeffrey Siker, ed., *Homosexuality in the Church: Both Sides of the Debate* (Louisville, Ky.: Westminster John Knox Press, 1994), p. 195에서 재인용. 이 책 『섹스 앤 처치』의 제5장에서는 동성애자 결혼 및 동성애 가족 개념의 한계들을 보여주는 반면 이 성공회 교회 자료에서는 성관계를 맺는 동성애자의 성직 임명 논쟁에만 집중한다(p. 195). 그리고 동성애자의 성직 임명 정당화와 관련해 결혼에 기반을 두지 않는 대안적 입장을 보여준다. 성공회의 논리는 이 두 쟁점이 어떻게 깊게 관련해 있는지 잘 보여준다.

2 Special Committee on Human Sexuality, "Keeping Body and Soul Together: Sexuality, Spirituality, and Social Justice." 이 문서는 1991년 203차 미국 장로교 총회를 위해 작성되었다.

3   *The Church Studies Homosexuality: A Study for United Methodist Groups* (Nashville, Tenn.: Cokesbury, 1994), p. 7에서 재인용. 이 보고서에서 **"성관계를 맺는"**이라는 용어는 연합감리교회 측이 "충실한 결혼생활과 순결한 독신생활"을 지키고 있음을 나타내기 위해, 그리고 성공회의 입장과 마찬가지로 동성애적 정체성을 인정하면서도 동성애적 성행위는 비난하기 위해 사용되었다. **"자인"**이란 단어는, 사람들이 제3자에게서 게이로 여겨져 추궁을 당하는 것을 막고자 의도적으로 선택되었다. 이것은 사실상 동성애자 교역자들이 정체성을 계속 드러내지 말라고 지시하고 있었다.

4   1991년까지 동성애에 관한 주류 교파의 입장들을 빠짐없이 기록한 자료는 다음을 보라. J. Gordon Melton, *The Churches Speak on Homosexuality: Official Statements from Religious Bodies and Ecumenical Organizations* (Detroit: Gale Research, Inc., 1991). 교파의 문서들을 재간하여 논의한 자료들은 다음을 보라. Jeffrey Siker, *Homosexuality in the Church*.

5   R. Wuthnow, *Restructuring of American Religion*.

6   Mary McClintock Fulkerson, "Gender-Being It Or Doing it? The Church, Homosexuality, and the Politics of Identity," *Union Seminary Quarterly Review 47*, nos. 1-2 (1993), p. 30.

7   John Boswell, *Christianity, Social Tolerance, and Homosexuality*, p. 333.

8   Richard Hays, "Relations Natural and Unnatural: A Response to John Boswell's Exegesis of Roman 1," *Journal of Religious Ethics*, 14 (spring 1986), p. 200. 헤이스는 "스스로 자신의 성 정체성을 규정하고 분명히 밝힌" 동성애자들이 성경의 시대에 존재했는지 의심스럽다고 말한다. 그럼에도 그는 바울과 우리 모두가 생각하는 "동성애" 행위가 당시에 존재했다고 믿는다.

9   Richard John Neuhaus, "In the Case of John Boswell," *First Things*, March 1994, p. 56.

10   두 가지 과학 연구가 교파의 문헌에 널리 인용된다. 시몬 르베이[Simon Levay]는 1991년 실험에서 동성애자의 시상하부(자극에 대한 전반적인 반응과 성적 흥분을 담당한다고 간주되는 뇌의 부분)가 이성애자보다 작다는 것을 발견했다. 1992년에는 로저 고스키[Roger Gorski]와 로라 앨런[Laura Allen]이 동성애자의 전교련이 이성애자보다 크다는 것을 알아냈다. 일반 언론은 두 연구 모두 비판했다. 무엇보다도 연구에 참여한 인원이 적었기 때문이다. (르베이는 동성애자 19명, 고스키와 앨런은 34명을 대상으로 했다.) 추가적인 정보는 다음을 보라. Simon Levay, "A Difference in the Hypothalamic Structure between Heterosexual and Homosexual Men," *Science* 253 (1991), pp. 1034~1037; Chandler Burr, "Homosexuality and Biology,"

in Siker, *Homosexuality in the Church*, p. 116~134.

11 Dorothy Williams, *The Church Studies Homosexuality* (Nashville, Tenn.: Cokesbury, 1994), p. 9.

12 주류 교파의 보수주의자들과, 대중매체를 적극 이용하는 기독교 우파와 결부된 보수주의자들 사이의 뚜렷한 차이 가운데 하나는 동성애자에서 이성애자로 성적 지향 바꾸기라는 쟁점을 각각이 다루는 방식이다. 주류 교파의 교인들은 동성애자가 성향을 바꾸기를 바랄 때라도 우리가 그들에게 이성애자가 되기를 강력히 요구하는 것이 종종 인간의 존엄성을 크게 침해한다고 생각하고, 용서와 관용을 구하는 말로써 조심스럽게 표현한다. 또한 성 정체성 변화가 늘 가능하지는 않으며, 심지어 당사자가 원할 때조차도 그럴 수 있다는 것을 인식하고 있다. 반면 기독교 우파는 훨씬 더 단정적으로 말하고 몰아붙이듯이 변화를 요구한다. 〈기독교 연합〉 같은 단체들이 미국 기독교에 광범위하게 영향을 미치는 시기에는 "극우 보수주의"에서 "주류 보수주의"를 가려내는 일이 확실히 어렵다. 그렇지만 동성애자는 독신으로 지내면 된다는 주장(주류 보수주의와 가깝다)과 반드시 "이성애자로 바뀌어야"한다는 주장(극우에 가깝다)을 구별하는 것은 중요해 보인다.

13 Richard Looney, "Should Gays and Lesbians Be Ordained?" in *Caught in the Crossfire: Helping Christian Debate Homosexuality*, ed. Sally Geis and Donald Messer (Nashville, Tenn: Abingdon Press, 1994), p. 112.

14 같은 책.

15 David Halperin, *One Hundred Years of Homosexuality* (New York: Routledge, 1990), p. 30, 32. 핼퍼린은 여성 연구에 관심이 없어 레즈비언의 섹슈얼리티를 다루지 않는다. 또한 이성애적 성행위의 숨은 뜻, 즉 생식을 목적으로 하는 성관계의 의미를 조사하지 않는다.

16 같은 책, p. 33.

17 George Chauncey, *Gay New York: Gender, Urban Culture and the Making of the Gay Male World* (New York: HarperCollins, 1994), p. 48.

18 같은 책, p. 65.

19 Eve Sedgewick, *Epistemology of the Closet* (Berkeley, Calif.: University of California Press, 1990), p. 2.

20 이와 관련한 연구는 다음을 보라. John D'Emilio and Estelle Freeman, *Intimate Matters: A History of Sexuality in America* (New York: Harper and Row, 1988); Michel Foucault, *History of Sexuality*, vol. 1 (New York: Vintage, 1978); Steven Seidman, "Identity and Politics in a 'Postmodern' Gay Culture: Some Historical and Conceptual Notes," in *Fear of a Queer Planet*, ed. Michael Warner

(Minneapolis: University of Minnesota Press, 1993), p. 105~142.

21 Eve Sedgwick, *Epistemology of the Closet* (Berkeley, Calif: University of California Press, 1990), p. 2.

22 Ed Cohen, "Who Are We? Gay 'Identity' as Political (E)motion (A Theoretical Rumination)" in *Inside/Out*, ed. Diana Fuss (New York: Routledge, 1991), p. 72.

23 다음을 보라. John D'Emilio, *Sexual Politics, Sexual Communities: The Making of a Homosexual Minority in the United States, 1940-1970* (Chicago: University of Chicago Press, 1983).

24 나는 대중매체를 적극 활용하는 기독교 우파를 조사하면서, 행위와는 별도로 존재하는 확고한 생물학적 또는 자연적인 동성애 정체성이라는 관념과 비슷한 언급을 딱 하나 보았다. (제임스 돕슨은 "성적 지향이 동성애이지만 독신으로 남은 어떤 사람"을 묘사하면서 "동성애자가 아닌 동성애자"라고 언급했다.) "Family Feedback" *Focus on the Family* magazine, December 1994, p. 2. 우파의 다른 모든 자료에서 동성애는 행위와 의지에 속한 일이며 바뀔 것이고 또 바뀔 수 있다고 본다.

25 *The Standard* (published by Exodus International North America), 10 (fall 1993), p. 3.

26 Jerry Arterburn, *How Will I Tell My Mother?* (Nashville, Tenn.: Oliver Nelson, 1988), p. 5, pp. 140~148.

27 Bob Davies and Lori Rentzel, *Coming Out of Homosexuality* (Downer's Grove, Ill.: InterVarsity Press, 1994), p. 38.

28 데이비드 핼퍼린은 우리가 자신의 동성애를 보통 천성에서 비롯된 것이라고 느끼는 것에 대해 유용한 조언을 한다. "아마도 거기에는, 그 구성 명제가 반反직관적일 뿐만 아니라 필연적으로 반직관적이라는 의미가 있다. 섹슈얼리티의 문화적 구성은 직관적인 기억의 범위를 넘어서는 것이 거의 확실한 것 같다. 세상에 대한 직관과 우리 자신에 대한 직관은 섹슈얼리티 그 자체와 마찬가지로 동시에 형성되기 때문이다. 두 직관 모두 우리가 언어와 문화를 매개로 스스로를 의식하는 존재인 우리 자신에게 다가가는 과정의 일부이다. 우리에게 다른 무엇인가에 의한 변용이 일어났던 그 단계들을 복기해볼 수 있다면, 분명 첫 단계부터 완전한 변용이 일어나지는 않았을 것이다. 그것은 바로, 사실상 관습적이고 임의적인 것을 자연적이고 정상적이며 필연적인 것으로 받아들이고 배우는 가운데 나타나기 때문이다." Halperin, *One Hundred Years of Homosexuality*, p. 44. 동성애를 이해하려는 이러한 태도가 우리 대다수에게 반직관적일지라도, 내가 여기서 주장하는 것은 성직 임명에 대한 주류 교파의 주장과 관련해서 이러한 태도가 전략적으로

이로우리라는 것이다.

29 최근까지 페미니스트 대부분은, 문화적으로 생산된다고 여겨지는 "젠더"와 타고 났고 자연적이며 본질적인 것으로 간주되는 "생물학적 성"을 구별했다. 이 관점에서 모든 사람은 남성 혹은 여성으로 **태어난다.** 오늘날 퀴어 이론가들은 생물학적 성이 자연적으로 생성된다는 생각에 이의를 제기하고, 두 개념을 문화적 생산이라는 관점으로 해체한다. 그래서 나는 이 장에서 **젠더**라는 용어를 사용할 때, 생물학적인 특성과 문화적인 특성을 모두 아우르는 의미로 사용했다.

30 Judith Butler, *Gender Trouble: Feminism and the Subversion of Identity* (New York: Routledge, 1990), p. 2.

31 예컨대 널리 인용되는 다음의 글을 보라. Suzanne Kessler, "The Medical Construction of Gender: Case Management of Intersexed Infants," in *Theorizing Feminism: Parallel Trends in the Humanities and Social Sciences*, ed. Anne Hermann and Abigail Stewart (Boulder, Colo.: Westview Press, 1994), p. 218~237. 이 글은 "남성"과 "여성"의 생식 관련 특징들이 다소간 뒤섞여 태어난 아이들의 사례를 주의 깊게 연대순으로 기록하고, 종종 의사들이 태어난 아이의 성을 임의로 판단함을 보여준다. 저자는 "남녀를 유일하게 '선천적인' 선택지로 보는 고질적인 신념과 고집"을 비판한다.(218).

32 다음을 보라. Smith-Rosenberg, *Disorderly Conduct*; Lillian Faderman, *Odd Girls and Twilight Lovers: A History of Lesbian Life in Twentieth-Century America* (New York: Penguin, 1991); Smith-Rosenberg, *Surpassing the Love of Men: Romantic Friendship and Love between Women from the Renaissance to the Present* (New York: William Morrow, 1981); Adrienne Rich, *Blood, Bread, and Poetry* (New York: Norton, 1986).

33 Elizabeth Kennedy and Madeline Davis, *Boots of Leather, Slippers of Gold: The History of a Lesbian Community* (New York: Routledge, 1993), p. 12. 다음도 보라. Lisa Duggan, "The Trials of Alice Mitchell: Sensationalism, Sexology, and the Lesbian Subject in Turn-of-the-Century America," *Signs* 18, (summer 1993), pp. 791~814. 한 지역에 있던 두 부류의 레즈비언의 차이를 비교한 흥미로운 글은 다음을 보라. Trisha Franzen, "Differences and Identities: Feminism and the Albuquerque Lesbian Community," in *Signs* 18, (summer 1993), pp. 891~906.

34 여기서 지적할 부분이 있다. 남자 같은 레즈비언들이, 과거의 틀에 호소하던 분리주의 레즈비언들보다 훨씬 더 오랫동안 게이와 유대를 맺었다는 점이다. 이와 같이 퀴어라는 표지 아래에서 연합은 더 쉬워진다.

35 Sarah Schulman, *My American History: Lesbian and Gay Life During the Reagan/Bush Years* (New York: Routledge, 1994), pp. 67~68. 슐먼 자신이 새로운 퀴어 정치의 성차별적 동학에 민감하다는 것을 지적할 필요가 있다.

36 덧붙여 말하면 이 쟁점들은 에이즈 위기와 관련한 대중적인 퀴어 운동으로 국민적인 주목을 받았다. 이 운동에 참여한 한 레즈비언은 이렇게 말했다. "건강 위기는 사려 깊은 의료관계자 모두가 고심해야 할 심각한 상황으로, 게이들이 보답하려는 노력도 없이 그저 여성의 돌봄을 받기만 하는 것이 놀랍다. 대다수의 게이들이 여전히 페미니즘에 지독히도 무지하고 여성의 몸을 업신여기며 레즈비언에 적대적이다. 내가 유방암 연구를 위해 기금을 마련하려는 게이의 대중운동을 보거나 그들이 봉사단체를 결성해서 만성적이고 생명에 위협을 주는 질환을 앓고 있는 여성들을 돌보는 모습을 본다면 이러한 분노가 가라앉았을 것이다." Pat Califia, *Public Sex*, p. 25.

제6장

1 Jim Wallis, *Soul of Politics*, xvi.

2 오늘날 미국에 널리 퍼진 종류의 관용은 백인, 이성애자, 중산층 남성이 표준이고 그 표준에서 얼마나 벗어났는가를 기준으로 일탈을 (그리고 그 일탈에 대한 관용을) 측정한다. 즉, 누군가가 자신이 "관용적"이라고 주장할 때에, 그것은 백인, 이성애자, 중산층 남성을 수용한다는 의미로는 거의 쓰지 않는다. 미국 사회 대부분의 공동체에서 그들은 이미 수용되고 있기 때문이다. 오히려 관용이라는 개념은 차이에 주목할 뿐만 아니라 차이를 특징으로 한다. 그리고 "남"을 "수용하는" 이러한 사람들을 우위에 놓는다. (반면 그 밖의 다른 사람으로 **존재하는** 이들은 이러한 지배자를 거절하거나 수용할 사회적 위치에 있지 않다.) 이와 같이 오늘날 관용이 적용되는 방식은 종종 인간의 가장 일반적인 혹은 규범적인 유형이 백인, 이성애자, 중산층, 그리고 남성이라는 생각을 재확인한다. 그래서 보통 드러나지 않는 근본적인 가정과 억압들은 그대로 남게 된다.

3 Steven Seidman, *Embattled Eros*. 다음도 보라. Leonore Tiefer, *Sex is Not a Natural Act* (Boulder, Colo.: Westview, 1995).

4 Genovesi, *In Pursuit of Love*, p. 154. 제노베시는 연합을 거의 전적으로, "상호 관통하는 오르가슴의 순간"으로 본다. 나는 이런 주장에 동의하지 않는다. 오르가슴은 서로 연합하게 할 수도 있고 아닐 수도 있는 수많은 성적 실천 가운데 하나일 뿐이다.

5 Lewis Smedes, *Sex for Christians* (Grand Rapids, Mich.: Eerdmans), p. 31.

6 James Nelson, *Between Two Gardens: Reflections on Sexuality and Religious Experience* (Cleveland: Pilgrim Press, 1983), p. 37.

7 Philip Turner, "Limited Engagement," pp. 81~82.

8 Rowan Williams, "The Body's Grace," p. 3.

9 Karen Lebacqz, "Appropriate Vulnerability: Sexual Ethics for Singles," in *Sexual Ethics and the Church: A Christian Century Symposium* (Chicago: Christian Century Press, 1989), p. 21.

10 중세에 발전하기 시작한 자연법 담론은 생명 또는 행위의 도덕적 기능이 그것의 궁극적 목적과 본질적으로 관련되어 있다고 주장했다. 이와 같이 당사자의 주관적 느낌뿐만 아니라 출산이라는 객관적 목표도 성관계의 궁극적 목적으로 간주되었다.

11 *Humanae Vitae*, July 29, 1968, Paragraph 14.

12 가톨릭의 공식 교리에서 허락하는 유일한 피임법은 주기 피임법이다. 부부가 여성의 가임기에는 성관계를 삼가는 것이다. 가톨릭은 이런 조정은 허락하는데, 그 이유는 이것이 의도적으로 수정을 방해하는 성행위가 아니고 오히려 전체적으로 볼 때 성행위의 횟수를 줄여주기 때문이다.

13 James Hanigan, *Homosexuality: The Test-Case for Christian Ethics* (New York: Paulist Press, 1988), p. 90.

14 Rowan Williams, "The Body's Grace," p. 8.

15 Lewis Smedes, *Sex for Christians*, p. 37.

16 Lisa Sowle Cahill, "Feminism and Christian Ethics" in *Freeing Theology*, ed. Catherine Mowry LaCugna (San Francisco: HarperSanFrancisco, 1993), p. 224.

17 Gareth Moore, O.P., *The Body in Context: Sex and Catholicism* (London: SCM Press, 1992), pp. 118~119.

18 James Hanigan, *Homosexuality*.

19 사실 앤 배서스트 길슨Anne Bathurst Gilson은 다양한 윤리학자들, 예컨대 안데르스 뉘그렌Anders Nygren, 헬무트 틸리케Helmut Thielicke, C. S. 루이스Lewis, D. S. 베일리Baily가 19세기 말부터 20세기 중반까지 이러한 상호보완의 토대들이 존재했음을 확인했다고 말한다. Anne Bathurst Gilson, *Eros Breaking Free: Interpreting Sexual Theo-Ethics* (Cleveland: Pilgrim Press), 1995.

20 James Nelson, *Between Two Garden*, p. 96.

21 James Hanigan, *Homosexuality*, p. 99, 97.

22 Cater Heyward, *Speaking of Christ: A Lesbian Feminist Voice* (New York:

Pilgrim, 1989), p. 21.

23 Cater Heyward, *The Redemption of God: A Theology of Mutual Relation* (reprint
    of dissertation) (Lanham, Mass: University Press of America, 1982), p. 17.

24 Carter Heyward, *Touching Our Strength: The Erotic as Power and the Love of
    God* (New York: Harper and Row, 1984), p. 16.

25 Anne Bathurst Gilson, *Eros Breaking Free*, p. 83.

26 Christine Gudorf, *Body, Sex, and Pleasure: Reconstructing Christian Sexual
    Ethics* (Cincinnati: Pilgrim Press, 1995), p. 25, 139.

27 몇 가지 예로 다음을 보라. Gary David Comstock, *Gay Theology without Apology*
    (Cleveland: Pilgrim Press, 1993); Robert Goss, *Jesus Acted Up: A Gay and
    Lesbian Manifesto* (San Francisco: Harper and Row, 1993); J. Michael Clark,
    Gay Being, Divine Presence: Essays in Gay Spirituality (Las Colinas, Texas:
    Tangelwuld Press, 1987); John J. McNeill, *Taking a Chance on God* (Boston:
    Beacon Press, 1988).

28 Gayle Rubin, "Thinking Sex: Notes for a Radical Theory of the Politics of
    Sexuality," in *Pleasure and Danger: Exploring Female Sexuality*, ed. Carol Vance
    (New York: Routledge, 1984), pp. 282~283.

29 Steven Seidman, "Identity and Politics in a 'Postmodern' Gay Culture," p. 123.

30 Jung and Smith, *Heterosexism*, p. 103.

31 제임스 넬슨은 이렇게 분명히 말한다. "소돔 이야기의 중심 관심사는 섹스가 아니
    라 이방인을 환대하지 않는 불의함이다." James Nelson, *Body Theology* (Louisville:
    Westminster, 1992), p. 59.

32 Robert Goss, "Are Same-Sex Unions Procreative?" Webster College, St. Louis, Mo.

찾아보기

찾아보기

지은이

캐시 루디^{Kathy Rudy}

노스캐롤라이나 더럼에서 살며 듀크 대학교에서 윤리학과 여성학을 가르친다. 철학, 신학, 정치학, 여성학, 윤리학 등을 통섭적으로 연구하고 있다. *Loving Animals: Toward a New Animal Advocacy* (2011), *Beyond Pro-life and Pro-choice: Moral Diversity in the Abortion Debate* (1996), *The Politics of Representing Jesus: Jacques Derrida and John Howard Yoder* (1989) 등을 썼다.

옮긴이

박광호

대학에서 정치학과 신문방송학을, 대학원 석사과정에서 정치학을 공부했다. 석사 논문으로 「서울대병원 간병노동자 투쟁 연구」를 썼다.

한울아카데미 1439

섹스 앤 더 처치

젠더, 동성애, 그리고 기독교 윤리의 변혁

ⓒ 박광호, 2012

지은이 | 캐시 루디
옮긴이 | 박광호
펴낸이 | 김종수
펴낸곳 | 도서출판 한울
편집책임 | 박록희

초판 1쇄 인쇄 | 2012년 3월 29일
초판 1쇄 발행 | 2012년 4월 15일

주소 | 413-756 파주시 교하읍 문발동 535-7 302(본사)
       121-801 서울시 마포구 공덕동 105-90 서울빌딩 1층(서울사무소)
전화 | 영업 02-326-0095, 편집 031-955-0606, 02-336-6183
팩스 | 02-333-7543
홈페이지 | www.hanulbooks.co.kr
등록번호 | 제406-2003-000051호

Printed in Korea.
ISBN 978-89-460-5439-4 93230

* 책값은 겉표지에 표시되어 있습니다.